岩　波　現　代　文　庫

経済大国興亡史
1500–1990

上

チャールズ・P. キンドルバーガー
Charles P. Kindleberger

中島健二［訳］
Kenji Nakashima

学術 480

岩波書店

オマー・N. ブラッドリー
ウィリアム・L. クレイトン
ジョージ・C. マーシャル
アラン・スプラウル
——わたしが(その足許に)仕えた偉人たちの
パンテオンを記念して

WORLD ECONOMIC PRIMACY: 1500 to 1990, First Edition
by Charles P. Kindleberger

Originally published in English in 1996
by Oxford University Press, Oxford.

First Japanese edition published 2002,
this paperback edition published 2024
by Iwanami Shoten, Publishers, Tokyo
by arrangement with Oxford University Press, Oxford.

日本語版への序文

人はその学術的な作品が翻訳されるほど十分に他の人々の興味を引いているのだと考えると、つねに喜びをおぼえるものである。ただ、わたしが残念に思うことは、一九九五年の時点で日本経済について以前ほどは楽観的に書くことができなかったということである。もとよりわたしは短期間の訪日を数回行っただけであるから、日本に関する専門家であるということはほとんどできない。しかし、ありがたいことに、わたしはこれまで、都留重人、小宮隆太郎、浜田宏一、緒田原涓一の友誼と彼らからの折々のアドヴァイスにあずかることができたし、ヒュー・パトリックやゲーリー・サキソンハウスといったアメリカにおけるこの国の正真正銘の専門家の研究書を手にすることもできた。また、わたしは、本書の引用文献と彼自身の知識に照らして英語のテキストをチェックし、多くの誤り、かつ／あるいは、意味の不明瞭な箇所を発見した中島健二にとくに恩義を感じている。テキストを訂正しようと試みたものの、そのなかには、諸本、さらにはとくに過去六〇年間にわたって集めた高さ一〇フィートにもなるルーズリーフの講読ノートを手にしなければならない内容の箇所もあった。ところが、人は高齢に達すると——なにしろわたしの場合は九一歳である——、本や文書や書信のたぐいを始末し、将来予想される子供たちや孫たちの負担を軽くすることのほうが大事になってくる。そこでわたしは最近、大量の資料をマサチューセッツ工科大学の資料庫に預けたところであって、たとえ同大学でこれら資料の断片が整理されているとしても、もはやこの郊外からケンブリッジまで車で出かけて、マサチューセッツ工科大学やハーヴァード大学の図書館を訪れるなどということは気軽にできそうもない。

このようなしだいで、わたしは中島氏に謝意を表し、彼の丹念なテキストのチェックを称賛するものの、そこで見つかった誤りや矛盾のいくつかはわたしにはもはや説明できなくなっている。学者のなかには極端に注意深く、場合によってはスランプに陥って、何も書けなくなってしまう者もいる。かと思うと、気軽に、そして多量に書き連ね、ときにはだらしなく物書きをしてしまう者もいる。わたしはこの二番目の部類に属する者であって、わたしの同僚のポール・サミュエルソンのように、才気煥発、正確無比、そして流麗に書く経済学者をうらやましく思うのである。

アメリカには「けっして謝るな、けっして言い訳するな」という言葉がある。わたしはこのような考えには賛成できない。

本書『経済大国興亡史』が提起する問題のなかでもっとも興味を誘う問題は、地方、地域、国、あるいは大陸の経済的な生命力とは満ち欠けするものなのかどうか、そして、それらは卓越性と創造性の等級ごとに並べられるものなのかどうかということである。それらは場合によっては、この順位のトップに昇り詰めるためにこそ競争するのであろうか。それらがいついかなる場合でも、競争し、その順位を気にかけるわけではないにしても、ある時代の勝者もやがてはその首位を失う傾向にあると、わたしであれば論じるであろう。そして、多くの事例において、勝ち負けはそれぞれの国の目標とは関係なしに、ダーウィン的な諸過程のなかで起こりうるのである。

わたしを悲嘆させていることは、かつて一九五〇年代から一九八〇年代いっぱいにかけて輝かしい経済的実績を収めた日本が一九九〇年代になって不調に深くはまりこんでしまい、最近は金融財政政策の古典的な処方によってさえも、かつてのようなダイナミズムを取り戻せなくなってしまったように見えることである。わたしはけっして日本の諸事情を間近に研究してきた学者ではないが、この素人に言わせてもらえば、一〇年に及ぶ静止の時代――そしてそれは今も居座っている――は、他の何にもまして政治的な行き詰まりのせいであるように思われる。

しかしながら、本書で暗に示されている順位表のなかの国の位置などは、その国が何とか耐えうる程度の効率性をもって、そして幸せにやっていくことと比べれば、取るに足りないことである。「わたしの国がナンバー・ワンだ」とは子供じみた、つまらない主張である。最高の位置にランクされるよりも、何とか順調にやっていくことの方が優れたことなのである。

マサチューセッツ州レキシントン

チャールズ・P・キンドルバーガー

序　文

チャールズ・キンドルバーガー教授によって著された本書は世界経済の首位をテーマとするものであり、ルクセンブルクのヨーロッパ・国際研究所(the Luxembourg Institute for European and International Studies, I.E.I.S.)が『諸国家の生命力』(the Vitality of Nations)をテーマとして一九九〇年に着手した大規模な長期プロジェクトから育まれたものである。このプロジェクトの目的は、多くの学的体系を駆使し、かつ多国籍的なアプローチを用いることによって、国々の勃興と衰退という問題を探求することにある。このプロジェクトは四つの分析的な諸段階を区分する。すなわち、評価、説明、予測、処方の四段階である。

このプロジェクトに基づいて、これまで国、地域、あるいは特定の論点をめぐって、八回の主要なコンファレンスが開催された。まず、ルクセンブルクとハーヴァードで一般的な問題を取り扱ったコンファレンスが二度にわたって開かれたのち、『中央ヨーロッパと東ヨーロッパの生命力』、『日本の生命力』、『イギリスの生命力』、『オランダの生命力』という特定の論題をめぐるミーティングがそれぞれ開かれた。そしてその後、このプロジェクトの枠組みにしたがって準備された本を話題にして、二度のコンファレンスが開かれた。まず、ハーヴァードで開かれたのがキンドルバーガー教授の本書に関するコンファレンスであり、そこにはおよそ四〇人ほどの名高い学者、とりわけ経済史家が参加した。そして、ロンドンでは『西側世界の結束(Western Alliance)の衰退——文化的パースペクティブ』を論題とする共同研究会がクリストファー・コーカーによって用意された。

さらに一九九五年五月中旬には、デヴィッド・ランデスの研究書『諸国民の富と貧困——なぜ富める国と貧しい国があるのか』[邦訳『「強国」論——富と覇権の世界史』(竹中平蔵訳)三笠書房]を討論するコンファレンスが開かれる。そして、それにつづいて『ロシアの生命力』、『都市国家の生命力』、『アジアのいくつかの国の生命力における中国系移民の重要性』、『国家の生命力を涵養することの重要性』、『スペインの生命力』、『アジアの生命力——文化的パースペクティブ』といった共同研究会が開かれることになっている。

キンドルバーガー教授はこのプロジェクトが進展していくなかで最初に主要な研究書を執筆した人である。彼の本はイタリアの諸都市国家から低地諸国、イギリスを経て、アメリカと日本に及んでいる。これらの何世紀もの間、経済的な指導国がはっきりと現出した時期もあれば、世界経済の首位がどこにあるのか不確かであった時期もある。彼の研究はたんに個々の国に焦点を当てるだけではなく、重要な一般的理論的な考察、すなわち、国家のライフ・サイクルと世界経済の首位の継起にも焦点を当てている。また、それは国に衰退をもたらす内的な原因と外的な原因という重要な問題を検討している。

多くの人々が将来の世界経済の指導権はどうなるのかと問うているときに、つまり、アメリカが唯一の超大国として残りながら、その政治的経済的ルールを他の諸国に課す力をますます減じつつあるときに、また日本が重要な挑戦者として残りながら、世界経済の指導者の役割を引き受ける能力があるようには見えなくなっているときに、ドイツがその力をまだ伸ばしてはいるものの、グローバルな舞台に出ようとすると、これまた依然として非難にさらされやすく、そこに制約を課せられているときに、さらにはヨーロッパ連合がＥＭＵ〔経済通貨同盟〕やＣＦＳＰ〔共通外交安全保障政策〕のプランを立てたにもかかわらず、世界政治の決定的なプレーヤーになることができずにいるときに、そして中国が一五年か二〇年のうちに政治的経済的にいったいどれほど力を付けているか、誰も確実に言うことができないときに、本書は出された。

チャールズ・キンドルバーガーのこの本は、過去数世紀の世界経済において〔個別研究の各章に取り上げられた〕各国がどのような位置を占めてきたのかを才気あふれる筆致で概観してくれる。そして、それはまた、各国の経済的な勃興と衰退の原因を深く洞察してくれるのである。

ルクセンブルク　ヨーロッパ・国際研究所（ＩＥＩＳ）所長

Ａ・クレース

謝辞

いつものように、わたしは学術的な協力を得ることから多大の恩恵をこうむった。モーゼス・アブラモヴィッツ、ロンド・キャメロン、ルーディガー・ドーンブッシュ、ベリー・アイケングリーン、ジェラルド・フェルドマン、小宮隆太郎、ヘンリー・ナウ、ヘンリー・ロソフスキー、ピーター・テミン、都留重人といった多くの友人が、わたしに彼らの著した、あるいは編集した本のコピーを送ってくれた。クリストス・アサナス、カロライン・ショー・ベル、ダニエル・ベル、ポール・デイヴィッド、ロバート・フォスター、ロバート・ゴードン、浜田宏一、ペーテル・W・クレイン、フィリップ・ルコント博士、ジョエル・モキャー、パトリック・オブライエン、ウィリアム・パーカー、ジョン・パウウェルソン、ファ・ネー・L・ファン・フレークといった方々からは、論文の抜刷、草稿、参考文献、その他の情報を寄せていただいた。

日本に関する第11章の草稿を読んでいただいたマーティン・ブロンフェンブレンナーには、ひとかたならぬご苦労をおかけした。もとよりこの国の諸問題に対する彼のずば抜けた知識にわたしが及ばなかったとしても、その責が彼に及ぶわけではない。ポール・ホーヘンベルクには批判的な目で原稿のすべてに目を通していただき、とりわけわたしが過去の自分のテキストの一部を無批判に引用しようとしたときには、厳しい叱咤を頂戴した。ハーヴァード大学で歴史を専攻している大学院生カレン・スミスとマサチューセッツ工科大学デューイ図書館の参考係キース・モーガンには、手に入れにくい参考文献をどっさりと探し出していただいた。わたしが二本の指だけを使ってタイプした、二重文字と判読しにくい挿入文字のぎっしりと詰まった原稿を完璧なハード・コピー(わたしがこの隠語を正しく理解しているとすれば)に仕上げていただいたのは、マサチューセッツ工科大学のデヴィッド・フタートであり、このときにエミリ・ギャラハーの貴重な助力をも授かった。

「国家の生命力」を研究するという考えは、ルクセンブルクのヨーロッパ・国際研究所のアルマン・クレース博士が発案したものである。同研究所には財政的な援助も提供していただいた。一九九四年五月には、ハーヴァードで、国家間の経済的首位の変遷という概念をめぐる――しかし、本書を直接の対象としたわけではない――コンファレンスが同研究所の主催によって開かれた。参加者はそれぞれ、わたしが語ったことの各側面については、きっとわたしよりもはるかに通暁していたはずである。おそらく虚しい希望かとも思うが、わたしが語ったことのすべてにわたって、参加者が全員わたし以上によく知っていたのではないことを、せめて期待するばかりである。

わたしはこれらの力添えすべてに対して深い感謝の意を述べるものであり、それらを誤った方法で利用したりはしなかったと考えるものである。

凡例

一　本書は Charles P. Kindleberger, *World Economic Primacy, 1500–1990*, Oxford University Press, 1996. の全訳である。大部となったので、訳本は上・下の全二巻とした。

一　原文でイタリック体となっている語には、傍点を付した。ただし、原則として各章ごとの初出に限った。

一　注意すべき訳語、日本語としてなじみの薄い訳語、原語を参考にしてもらいたい訳語、原語が韻を踏んでいる訳語には、丸括弧で原語を添えるか、原語のカタカナ表記をルビとして添えた。ただし、原則として各章ごとの初出に限った。

一　固有名(人名、地名、国名など)については、できるだけ原音に近い表記に整えた。ただし、日本で慣れ親しんだ表記がある場合には、それを用いた。

一　原著の注は、当該箇所に各章ごとの通し番号(1)、(2)……を付けたうえで、「注」として、上巻・下巻の末尾にそれぞれまとめて配した。

一　訳者の注は、当該箇所に各章ごとの通し番号〔訳注1〕、〔訳注2〕……を付けたうえで、「訳注」として、「注」のあとに配した。

一　訳文の意味を通りやすくすること、用語や人名等に対する簡単な解説を加えること、この二つを目的として、適宜、訳者の補訳を〔　〕で差し挟んだ。

一　下巻末の「参考文献」のうち、邦訳書があるものについては、それぞれそれを記した。そのうち、本文の図表、注・訳注において引用ページ数を示されている文献については、当該箇所にそのつどそれに対応する邦訳ページ数を付記した(訳出の段階では、これらの邦訳ページをすべて参照した。その結果、本書において過去の訳文に大きく依拠したところもあれば、そうでないところもある。それについては逐次明示しない。各訳者にはこの場を借りてお礼を申し上げる)。

一　下巻末の索引は原著の索引を基にしながら、とくに日本の読者の利用に資するように、訳者が改編したものである。

一　著者に問い合わせた結果、原文に修正を施した箇所がある。また、著者に問い合わせるまでもなく、明らかにミスと判断される場合は、修正を施した。ただし、いずれも細部にとどまり、原文の内容を大きく変えるものではない。これらについては逐次明示しない。

経済大国興亡史　1500-1990　◉上巻目次

下巻目次

［土地、労働、資本に加えて］企業家精神に富んだ活動もまた必要な要素であるが、それだけでは十分ではない。機会を所与のものとすると、「歴史の創造的な反応」をはたらかせ、それを解き放つのは、社会全体の人間の生命力なのである(Carlo M. Cipolla, 1976, p. 117)。

第1章　序

本書は、アメリカが世界における自らの政治的ならびに経済的役割について議論を繰りひろげているさなかに、書かれたものである。政治学者のなかには、アメリカには「世界を指導する義務がある」と主張する者がいる。[1] その一方で、おそらく歴史をもっときちんと見据えているからであろうが、国家というものはあれこれの理由、たとえば対外政策の過度の拡張[2]、公共の利益よりも一部の偏狭な利益を求める諸集団の地位の強化[3]、投資・貯蓄・技術革新・全体的な生産性の減退、産業から金融とくに金融市場操作への国民の関心の移動といった理由のために、世界の指導者としての地位から転落する可能性があるし、また実際そうなるものなのだと考える者もいる。繰りかえし論じられる重要な点は、国家の衰退といっても、それが他の国家の経済との比較において言いうることであり、絶対的なものではないということ、そして、ある時点で先頭を行く国も、新しい商品や新しい製造工程の知識が国から国へと広がっていくにつれて避けがたいものとなる「キャッチ・アップ」作用のために、別のある国に追い抜かれてしまうということである。[4] この作用は、低開発あるいは開発途上の国々ではなく、もっとましな言い方がないからこう言っておくことにするが、いわゆる社会的素質(social capability)をもった、すでに開発をとげた国々におもにあてはまると考えられている。こうして、より純粋な経済学的ならびに政治学的な考察とともに、社会学的な考察が問題となってくるのである。キャッチ・アップ・モデルは、社会的素質をもった先進諸国の間でどのようにして一人あたり国民所得の差が狭まり、たがいの不一致を埋めていくのかということを説明してくれる。とりわけ第二次世界大戦以後の北アメリカ・ヨーロッパ・環太平洋地域はそうした事例の一つとなるのであるが、信頼できるデータが不足しているということもあって、それ以前についてははっきりとしたことは分からなかった。このモデルは、ある特定の国がなぜ経済的首位を走る別の特定の国に追い付いたり、それを追い抜いたりするのかという個別的なケースまでは説明しないし、また追い付かれようとしている国が場合によっては絶対的に衰退することもありうるということも説明しない。それでも第二次世界大戦後に、まずドイツ、つづいてフランス、そしてつい最近イタリアが、一人あたり所得でイギリスを追い抜いたことが人々の注意を引かないわけはなかった。

著名な歴史家であるフェルナン・ブローデルは、退廃にはモデルといったようなものは絶対にないと断言する。なかでも彼は、財政、投資、工業、海運などの死活的な機能の活動停止が退廃をもたらすといった単純な理論を提唱する経済学者に異を唱える。「新しいモデルというものは、それぞれの個別ケースについて、その基礎的諸構造から出発して、再構築されるべきものなのである」[5]。わたしにはそれほどの確信があるわけではない。読者はご自分で判断したらいいだろう。わたしとしてはモデルが単純であることには賛成である。ただし、そのモデルがもっぱら経済的なものとなるということはありえないということなのであって、その点でわたしはもう一人の著名な歴史家であるサイモン・シャーマの次のような所説も大いに称賛する。彼は「近代初期の文化を描写するにあたって、それを一九世紀的な術語、とくに社会的な逆説や矛盾や非対称性をかんなで削り、経済モデルという滑らかな表面に仕立て上げてしまうような術語のなかに閉じ込めてしまうのではなく、むしろそこから解き放つ」ことに努めたのであった(6)。

わたしは誰が今「ナンバー・ワン」なのかといったことに関心はない。それは子供じみた質問であり、チーム・スポーツの話ならばおそらく大目に見ることもできようが、もっと重大な話をしようというときには、まず適切であるとは言いがたい。むしろわたしの関心は長期的な経済成長にあり、世界経済は不可避的にヒエラルキー的な構造の重力に引き付けられていくのか、それとも多数の平等の国々からなる政治的により魅力のある多元的な形態を維持していくのかどうかということにある。もちろん、そこには折衷的な形態の幅があるのであり、「平等の国々のなかの第一人者」が、首位、第二位、第三位、等々の格差が広がるにつれて、指導者としての地位もしくは――誰かが言うように――経済的ヘゲモニーへとしだいに変化していくということがある。

経済的な指導者としての地位にあるばかりに、その国が商品・資本・外国為替の国際市場を維持し、マクロ経済政策の協調のために尽力し、危機の際には最後の貸し手として行動するなどの負担を強いられることがあるということを、わたしはしばらく前に、一九三〇年代の世界不況に関する本のなかで示したことがある。[7] それにまた、一九五〇年代、スペイン内戦時代、さらにそれ以前にさかのぼるわたしの古いノートには、古い型式の年代物国家(earlier vintage)の経済的な衰退についての関心がつづられている。「アメリカの更年期か」という論文はこの国の黄金時代が終わりを迎えようとしていたときに発表され、[8]「老化する経済」と題した講演は一九七八年七月に行われた。[9] そういうわけで、この本の関心事はわたしにとっては新しいものではない。

経済成長は人々の関心を強く引き付けるテーマではあるが、これまで経済学者や経済史家の関心はたいてい途中で挫折させられてきた。衰退のほうはというと、それが絶対的なものであれ相対的なものであれ、ここ数十年前まではそもそもそれほど注目を集めることはなかった。イギリスの企業家精神が衰弱し、そのせいでこの国は一九世紀の世界経済の首位から転落したのか、それともイギリスの企業家は最先端の技術に適合しない種類の鉄鉱石の保有とか綿製品市場の縮小といった予測することのできない障害に出くわしたのであり、したがってとがめられるべきではないのかどうか、おおよそこうした議論から衰退が注目されるようになったのである。衰退を取り扱った文献のいくつかはこの本のなかで出会うことになるであろうが、それは数多くあり、また数理経済理論や計量経済学を歴史的な問題に性急に適用したものも含んでいるために混乱している。このような適用を試みようとする先駆者のほとんどは、広く受け入れられている歴史上の結論を問題にし、それを覆そうとする見直し論者である。たしかに、それまで受け入れられていた学説の見直しはかなり信頼の置ける手法をとり、学問的な生命という点ではまさに好スタートを切っている。しかし、それらの文献のほとんどは、経済行為者が所与の費用で産出高を極大化し、所与の産出高に対して費用を極小化する、あるいはその両方にある程度まで努めるといったような静態的な経済理論と、利潤を上げようとするときに何らかの障害に出くわした企業家が、新しい工程や新しい制度や新しい商品を開発することによって技術革新をなしとげ、それを突破するというような動態的な分析が求められる状況との違いを区分していない。〔経済成長と衰退の議論にとって、より重要なのは動態的な分析なのであって〕技術革新による障害の突破というのは、企業、産業、都市、地域、国が経済発展の道にさしかかろうとしているときにはより容易になされるのであるが、それらが経済発展の道をすでに相当に長い間たどってきて、こう言ってもいいだろうが、成熟し、老化してしまったときには、あるいは動脈硬化をきたしてしまったときでさえ、なかなかそういうわけにはいかないのである。

この研究は「国家の生命力」(national vitality)に関する調査に幅広く取り組んでいるルクセンブルクのヨーロッパ・国際研究所の援助を受けている。一九九〇年九月にこのテーマに関して開かれたあるコンファレンスでは、「国家の生命力」という用語に何らかの正確な意味を与えることができるのかどうかということについて、社会科学者と歴史家の間からかなり強い疑問が出された。このようなためらいも理解できるところである。それでも、この用語に敏感になったのちに、経済史、政治史、社会史の文献を読んでみたわたしは、その同義語と反意語に出くわす回数に驚かされた。それらもこの用語と同様に厳密には定義しがたい。

同義語としては、適応能力、転換能力(資源再配分能力)、創造性、決然とした対応、ダイナミズム、生命の躍動、エネルギー、発明の才、率先力、知性、勢い、弾力、反応力、柔軟性、気迫、活力などがあり、反対の意味の言葉のなかには、無気力、怠惰、倦怠、疲労、無感動、受身の態度、無精、麻痺などがある。ジャン゠ジャック・セルヴァン゠シュレベールなどは『アメリカの挑戦』のなかで、自国フランスの人々に向かって、「アラブ文明の宿命論と無力化への道」を避けるように強く語りかけた。(10) なるほど、経済学は弾力性や非弾力性などの概念の正確な定義を用い、価格変化に対する需要と供給の反応を論じたりするが、非常に高い数値からゼロさらにはマイナスまで変化するこれらの数値の背後には、生産者と消費者のもつととらえどころのない諸特質が横たわっているのであり、それらは彼らが経済的な変化に反応する機敏さとスピードに結び付いているのである。まさに国家の生命力はライフ・サイクルのなかで動いているということができるであろう。

上述したように、経済成長というのはとらえどころのないものである。そして、そのような経済成長の諸側面――人口、発見、投資、技術、制度、所有権、課税や借入などの財政政策、教育(人的資本への投資)、公共財、リスクに対する姿勢、「超過利潤の創出と確保をはかる」部門を新しくこしらえて、政府の引き立てを独り占めするために、そこに金と労力を費やす独占体の存在など――のうちの一つないしはそれ以上に焦点を当てるのが、多くの経済学者や経済史家の仕事である。特定国の経済成長の研究となると、決まった国の決まった時代に絞り込んで、これらの諸側面を幅広くカバーしようと試みることもある。さらに、W・

W・ロストウ、[11]アレクサンダー・ガーシェンクロン、[12]E・L・ジョーンズ[13]といった精力的な経済史家となると、「諸段階」、「スパート」、「成長の繰り返し」といった概念を使って、一般的な、そして個別的な国の経済成長の軌跡をたどろうとする。この本における試論は、一個の国の衰退に、そして世界のヒエラルキー的な経済秩序のなかで成長する国家と衰退する国家の間にどのような関係が見られるのかということに注意を払おうとしているのであるが、その点をのぞいては、大胆にして視野の広い彼らの研究とおそらくほとんど変わるところはない。

　類推というのは場合によっては魅力的なものであるが、それと同じくらい危険なものでもある。わたしとしては、個々の人間の生命力と同じように、国の経済的な生命力も一つのライフ・サイクルをたどるのではないかという考えを示したい。かといって、「乳母の腕に抱かれた、みゅうみゅう、ぴゅうぴゅうの赤ん坊」から「目も歯も何もかもない老人」へというシェークスピアの人間の七つの段階「『お気に召すまま』第二幕第七場」を国の生命力にあてはめるのはやりすぎであろう。なぜなら、厳密に言うと、国は生まれるわけではないし、死ぬわけでもないからである。国の経済的な軌跡といっても、それは事例ごとにかなりの違いを見せるであろう。しかし、概して言うと、それはS曲線をなぞるように、まず緩慢なスタートを切り、それから速度を上げ、ある時期ロケットのように突き進み、最後には減速する。この成長パターンの別の言い方としては、ロジスティック曲線、資源転換曲線(the curve of material transformation)、五局面のプロダクト・サイクル、[14]そして、知識指向性の高い基礎研究から目的指向性の高い(mission-oriented)基礎研究、応用研究、開発、実地適用への転換を描く技術成熟曲線などがある[15](ただし、この最後の成長パターンは陳腐化と使用停止に陥る技術があるということを考慮に入れていない)。

人間と同様に、国家の成長は不慮の出来事や突然の大変動によって、老齢に達しないうちに絶たれてしまうことがある。つまり、それは外的な諸力によって成長を阻害されるかもしれないということである。しかし、人間とは異なり、国の経済には第二の誕生がありうる。ずいぶんと前にわたしはS曲線の概念をロストウの経済成長の諸段階に適合させようとしたことがあるが[16]、そのときに示したように、S曲線は老いた段階からふたたび成長を描き始めることもありうるのである。

このような危険な類推もこれで終わりにしておくが、現代の医師は総じて、人体の特定の器官系あるいは医療のタイプ、たとえば、心臓、肺、腺、ウィルス性疾患、小児医療、老年医学などを専門にしており、生命全体の本質を専門とする医師はほとんどいない。また、おそらく精神科医は別として、その専門領域を超えて、社会学、つまり彼らの患者と外部世界との関係に足を踏み入れる医師もほとんどいない。これと同じ流儀でいうと、大きな視野で経済成長をとらえようとする経済学者は別として——しかもその一部は説明するというよりも記述するだけなのであるが——、経済学者は市場、産業、制度、技術などに特化しがちである。

多くの経済史家が経済史と社会史の両方にまたがりながら、経済史の諸原因を国民的性格のような社会のとらえどころのない側面に探り出そうとしているが、国民的性格というものは、こんどはそれ自体が歴史的、地理的、社会的、経済的な諸条件によって決定づけられる。こうした原因と結果の連鎖は、経済的首位の問題をはじめとして、経済史の諸原因の探求が一個の都市・地域・国家の範囲を越えて、それら相互の関係に向かうときには、とくに重要となる。

わたしはいくつかの国を個別的に取り上げ、それらの国の経済的首位への到達とそこからの転落という問題に歴史的にアプローチする。それははっきりとは定めがたいがおよそ一三五〇年頃のイタリアの諸都市国家に始まり、ポルトガル、スペイン、低地諸国——まずフランドルのブリュージュとブラバントのアントウェルペン、そのあとでホラント州のアムステルダムを擁するネーデルラント連邦共和国——を経て、イギリス、アメリカへ向かい、最後によく取りざたされる(それは論じられているだけか、それとも現実にそうなのか)アメリカの衰退の問題を論じる。また、三つの章を付け加え、多年にわたる挑戦者であったフランス、二度にわたって日の当たる場所を攻撃的に追い求めたドイツ、現在「ナンバー・ワン」の地位の候補者であるかもしれないし、そうでないかもしれない日本を取り上げる。そして、それら各国別研究の導入部分として、まず、国家のライフ・サイクルすなわちS曲線について一般論的な説明をほどこす［第2章］。つづいて、長期的なサイクル——一五〇年周期のブローデル・サイクルや五〇年から六〇年周期のコンドラティエフ・サイクル——があるという何人かの分析者の主張に対する否定的な見解を交えながら、ある一個の国がつねに、あるいはほとんどつねに、経済的な指導国もしくはヘゲモニー国家として抜きん出るのかどうかという問題を議論する［第3章。ブローデル・サイクルには直接的には言及されていない］。

フェルナン・ブローデルと彼の説に追随するイマニュエル・ウォーラースティンは世界の中心や中核という用語を使って論述し、さらにウォーラースティンのパターンには周辺や半周辺という用語もある。ブローデルの主張によると、世界経済の歴史とは一連の中心化と再中心化の歴史であり、おそらくそれらの間には脱中心化がある。[17] このような見解は異議を申し立てられずにはおかない。すなわち、経済的に先頭を走る国の交替がずいぶんと多く論じられたために、すでに前工業化時代後期のヨーロッパにおいて、進歩がどれほど全体的にまとまったものであり、広く波及したものであったかということが覆い隠されてしまっているという主張がある。[18] これと同様の見解として、歴史に対するこのようなアプローチは歴史を機械装置のドッグ・レース［模型のウサギなどをリモコンで動かし、犬に追跡させるレース］に変えてしまうという指摘がある。[19] 他方では、経済的に先頭を走る国が一つずつ継起していくというのは「歴史の陳腐な語りぐさ」にすぎず、いったいそれ自体が真実であるのか間違っているのかを明らかにすることのできない所説であるとも言われてきた。[20] しかしながら、社会科学が競争の仮説にかなりの程度依拠するものであることからすると、レースというのはなにも悪い比喩ではない。[21] たとえば、中世を研究しているある歴史家に言わせると、シャンパーニュ、ジュネーヴ、リヨン、そしてイタリアのピアチェンツァといった定期市の時代のヨーロッパ経済は、「都市が都市を追い抜き、また追い抜かれるといったリレー・レース」の

図 1-1　「進歩のためのレースでフランスは価格に足を引っ張られている.」

資料）Comité pour l'Histoire Économique et Financière de la France, 1989, p. 505.
訳注）図中の “PASSÉ” は「過去(のインフレ)」, “AVENIR” は「未来」を意味する. 右から, アメリカ, ドイツ, イギリス, フランスを示す. 注(21)参照.

様相を呈していたという。[22] また、すでに明らかなように、わたしはかなりの程度フェルナン・ブローデルに依拠しており、彼の巨匠の名にふさわしい研究書である『地中海[23]』、『物質文明・経済・資本主義、一五世紀―一八世紀[24]』、『フランスのアイデンティティ[25]』を、それらについて交わされた多くの論争を確実に見きわめるための歴史的な専門知識を十分もたないままに使っているのであるが、そのブローデルもまた、「ヴェネツィアが最高の地位にあった時代、フランスは何年もレースから脱落したままであった[26]」とか「一六八八年のイギリスは大陸よりも一歩抜きん出ていた[27]」といったレースの比喩を用いているのである。

　レースを描写するといっても、それはストップ・ウォッチで計時されたものとはならないであろう。どの国家がある特定の時点で抜いたとか抜かれたとかを厳密に確定するような議論には説得力はないのである。歴史家には、「転換点」を浮き彫りにすることに時間を費やし、ときには他の歴史家が主張する転換点をとがめるためにそうするということがよくある。しかし、わたしには歴史の本質はその複雑さにあるように思われる。たった一つの原因で説明が付くなどということはだいたい疑わしいものなのである。たしかに、社会科学というのは切り詰めた説明、つまり最少にしてもっとも単純な原因に還元された説明を好むものである。しかし同時に、それは結果の多くが一つか二つの「十分な」原因からではなく、一連の長い「必要な」原因から生じるのであり、その一つでも欠けたら、その結果は生じなかったであろうということもわきまえているのである。人間が老化することは、そしてわたしの説では国が老化することは一つの内発的な作用であるが、その結果は偶然、ショック、不慮の災難などのあらゆる外発的な、あるいは外在的な出来事によって影響を受けるかもしれない。歴史というものは、原因と結果が緊密につながった社会の物理学というよりも、生物学とくにダーウィンの進化論的な生物学に近く、そこでは任意の、あるいはほとんど任意の環境しだいで、衰退や発展をもたらす偶然の突然変異が生じるのである。社会的な（そして物理的な）諸作用には偶然量を含んだ要素があるということを、カオス理論は今では認めている。あとになって広範囲にわたる変化を起こす細胞核は、初期の段階ではしばしば探知するのが困難であるか、あるいはまったく不可能なのである。(28)

経済史はまずほとんどの場合、富を追求する活動に関心を抱く。しかし、富は経済活動の唯一の動機ではない。アンリ・ピレンヌの指摘によると、中世に見られた少額の貨幣取引でさえ、人間の必要を満たす欲求だけではなく、「それとともに、疑いなく……すべての人間が備えもっている社交性という本能を満たそうとする」欲求に駆り立てられていたのである。(29) ピレンヌはまた、商業の動機を、利得への執着とともに、冒険への渇望に帰した。(30) 人間の性質の暗い部分を強調するのはジョン・ネフである。彼の主張によると、兵士の衝動——恐怖、憎悪、残虐、復讐、破壊と人間への加害に対する快感、さらには、宗教的な確信、勇気、戦わなければならないという義務によって喚起される名誉の感覚——は、なにも西洋の人々に限ったことではない。(31) それと同時に、これまで産業の技術革新をなしとげる積極的な力となったのは美の探索であった。(32) 物質的な利得の欲求とならんで、権力と威信を追求する衝動が存在するが、これは栄誉を何より大切とするフランスでとくに顕著な衝動である。効率性と美・富・威信は、ときに補完し合い、ときに代替し合うのであり、人も国もそれらの諸動機のなかからいずれかを選択しなければならないのである。

利得の追求が人間にとってあたり前のことであったとはとうてい言えない。中世では、貪欲が一つの罪である以上、「働くことの目的は富を増やすことにあるのではなく」、「永遠の命を手に入れるまで、生まれたままの境遇にわが身を保ち続けること」にあった。(33) それでも人間に本来備った一般的な特質を探り当てたいというのであれば、先に述べた邪悪なところは別にするならば、それは競争［模倣］(emulation)の精神ということになる。いわゆる「見よう見まね」というやつである。アダム・スミスは『道徳感情論』のなかで、競争［模倣］はあらゆる身分の者に行きわたっており、その源は卓越した他者に対する称賛の念にあると述べている。(34) さらに『諸国民の富』のなかで、スミスは次のように続ける。「対抗意識と競争

［模倣］のおかげで、いやしい職業においてさえ、それに抜きん出ることが人の覇気の目的となり、それに対してしばしば最大限の努力が払われるのである」[35]。ネフはどちらかというと科学技術に限られた話ではあるが、そのなかで模倣を「知的な活力」と結び付ける[36]。また、アメリカのある優れた歴史家によると、「仲間の集団に人格的に同一化することが人間のたいていの行動にとっての全体的かつ基礎的な指針となる」[37]。自らを金持ちと同一化しようとするのは広く見られる動機であるが、そのほかにも詩人、画家、音楽家、学者、兵士、運動選手など、模倣の対象となる集団はいろいろとある。もっとも彼らのなかにも金持ちはいるであろうが。ソースタイン・ヴェブレンはドイツに関する研究のなかで、他者が達成したものを自分の目的のために借用することはドイツ人も含めたバルト海周辺の諸民族に顕著な特徴であるという考えを示した[38]。それと対照的なところでは、ブローデルが『地中海』のなかで「ある大きな文明というのは、一定の追随に対立すること、自分に示された諸影響のなかから堅固な意志をもっていずれかを選択することによって、やはりそれと認められるものである」と論じた[39]。

戦争は経済成長と衰退のライフ・サイクル、そして指導権の継起において重要な要素をなすものである。経済的な摩擦は戦争の原因となるが、それは宗教的信念、王朝間の争い、帝国主義、偶発的な事件なども含めた数ある原因のうちの一つにすぎない。また、戦争が経済成長にインパクトを与えるものであることは明らかであるが、多くの論者は、その反対に経済成長がさまざまな経路をたどって戦争を導くとも分析している。戦争に関する問題は第3

章で出てくるし、それにつづく各国別研究のところでも個々の問題として出てくる。戦争と経済成長との関係は複雑であり、単純な一般化は許されない。

戦争が「過度の拡張《オーバーストレッチ》」、つまり、行為者が自らの目的を達成する能力を超えて野望を抱くことの結果として起きるということもある。過度の拡張はアダム・スミスの次のような警句を思い起こさせる。

歴史の記録を調べ、君自身の経験の範囲内で何が起きたかを回想し、公私いずれかの生活で多大な不幸に見舞われたほとんどすべての人々——その人たちについて、君は読んだか、聞いたか、あるいは記憶したことがあるかもしれない——の振る舞いがどのようなものであったのかを注意深く考察してみるといい。そうすれば君は、彼らのうちの圧倒的多数の人々が、自分たちがいい状態にあったのはいつだったのか、自分たちにとってただじっと座って満足しているのが適切であったのはいつだったのかをわきまえていなかった、このことから不運に見舞われたのだということを知るであろう(40)。

悲惨と混乱の大きな源泉は、貧困と富裕の違いを過大評価することから生じるように思われる。同様に、野心は私的な地位と公的な地位の違いを、虚栄は無名と広範な名声の違いを過大評価することから生じるのである(41)。

スタンダールはその著書『リュシアン・ルーベン』のなかで、「金持ちに生まれ、自分の財産を倍にしたくないなどと思うような人をこれまでに見たことがあるだろうか」と問いかける。[42] わたしも、以前に行った研究で、過度の拡張の概念を金融危機という結末に終わることもしばしばであった投機的な熱狂に応用したことがある。[43] 過度の拡張の概念は、スペインのフェリペ二世、フランスのルイ一四世、ナポレオン・ボナパルト、アドルフ・ヒトラーといった個人に応用することも十分に可能である。

経済分析と経済史は最近になって、経路依存性(path dependency)に関心をもつようになってきた。経路依存性とは、ある独自に展開された出来事が経済的な諸過程や諸制度に対して、それらを硬直的で、変更の利かないものにしてしまうインパクトを与えることをいう。[経路依存性が作用すると]それまでは諸要素の動きに対応して発達してきた諸制度を、外部の諸条件の変化に対応させて新たに作り替えようとしても、それがしばしば不可能といっていい程度にまで困難となってしまうのである。また、コースの定理[訳注1]が定理の例外としていることだが、諸制度というのはおおむね経済的な必要に即座に対応するものであるが、取引コスト——ある一組の諸制度から別の一組の諸制度に切り換えるためのコスト——が非常に高くて、そのような転換が望ましいにもかかわらず、それを果たすことができないときには、その例外となる。旧式の技術が新しい技術とともに生き延びるということもよくある。それは、過去の投資を[もはや回収することのできない]埋没コストとみなしてしまえば、旧式の技術を使用する限界コストを新しい技術を使用する平均コストと比較することとなり、それが往々にして前者に有利となるからである。[44] 旧い制度を廃止するかそれとも維持するかという問題をめぐってかけられる圧力とその決定についても、同じことがあてはまる。したがって、いついかなる場合であっても、所与の制度の価値を評価することには危険がともなうのである。シュムペーターが主張したように、もし正常よりも高い利潤が技術の改良や資本設備の拡大に再投資されるのであれば、独占といえども効率的なものとなりうる。しかし、そうはならずに、独占の利潤はたんに誇示的消費に向かうかもしれない。ここでふたたび類推を働かせるとすれば、関税はかなりの生命力をもつ経済においては成長を刺激するかもしれないが、小児病ではなく、老人病的な状況のもとにおかれた経済では、むしろ衰退を早めるかもしれない。ダグラス・ノースとロバート・トーマスの分析のなかでは、明確に定められた私的所有権が経済成長の起動力をなすものとみなされ[45]、さらにそれは西ヨーロッパにおける民営化の動きと東ヨーロッパにおける社会主義から市場経済への移行のなかで中心的な役割を与えられてきたが、それはけっして万事を解決する溶媒などではない。たとえば、民間金融業者が王侯の税の徴収権を競いあって獲得する徴税請負［私的所有権の主張が経済を機能不全に陥らせる例］にしても、乾燥した所有地に乏しい水を配分する灌漑計画［私的所有権の抑制が経済をうまく機能させる例］にしても、どちらとも他のいろいろな例にもまして、ほんとうに社会の成員が全員一致で私的所有権を礼賛する状況にあるとはいいがたい例となるのである。

以上の広範囲にわたる、序論としての、ものの考え方、諸概念、「熟慮のうえでの批評」(animadversion)を結ぶために、ここでしばしカオス理論に戻り、公共政策の役割というものを考察してみよう。まず第一に、意図せざる帰結がある。その典型的なものとしては、政策決定がなされたときには考慮されていなかった何らかの力が作用した結果というのがある。フェルナンドとイサベルによるコロンブスの航海への資金援助はおそらくそうした政策決定の際だった例であるが、意図せざる帰結の例は他にも多数ある。第二に、もっとも巧妙で、十分な知識に裏打ちされた公共政策でさえ、それが衰退を食い止める効力をどれほどもっているのかという問題がある。ここで人間の老化との類推に戻ると、たしかに、良い医療を施されるのか、それともよろしくない医療を施されるのか、あるいはそもそも医療を施されるのか施されないのかということしだいで、人によって老化作用にかなりの違いが生じることはほとんど疑いない。このことから、「老化を食い止める処方の効能を信じる」経済的な楽観主義者は適切な支出、支出削減、課税、信用供与、補助金の支出などの政策を、そしておそらくは禁止と統制という強権的な政策でさえ、好意的に評価するであろう。一方、「老化を食い止める処方にもしょせん限界があると考える」懐疑主義者は、一九七三年以降のアメリカにおける通貨政策と財政政策に対する失望、産業政策と所得政策に関するいつ果てるとも知らない論争、またつい最近では、個人貯蓄と企業投資を刺激するためにとられた一九八一年の減税の失敗を頭に浮かべるであろう。アメリカと同じように、ヨーロッパでも命令的・指令的な計画化がこれまで正真正銘の成功を得ることに失敗してきた。啓蒙主義時代このかた、世界は魔法や迷信や天のお告げをあまり信じなくなり、因果関係というものをよりいっそう信頼するようになったが、社会科学がとらえた因果関係の連鎖はかならずしも堅固なものではないのである。

カオス理論と予測しがたい帰結は緩やかに結び付いて、たった一つの原因からかなり多様な諸結果をもたらすということがある。そのような原因の一つが人口圧力である。社会的素質が十分でない社会においては、人口のほうが食糧供給よりも速いペースで増えていくにつれて、人口圧力は飢餓と高額の地代という結果をもたらす。これがマルサス・モデルである。ところが、中世のヨーロッパでは、人口の増大は真っ先に限界耕作地の拡張という結果をもたらした。荒れ地には鋤が入れられ、森林は切り倒され、沼地は干され、海は干拓されたのである。さらに、近代ヨーロッパでは、土地が限られ、収量が逓減していった地域においては、人口の増大はこんどは家内工業をもたらした。それは、その地域の各家庭に紡績と織布の原料を運び込み、そこから織物を納めさせて、売って回る巡回商人の助けを借りながら、各家族が何とか生計を立てていこうとした結果だったのである。ところが、同じ人口圧力でも、それが別の状況のもとに置かれると、若い女性が農地を離れ、都市に出て、奉公人として働いたり、若い男女が独身の修道士や修道尼として教会に入ったり、若い男性が傭兵隊に徴募されるという結果をもたらした。おそらくベルン近辺の山地から出ていったスイス人の農民はそのひとつの例であり、彼らはわたしの父方の祖先がそうしたように、まず最初にドイツのプファルツ地方［ラインラントの一部］に移住していったのである。(46)

ほかにもまだ人口圧力が異なる結果をもたらした例を見出すことができる。イギリス産業革命(それが革命というほどのものであったかどうかについては昨今かなり疑問が出されるようになったのだが)の標準的な説明というのは、一七四〇年代と一七五〇年代に良好な収穫が続き、それによって栄養状態が改善され、幼児死亡率が低下し、そのために人口が増大し、さらにその数十年後に若年層が職を求めて都市へと追いやられていったというものである。(47) しかし、イギリスと似たような人口の増大が、ヨーロッパの他の場所でもイギリスと同時に、しかもそれに先立つ豊作がないのに起きたことから、ウィリアム・マクニールは、人口の増大は好天と豊作という偶然の所産であるというよりも、ヨーロッパ人が住民どうしの長年の混交の結果として、初期の大陸間接触のせいでこれまで伝染してきた病気に対して免疫を獲得し、それが死亡率を低下させたことから生じたものであるという仮説を立てた。(48) さて、このようにして［ヨーロッパで全体的に］人口が増大したわけであるが、それはギルドが維持していた独占を打破するとともに、イギリスで産業革命を誘発し、フランスで政治革命を誘発したのであった。(49) マクニールは別のところでは、人口圧力はイギリスに商品輸出を促し、フランスには武装した人間の輸出を促したと述べている。(50)

意図せざる帰結あるいは予期せざる帰結はほかにも多くの分析者によって例証されてきた。たとえば、一六世紀の価格革命には、それがスペイン領アメリカから輸入された銀が原因で起きたのか、それとも人口が農業のそれ以前に起きた後退からの回復速度を上回る勢いで増大したことが原因で起きたのかという論争があるのだが、一説にはこの価格革命こそが、神聖ローマ帝国の三〇年戦争（一六一八―一六四八年）、一五六二年頃に始まるフランス宗教戦争、そして一六四〇年代のイギリスにおけるピューリタンの反乱を招いたのであった。(51)

この本は、それが多いか少ないかはともかくとして、いくつかの国によって構成されている。このような構成はいくつかの問題を投げかける。その第一は、多様な諸単位を「石炭」、すなわち天然資源によって区切るべきか、それとも「文化」、すなわち文化によって形づくられる諸制度によって区切るべきかという問題である。わたしはその両方を試みることとする。その第二は、［現行の国家の構成要素を］切り離すか、それとも統合するかという連続性の問題である。たとえばグレート・ブリテンと北アイルランドを全体として取り扱うのか、あるいはイングランド、スコットランド、ウェールズを別々に取り扱うのか、さらには北西イングランド（織布とブラック・カントリー［産業革命以後の重工業地帯］）を豊かな農業地帯であるイングランド東南部と切り離して取り扱うのかといったような問題である。たいていの場合わたしは統合的に取り扱うこととするが、北イタリア諸都市国家、つまりヴェネツィア、フィレンツェ、ジェノヴァ、ミラノについては、最大の注目をヴェネツィアに置きながら、例外としてそれぞれ別々に取り扱うこととする。その第三は、文化的、制度的、歴史的な問題として現れる。取り上げたその国は中心に向かう方向性をもった一個の単位なのであろうか、それともイニシアティブとエネルギーの中心を多くもつ多元的な、おそらくは連邦的な国なのであろうか。さらに、第四の問題は、階級構造と所得分配、そしてそれら――そこに社会的素質も含めて――が経済の成長と発展にとってどのような意味をもっているのかということにかかわる。これらの問題を考えるにあたっては、さらに、一千年紀の半分にわたって状況が変化してきたということもある。すなわち、都市国家がその周辺を支配し、領域国家へと成長し、こんどはやがてある領域国家が他の領域国家を加え、国家を形成する。場合によっては、国家は帝国へと成長する。このことからすると、疑いないところ、わたしは以下に見るように、成長と衰退のテーマをすべて「国」のレベルで取り扱うのではなく、地域、都市国家、国家、帝国をそれぞれ別々の単位として取り扱うべきであろう。都市国家から帝国までの社会的政治的な漸進的あるいは革命的な変化は経済の成長と減速の過程にインパクトを与える。それらをすべて［国のレベルの、しかも］社会的素質というブラック・ボックスに押し込めることは不可避的に理解不足に陥るかもしれない。それはほんのわずかのことしか説明しないのである。

読者には、道路地図と旅の途中で出会う風景についての若干の解説があったほうが役に立つかもしれない。はじめに、一般論として二つの章があり、第2章では一個の国の成長と衰退が、第3章では世界を指導する経済的中心「国」の交替、すなわち衰退する指導的国家もしくはヘゲモニー国家から台頭する指導的国家もしくはヘゲモニー国家への交替が、それぞれ論じられる。つづく八つの章では、それぞれイタリアの諸都市国家、スペイン、低地諸国、フランス、イギリス、ドイツ、アメリカ、日本の、経済的に卓越した国家への台頭とその衰退のプロセスが論じられる。二、三の事例においてのみ、敗戦のような外的出来事が衰退の原因となる。歴史家、経済史家、経済学者によって指摘される衰退の諸原因——過度の拡張、創造的能力の喪失、貯蓄率・投資率の低下、対外競争力の低下、等々——の大部分は、独立した、それぞれ別々の諸要素というよりも、同じ一つの老化過程の兆候なのである。変革への抵抗、硬直性、リスクの忌避、生産から消費と富への関心の転換は経済的な老化を示す。

そして、それはもっとも賢明な政策によってさえも、おいそれとは逆転されないのである。

おそらく経済的首位(economic primacy)という用語について、その意味を少しはっきりとさせておかなければならない。この概念は、あるスポーツで誰が、あるいはどのチームがナンバー・ワンであるのかを決める場合に見られるような単純な数量性をもっているわけではない。また、経済的首位は政治的首位なり軍事的首位なり文化的首位とタイミング的に一致することもありうるが、かならずしもそうなるとは限らない。たとえば、今日のアメリカはおそらく軍事的優越(superiority)、さらには文化的優越さえも保有していると主張することができるであろうが(この優越という言葉には、［首位 primacy というよりも］のちに定義する優位 dominance の意味が込められている)、わたしの考えるところでは、かつて保持していた経済的首位からは転落しつつある。また、経済力が政治的な卓越性(preeminence)を導くこともあれば、国が他の領土を集めて帝国をつくり、それを搾取するときには、政治力が経済的な卓越性を導くこともある。しかし、その関係は連続的でもなければ、単純でもない。

経済的首位は、ただたんに国民所得(総所得あるいは一人あたり所得)、成長率、技術革新の数とその将来に及ぶ重要性、生産性の伸び率、国内かつ／あるいは対外的な投資水準、原料・食料・燃料の支配力、さまざまな輸出市場のシェア、金と外国為替の保有、他国によるその国の通貨の交換媒体・計算単位・価値保蔵としての利用などの各基準にもとづいて測定されるのではない。そうではなくて、経済的首位はこれらとこれら以外の経済的な諸基準の組み合わせによって測定されるのであり、その組み合わせの比重も、時代と場所が違えば、違ったものとなる。諸基準のなかでもとくに金融の比重は、各国とりわけアメリカが二〇世紀末になって、富、それも財とサービスの売買ではなく、資産の売買から得られる富、キャピタル・ゲインにいっそう引き付けられるようになってから増大した。また、経済的首位の相対的な衰退は機能ごとに異なるペースで進む。たとえば、近年のアメリカの貯蓄、生産性、技術革新は世界におけるドルの使用よりも速いペースで衰退しつつあるのだが、そのため、世界はドルに替わる適当な通貨をまだ見いだせない状況にある。

　コレージュ・ド・フランスの前教授で、応用経済科学研究所の所長でもあったフランソワ・ペルーが議論の俎上にのせたのは、優位の概念である。ある国、企業、個人がその他の諸国、諸企業、諸個人のすることを無視することができる半面、後者が前者のすることに気を配らなければならない状況にあるとき、前者は後者に対して優位に立っているというのである。政治学者によって広く使われている用語であるヘゲモン［ヘゲモニー国家］もこの概念に近い。それに対して、経済的首位は、それが最良の状態にあるときは、優位やヘゲモニーというよりも、世界経済の指導国が提供する公共の利益［公共財］をともなうものであり、他者に対して、指導者が指示する通りに行動するように命ずるのではなく、進路を指し示し、それにしたがうことが望ましいということを他者に対して説得するものである。これはどちらかというと、たとえば一六世紀のスペインよりも、一九世紀後半のイギリスや二〇世紀の第3四半期におけるアメリカによくあてはまった。一七世紀のネーデルラント連邦共和国も大国と比べると規模は小さいが、軍事力や政治力ではなく、範例によって世界を指導した。

道徳的人間、健全、良識など、経済的首位と同じように、厳密に定義することはできないのだが、それが何を意味するのかをたいていの人が知っているような概念はたくさんある。経済的首位は正確には測定することができないものであり、エルギン伯が言ったように、そのような状況のもとでは、わたしたちの知識は完全に満足のゆくものとはならない。それにもかかわらず、経済的首位という概念には意味があり、過去においてときおり、いやおそらく非常に多くの間、この概念が一つの現実性を帯びたものであった、とわたしは主張する。

第2章　国家のライフ・サイクル

個々の人間にライフ・サイクルがあるということに異論がなければ、わたしたちは国家にもライフ・サイクルがあるのかどうかと問うこともできよう。ただし、個々の人間は生まれ、成長し、成熟し、そして死ぬのだが、都市国家や国民国家の場合は、列車に乗った新しい世代が後から次々とやってきて、それらを安定した軌道の上で走らせ続けることもできる。つまり、文明は死をまぬがれないとはフェルナン・ブローデルの言であるが[1]、国家はそうならないかもしれないということである。歴史がサイクルを描くという考え方であれば、それは早くも一六〇〇年のスペインで表明されたことがある[2]。国民経済についても、経済学者がこれまでビジネス・サイクル〔通常、景気循環という意味をもつ〕の存在を指摘してきた。ビジネス・サイクルのなかにはさらに、発明・改良・均衡のサイクル[3]、ゼネラル・モーターズ、IBM、ゼネラル・エレクトリック、シアーズ・ローバックが陥った困難な事態によって[訳注1]、一九九三年に十分に論証された企業サイクル、また、ある国で技術革新された製品が国外に普及していく過程にサイクルを特殊に応用したプロダクト・サイクル[4]なども含まれる。スペインのある歴史家は、ギルドにさえサイクルがあったと指摘した。つまり、フェルナンドとイサベルによって推進されたギルドは一種の構造をもった組織であり、工業成長の開始段階では品質の水準を維持することに貢献したことから有益な組織であったが、しまいには「障害、抑圧、欺瞞」の組織に変質したのである。(5) さらに、現代の政治学者のなかには、ナショナル・パワーのサイクルに言及する者もいれば、(6) 戦争のサイクルに言及する者もいる。(7) 文芸批評家までもがシュペングラーの『西欧の没落』を論評するなかで、次のように論じている。

あらゆるものが生命のリズムを示し、出生、成長、衰退、最終的な死という諸段階をたどっていく。もしこのことが例外なくすべての人間に起きるのだとすれば、これと同じ生命のリズムが個々の人間よりももっと大きな生命の諸単位にもあてはまるという仮定を、もともとありえないことだと決めてかかることはたしかにできないのである。(8)

このような二重否定——ありえないことではない——ではさほどの説得力はないかもしれない。しかし、民衆の知恵もまた、ある特別な時間のフレーム——三代たてば元の泥臭い労働者に逆戻り(イギリスでは、三代たてば木靴を履いた元の身分に逆戻り)[「売り家」と唐様で書く三代目]——で、家族のライフ・サイクルを強調している。その意味は、一代目が財産を築き、二代目がそれを維持し、三代目がそれを使い果たすということであり、これこそが、チポラが産業だけではなく、国にも拡張しようとするテーマなのである。(9)

本題に入る前に、あと二つ前置きをしておこう。まず第一に、経済史に関する浩瀚な知識をもつとともに、経済発展を生物学的にとらえようとした今世紀初頭の古典的な経済理論学者が、付言としてではあるが、次のように書いていることに注目したい。「ドイツの工業と商業はイギリスのそれよりも若く、したがってその成長はより急速であった。少年の成長はきわめて急速なのである」[10]。少年期に限らず、もっと長い時間のフレームについていうと、スペインのある法律学の教授が一七九四年頃にアンシャン・レジームを嘲笑するために著した『護教の祈り』〔訳注2〕のなかで、次のような考えを披露したことがある。

世界の国家というものはことごとく、自然の諸段階にしたがいながら、その幼児期には弱く、思春期には物事を知らず、青年期には血気盛んで、壮年期には思慮深く、老年期には法律に通じた人となり、老衰状態に入ると、迷信深くなり、横暴になるものなのです[11]。

前置きの最後として、わたしより優に一世代若い経済史家であるリチャード・サッチがアメリカ経済史学会の会長あいさつのなかで、ライフ・サイクルの視点をすべての経済史に取り入れることに賛成する意見を論じたことを紹介しておく[12]。

S曲線

図2-1のS曲線、これはゴンパーツ曲線ともロジスティック曲線とも呼ばれるものであ

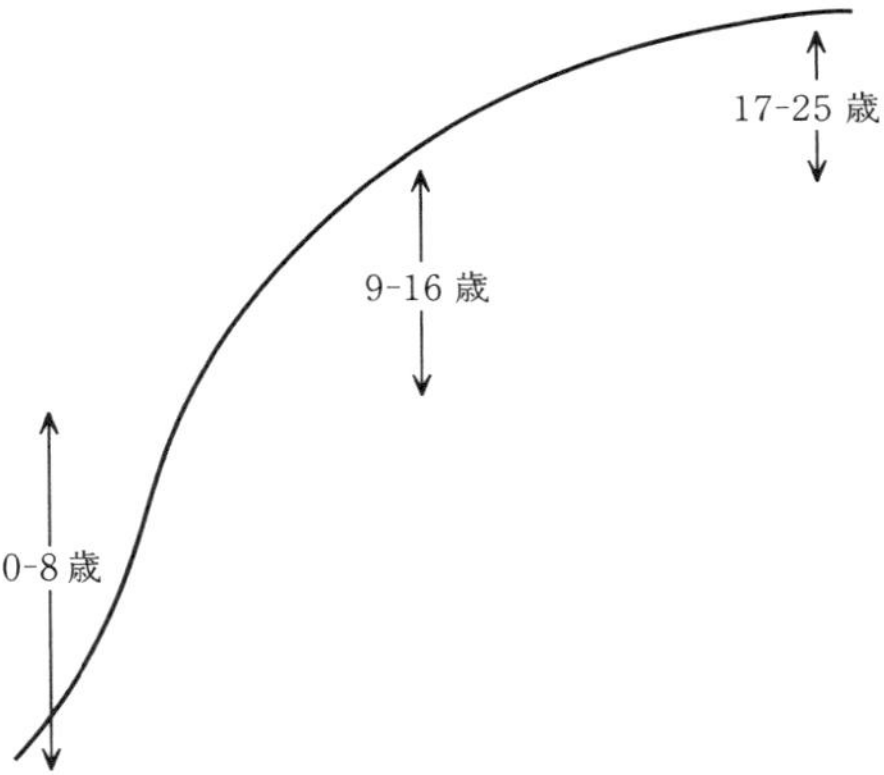

図 2-1　S 曲線．青年のための投資プラン
——オースティン計画，第 1 局面．

るが、テキサス州のオースティンで発表された青年に関するあるレポートの表紙から取ってきたものであり、出生から八歳までの子供（そのほとんどは図の左外にはみ出ている）、真ん中の九歳から一六歳、右側の一七歳から二五歳の三段階に分けられている。縦軸では何が計測されているのかは定かではない。もしかすると身長が測られているのかもしれないが、それは思春期になって急速に伸びるものであるし、このように滑らかにはならない。あるいは体重が量られているのかもしれない。それは産まれてから五か月の間に二倍になり、産まれてから一年の間に三倍になる。あるいは、それは社会のなかで何らかの役目を果たす能力のような、明確にはとらえがたい質のようなものかもしれない。「そうではなくて、もしこの図が人間の総体的な生命力を示すものであるとすれば」およそ七五年の人の平均余命において、「一七歳以降にも」まだ一世代分の上昇の余地があるのであり、それは四〇代の末にピークを迎え、その時点で女性には月経閉止（イギリス流に言うと「更年期」）が、男性にもときに厄年の危機が起きた

のち、成熟、老化、衰退へと向かうのである。もしそうだとすると、この図の上昇線はロンド・キャメロンの世界史のなかに描かれているロジスティック曲線[13]のように、もっとずっと右のほうに伸びていくはずであり、それからまず平らになり、続いて下降していくはずである。コンドラティエフの(長期波動の)経済サイクルをそれぞれ別個の産業にあてはめようと試みるブライアン・ベリーの本のなかにも、これとはいくぶん異なるが、やはりS曲線が出てくる。すなわち、成熟のピークを一〇〇とするパーセンテージで測ってみると、それぞれ別個の産業が「導入、成長、成熟、飽和、衰退」の各段階を通過するときに、それらの軌跡がかなり大きな屈曲を示すのである[14]。ただし、これらはいずれも理念型として描かれた滑らかなS曲線である。現実世界のS曲線には、多くの小きざみな揺れ、加速、後退、古いS曲線から生成される新しいS曲線、国民経済の諸部門や諸地域がそれぞれ別々に描き出すS曲線があり、それらに加重値を与えて集計しようとすると困難が生じる。ともかくもライフ・サイクルの本質は緩慢なスタート、加速、成長率の減速、着実な成長、そして衰退である。これらの動きは通常、他の産業、部門、地域、国民経済との比較において認められることであるが、ときには絶対的な変化である。

　このようなS曲線はW・W・ロストウの経済成長の諸段階[15]やアレクサンダー・ガーシェンクロンの「大躍進《ビッグ・スパート》」[16]をかなり密接になぞる曲線でもある。ただし、これらの著者が一八世紀のイギリス産業革命を出発点とするのに対して、わたしはそれに先立つこと一千年紀の半分のイタリア商業革命を出発点とする。それにまた、彼らはわたしほどには、国家が減退や老化をきたすこと、世界経済の首位が国から国へと継起すること、そして、そのときにときおり見られることであるが、衰退する指導的国家から台頭する指導的国家への移行がぎくしゃくしたものとなることには関心を示さない。そのほかにもさまざまな細かい違いが出てくるであろう。しかし、やはりおもな違いは、たとえばロストウでいうと、一連の諸段階が高水準の消費で終わるのに対して[17]、わたしが衰退を強調するということである。さらに、わたしは理念型としてのパターンの周囲で現実に生じるもっと多くの変化、すなわち、初期段階で発育不全に終わる成長、外部からの干渉、経済をショックに反応できなくしてしまう硬直性、カオス理論、経路依存性、集合記憶などを考慮に入れる。これらの変化は、それらがなければ追求されていたであろう好機をつぶす要因となるかもしれないのである。

経済成長に関する理論的な研究はたいてい労働、資本、「その他」を取り扱う。「その他」のなかには、外発的な(外部から導入された)技術的な変化、人的資本への投資(教育)、そしてときに「土地」(すなわち資源)が組み込まれる。経済史家がこれほどまでに説明を切り詰めることはめったにないのであって、彼らはその反対に、社会学的な要素をはじめとする非経済学的な諸要素にリストを広げていく傾向にある。とくにフランスの経済史家は心性(mentalités)、ドイツの経済史家は時代精神(Zeitgeist)、すなわち社会的諸価値にスペースを割く。経済史家のなかには、経済政策をはじめとする諸政策、それも大半が政府によって行われる諸政策を重視する者もいるであろう。しかし、この本の主要な目的は、たとえ良い医療であっても、遺伝的に受け継がれた資性が課す限界をずっと超えて人間の命を引き延ばす能力には限りがあるのとちょうど同じように、良い政策であっても、それが国民経済の成長を引き延ばすためにはたしてどれほど多くのことをなしうるのかと問いただすことにある。もちろん、ショックに対応する短期的な政策と長期的な成長を持続させるための措置とは区別しておかなければならない。それはちょうど、良い医療が特定の病気や苦痛を処置するのに成功したとしても、この医療が人間の寿命を引き延ばすことをねらった医療とは概念的に区別されるのと同じことである。

将来をスキャンすること

オランダ中央企画局(the Central Planning Bureau of the Netherlands)の最近の研究は、同局の経済学の伝統と根本的に異なるある複雑な方法で、経済成長の問題に取り組んでいる。(18) この研究は三つの理念化された経済成長モデルを呈示する。(1)「均衡モデル」。これはアダム・スミスの名前を連想させるが、そこでは、十分な情報をもった合理的な人間が天然資源、貯蓄、教育を、また労働・資本・財・サービスの十分に機能する価格システムを利用しながら、需要条件に照らして産出を最適化する。合理的な人間はまた新しい製品の発明やその生産工程における技術革新にいつでも取りかかる用意ができている。(2)「自由市場」モデル。これは不確実性、強力な所有権、個々の人間の適応性、経済活動における高度の自律性、活力に満ちた技術革新、そしてその結果として実現される高度の創造的破壊——シュムペーター・モデル——をともなう。(3)「協調」モデル。これはやや分かりにくく「ケインジアン・

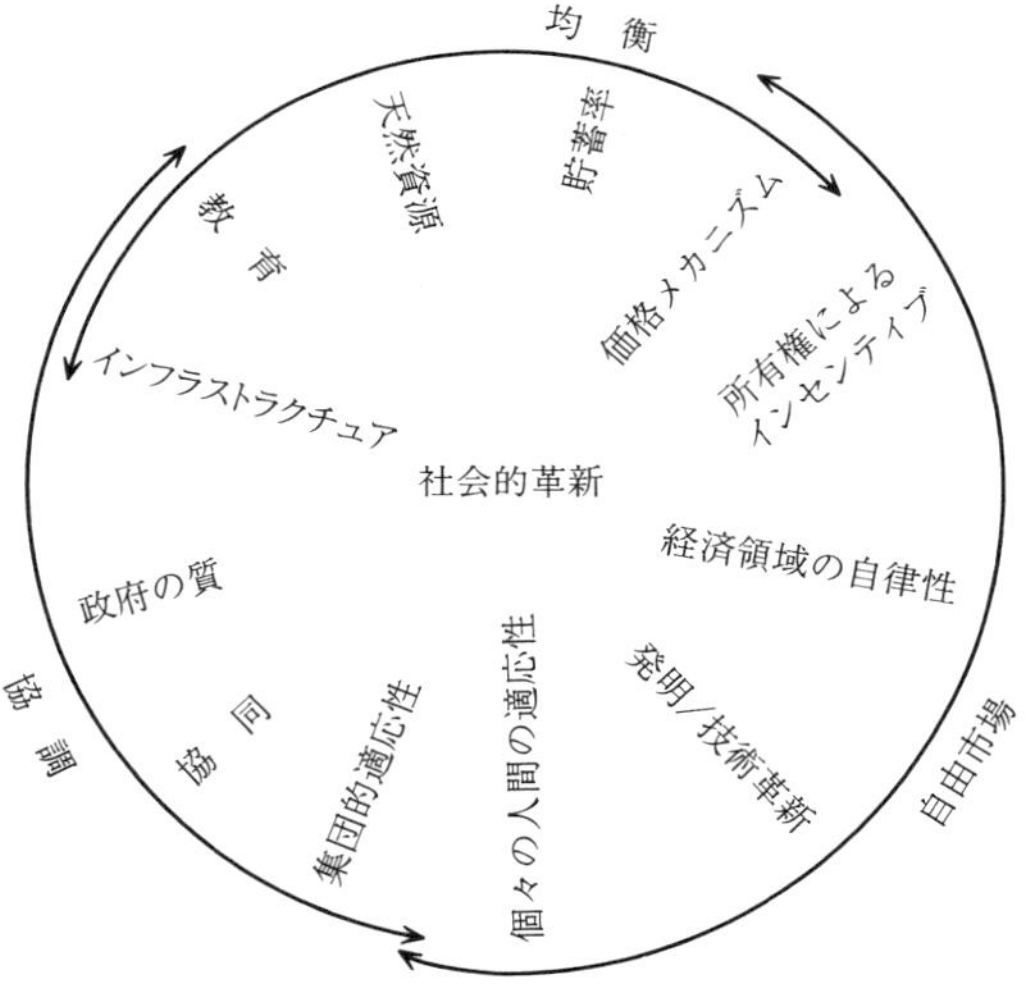

図 2-2　繁栄の円

資料）*Scanning the Future: A Long-Term Scenario of the World Economy, 1990-2015*, The Hague: Central Planning Bureau of the Netherlands, 1992, p. 47.

モデル」と呼ばれることがある。これは個人の適応性というよりも、集団的な適応性、自己の利益に奉仕する官僚ではなく、公共的選択理論が前提とする良い政府、インフラストラクチュアのような公共財の重視、国家内部ならびに諸国家間の政策協調をともなう。これら三つのモデルはけっしてたがいに排除しあうものではなく、異なる時代の異なる国が、それらを異なる比重で混成し、追求しているのであり、そのときこれらのモデルを、それぞれ合理的人間、競争的人間、協調的人間の類型とみなすこともできる。図2-2はオランダ中央企画局の研究書から抜粋したものであり、一つの円のなかにこれらのモデルを配置したものである。円の中心には「社会的革新」があるが、これは「既成の慣習、概念、制度、責任分担を打ち破り、つねに変化する環境と新しい発展という見地に照らしてそれらを見直そうとする個人・企業・政府の能力と意志」を示すものである。[19] そこから、議論は次のように続く。

……歴史はまた、個人、企業、産業部門、国の経済全体がしばしばその成功の基本原則をあまりにも長きにわたって、ずっと先まで推し進めようとするものであるということを再三再四、教えてくれる。限界が近づきつつあるという一目瞭然の合図が送られてくるときでさえも、新しい環境に自らを適合させていく能力がそれらに欠けていることには、驚かされることしばしばである。そのことが、なぜ社会的革新が繁栄の円の中心に位置づけられてきたのかを説明する。とりわけ、すでに開発をとげ、経済的な成長と発展をさらに継続させようとする国々にとってこそ、社会的革新はきわめて重要となるのであるが、歴史が繰りかえし示してきたように、それは非常に困難なのである。社会的革新に到達することに失敗すれば、制度的な動脈硬化と、しまいには相対的な経済的衰退の扉が開かれるのである。[20]

資　源

経済成長のS曲線モデルにおいて、わたしは農業、人口、都市［のような資源］にはそれほどの注意を払わないが、それらが成長の加速化を引き起こす初発条件を打ち立てる場合には、その限りではない。このことは、成長の初発条件として「石炭」〔資源〕と「文化」〔社会的素質、心性、制度〕のどちらを重視するかという選択にあたって、「石炭」を選ぶこともできるということである。ただし、文字通りの石炭については、おもにロンドンで暖房に利用されていたことなどを別にすると、一八世紀までは成長の初発条件のなかに含まれていたわけではなく、そのかわりに人間、動物、木材、風、泥炭、その他多くのエネルギー資源がそこに含まれていた。封建主義は地味の豊かな沖積層低地の上に発達した。領主は農奴の生産物の一部と引き換えに、保護を提供した。しかし、山岳地帯では、移動する盗賊集団から防備すべき生産物が少なかったかわりに、領主が取り立てることのできる生産物もまた少なかった。かくして、山岳地帯の住民は共和主義的な傾向にそって政体を発展させていった。(21) 移動性に富んだ商人や船乗りが住み着いた海港都市――ヴェネツィア、ジェノヴァ、アムステルダム、ハンブルクなど――もまた、君侯による統治ではなく、共和主義的な統治を発展させた。しかし、それは最富裕の商人たちが彼らに与えられた任期を超えていつまでもその官職に居座り続ける寡頭制へとしだいに変質していった。これらと同様に、封建貴族はスカンディナヴィア、バルト海沿岸、北海沿岸の大部分でも弱体であるか、あるいはまったく存在しなかった。たとえば、もしノルウェーに領主直営地で労働するのに必要な農民とその家族を養っていけるだけの土地が十分にあったとしても、それは広範囲に点在するであろうから、どっちみち荘園の管理人がそれを監視することは困難となったであろう。また、ヨーロッパの北岸では高潮を防ぐために堤防を築かなければならず、その維持管理には地域住民の協同作業が必要とされたので、彼らには領主の分け前を生産する時間的余裕はあまりなかったのである。[22]

立地は決定的に重要な資源であった。ヴェネツィアはアドリア海の深奥にあり、そのために外敵の襲撃をかなり容易に防ぐことができ、他方で海路でレヴァントに、アルプス越えで南ドイツに通じていたことから、中継貿易のための最高の立地条件を備えていた。ジェノヴァもそうであり、西地中海につながり、さらにジブラルタル海峡とビスケー湾を経由して、低地諸国、イギリス、北ヨーロッパにつながっており、西アルプス越えの列をなした馬やラバによる物資運搬によっても、これらの地域とつながっていた。山に囲まれたジェノヴァは海後背地には不足していた。しかし、それに相当する土地を南イタリアや地中海諸島などの海外でつくり上げた。セヴィーリャは大西洋の貿易風の通り口に位置し、背後には柑橘類、オリーブ油、ワインを生産するアンダルシアの農地が広がっていた。ブリュージュ、アントウエルペン、アムステルダムは一路大西洋に通じ、北に向かえばイギリスに、東に向かえば北海とバルト海に通じており、内陸にはライン川とムーズ川によって水はけされた広大な平野が控えていた。パリ、リヨン、フランクフルト、ジュネーヴ、ウルム［ドイツ南部、ドナウ川沿岸の町］、アウクスブルクなど、多くの都市が東西に延びる幹線道路と交差する川の岸に建設された。以上の大中心地はそれぞれ当初から誇る規模の経済と有利なコストを活かして、かわるがわる貿易の独占を打ち立てようとした。しかし、供給者と需要者がそれらの都市を迂回して直接取引を行うようになると、結局勢いを失っていった。

海港がどれもみな、造船業の振興やそれ自身の艦隊の保有に積極的な関心を示したわけではなかった。場合によっては、その理由はかなり明白である。たとえば、ローマは［はじめは］海洋国家(a nation of mariners)ではなかった。ローマは他の諸国家、そのなかでもおもにギリシャの都市国家から船舶を借りたり、その技術を模倣したりすることによって、にわか仕立ての海軍をこしらえなければならなかったのである。[23] また、そもそもフィレンツェとミラノは内陸部に位置していた。それらに対して、ジェノヴァはライバルであったアマルフィとピサを撃破し、リヴォルノと精力的に競い合った。問題となるのが［フランドルの］ブリュージュと［ブラバントの］アントウェルペンである。たしかに、［フランスの］フィリップ美男王によってジェノヴァで艦隊が建造され、ジェノヴァ人のザッカリーア［地中海とフランドルを結ぶ航路で活躍した商人、軍人、政治家］がその海軍提督に任命されたり、のちには［ブルゴーニュ公国の］フィリップ善良公がわざわざポルトガル人の専門技師を招いて、ブリュージュで船舶を建造したりしたことがあった。しかし、これらの努力は、ダンケルクにあらゆる国の私掠船が集まってきたということをのぞけば、フランドル人を海洋民族(a maritime nation)に仕立て上げるところまではいかなかったように思われるのである。[24] フランドル人やブラバント人が海洋民族とならなかったことについては、これまでもさまざまな理由が出されてきた。すなわち、ブリュージュとアントウェルペンの海運業は長い間ハンザ同盟によって提供されてきたからだとか、［低地諸国を長く支配した］スペインには本国以外の商船隊を保護するだけの十分な海軍力がなかったからだとか、フランドルやブラバントの工業とネーデルラント連邦共和国の海運業との間に分業が成り立っていたからだ、といった理由である。[25] これには心性もまた何らかのかかわりがあったかもしれない。ジャック・ピレンヌによると、歴史を通じてずっと、海洋諸国は個人主義的で自由主義的であったが、大陸諸国は集団的で独裁的であり、ヒエラルキー的な組織を好んだ。(26)しかし、このことを参考にしたところで、フランドル人やブラバント人が海洋民族にならなかった因果関係がどのようなものであったのか、あるいはスペインやフランスのような国は「海洋的」であったのか、あるいは十分な程度に海洋的であったかというようなことは、よく分からないままである。さらに次のような可能性もある。すなわち、ブリュージュやアントウェルペンには、そこに数多く居留していたおもにイタリア人の商人と銀行家をしのぐほどの活力に満ちた人物があまり出現しなかったために、イタリアのガレー船やハンザのコグ船に匹敵しうる活気ある海運業を発展させることができなかったということである。

［心性といえば］あるシンポジウムで、フィンランド人が帆船から汽船への転換をはたすことができなかったことが論じられたことがあったが、そこでは次のような小気味よいたとえ話が出されている。

……どの国にも「小作農のような」船主がいます。……しかし、われわれが探し求めているのは〈正真正銘の船主〉、つまり金持ちにして、情け容赦なく、精力的で、進取の気性に富んだ船主なのです。……明日をめざす者は今日の技術には投資しません。ましてや昨日の技術など一顧だにしないのです。(27)

とはいっても、この同じシンポジウムの別の参加者は、国家がそれぞれ国際的な海運業に参加していく、その進みぐあいと様態を説明することが、あいかわらず「海洋史のなかでももっとも困難な問題の一つ」であるということを明らかにした(28)。

この問題を拡張すれば、それぞれの国が国際的な海運業へ参加していくうちに生じるいろいろな変化をどのように説明すればいいのかという問題となる。もとよりその変化のなかには競争が含まれるのであるが、そこにはもっと多くの要素がからんでいる。たとえば、「内陸の大きな川に面した」港が小さな船には向いていても、大きな船を収容することができなくなってしまうということがある。それはとくに川に浅瀬が生じたときであり、グアダルキヴィル川の場合、河口のサン・ルカルのあたりに浅瀬が生じてしまい、結局は「内陸港のセヴィーリャから外洋港の」カディスへと港の機能を移さなければならなくなってしまった。あるいは、川に沈泥が生じたときも同様であり、ブリュージュはそのために大型船の接岸できない港になってしまった。造船業にしても、利用可能な木材資源の枯渇、造船工の移住とそのために生じる賃金の上昇、そしてとりわけ国外で起きた技術革新といった諸要素のために、衰退することもありうる。地方の造船所ともなると、国外の技術革新を迅速かつ低廉に模倣することはとてもできないのである。

近代初期のヨーロッパでは、その地方の生産物を町の市場を通じて日常的に流通するという意味での商業と「遠隔地貿易」とは、明確に区別されていた。遠隔地貿易のほうがより多くの資本を必要とするという点をのぞいては、日常の商業も遠隔地貿易も似たり寄ったりのものであると述べたのはアダム・スミスであったが、そのとき彼は会計、外国為替、外国の諸言語、商品がどこで手に入り、どこで高く売れるのかという情報にかかわる一連の諸問題を見落としていた。[29] そのうえ、遠隔地貿易のなかにも奢侈品と穀物・木材・羊毛・明礬《みょうばん》・魚・塩のような物量的にかさばる商品との間に区別があった。[30] 一二、一三世紀における商業革命は、はじめのうちは奢侈品にかかわるものであった。奢侈品の多くはインドや中国の産物であり、地中海の東岸までやってくると、そこからは船でヨーロッパに運ばれた。その代価は、一部は中央ヨーロッパで採掘された銀で支払われ、また一部はフランドルやブラバントで織られ、シャンパーニュの定期市でイタリア商人に買い入れられた上質の毛織物で支払われた。ヨーロッパの商人たちが町々で稼ぐ利益、十字軍をきっかけに高まった東方の商品に対する嗜好、そしてそれらとあわせて、農奴から収入を搾り取ることによって貴族のもとに入ってくる生存維持レベルを超えた可処分所得があってこそ、はじめて東方の商品に対する需要は喚起されたのである。これら商品の多くはその名前にアラビアの起源を留めていた。砂糖、モスリン、ダマスク、綿布、コーヒー(モカ)などがそれにあたった。アラビアに起源をもたないその他の商品——香料、キャラコ、絹——は中国、東南アジア諸島、インドから船によってペルシャ湾や紅海に運ばれ、そこからキャラヴァンによってアレッポやカイロに運ばれた。

商業革命の初期の段階では、商人はそれぞれ自分の商品をもって旅をし、途中で海賊から強奪されたり、また嵐のときに投げ荷されたりしないように、可能な限りそれらを守り通したあと、国外でそれらを売ったのであった。そのうちに、商人は一所に定在するようになった。つまり、彼らは会計事務所と商品倉庫を備えた本拠地に留まり、国外での販売に関しては、委託代理商にそれを任せるようになったのである。［ヨーロッパの］内陸路を移動する商品は、その大半がさまざまな町で年に二回から四回ほど開かれる定期市で売りさばかれるようになった。定期市では、商人が売買したものを帳簿に記録し、貸借勘定が一致するようにそれらを相殺したうえで、その残余をその場で現金によってか、あるいはどこか別の場所に宛てるか、同地で次回開かれる予定の定期市に宛てるかした為替手形によって、支払ったり、受け取ったりするのが常であった。そのうちに、ヨーロッパ各地では、為替手形取扱銀行、保険、本位貨幣、標準度量衡などの金融諸制度が発達し、その一方では、政府が［特定の商人に］譲許した貿易独占権を侵害しようとする海賊船、私掠船、無認可業者から遠隔地貿易を保護する政策も強化されていった。

他国民に比べて商人を輩出するのが得意な国民というのもあった。イタリア人は一一〇〇年頃から商業革命の先駆者であったし、西ヨーロッパや中央ヨーロッパ一帯に進出したときには、彼らを排除したハンザ諸都市は別として、銀行家としても先駆者となった。一六世紀末以降、彼らに続いたのが、オランダ人、イギリス人、それにやや程度は劣るがフランス人であって、彼らもまた利益の追求に貪欲となり、リスクを冒すことに積極的になっていった。それに対して、スペイン人は新大陸に植民した同国人に対するヨーロッパからの商品の供給でさえ、セヴィーリャに進出してきた外国商人に追い抜かれるがままというありさまであった。こうした状況は一七一三年以降も続いたが、このときから、外国商人の直接貿易も大目に見られるようになった〔訳注3〕。また、神聖ローマ帝国のもとにあったドイツにしても、ハンブルク、リューベック、ケルンといった諸都市の商人たちをのぞいては、ラインラントの織物、シュレジエン地方の亜麻布、東プロイセンの穀物と木材をマーケティングできるほどの有能な商人はいなかった。一説によると、これは一六一八年に始まった三〇年戦争でドイツの貿易が荒廃した結果であった[31]。

　地中海の船はオールの漕ぎ手を推力とするガレー船から始まったが、そのうちに帆船にも活躍の余地が広がっていった。地中海の帆船はコグ船を手本としており、つまりはハンザ諸都市から借用した技術であった。地中海の帆走技術はその後もいくつかの重要な革新と多くの借用をともないながらゆっくりと、しかし着実に向上していった。軍用ガレー船と商用ガレー船の規模も大きくなっていった。帆船は、帆柱と帆の数を増やし、排水量を大きくし、舷側の操舵用の櫂に代わって、船尾骨に固定された舵を装備するようになった。航海学と地図作成学も向上していった。そして、これらの進歩から、やがて一五世紀のうちに、ポルトガル人によって導かれ、東アジアへの新航路の開拓とアメリカの発見で最高潮に達する〈発見の時代〉が到来するのであった。

このように、船が大型化し、喫水が深くなったことから、港の相対的な有用性に変化が生じた。すなわち、沈泥、浅瀬、季節的な流量不足のために、エーグ・モルト［フランス南部、ヴィドゥール川沿岸の町］、セヴィーリャ、ブリュージュ、なかでも有名な港としてはケルンなど、川をさかのぼったところにある内陸港の多くが、いまや標準となった大型の船が接岸することのできない港となってしまったのである。また、船の大型化はより多くの木材を必要としたのであるが、西ヨーロッパの森林が枯渇していくにつれて、それはしだいに手に入りにくくなっていった。船にはほかにも、バルト海の流氷、地中海や大西洋の冬の暴風といった季節的な制約が課せられていた。

重い商品は海上輸送されたばかりではなく、内陸でも、航行可能な川によって、のちには運河によっても輸送された。しかし、航行可能な川のすべてがいつも同じように良好な運搬に役立つとは限らなかった。夏に干上がる川もあれば(ロワール川)、春に急流になる川もあった(ローヌ川)。運河にしても、それが一八世紀に造られるようになると、堰を管理する漁民や、川から灌漑用の水を汲み上げることを必要とする、あるいは水はけを促進するための川の流水を必要とする農民がそれに反対した。運河が容易に掘り進められるかどうかは地勢と地質しだいであった。ミシェル・シュヴァリエが一九世紀に指摘したように、運河を建設するスタイルは国によっても違った。イギリスはオランダに続いて比較的早く運河の建設に着手したが、はしけの大きさや積荷の量が増し、非効率性がしだいに高まっていったにもかかわらず、運河を元の大きさのままにしておいた。フランスの運河はイギリスに遅れて登場したが、必要を優に上回る規模の建設がなされ、そのため資本は非効率的に使用された。アメリカでは、そのときの必要性に合わせた大きさの運河が建設され、しかもそれを改良する要求が出されたときには、それに応じて、たえず建て直されていった。(32)

陸上輸送の発達は緩慢であった。ローマ帝国の時代にフランスやイギリスに建設された道は何世紀も持ちこたえられはしなかった。また、ラバの背に荷物を載せ、列をなしてアルプスを越えるのは金がかかったので、正貨や高価な商品の輸送にしか向かなかった。このように、陸上交通ははじめは馬やラバの背に荷を積んだり、牛や馬に荷車を牽かせたりして、貧弱な道をたどったものであったが、やがて［一八世紀になると］イギリスではターンパイク［産業革命期のイギリスで発達した有料の公道］が利用されるようになり、さらに一九世紀には鉄道、二〇世紀ともなると自動車、トラック、そして飛行機を手段とする交通へと変貌をとげていったのである。一説によると、輸送手段における技術革新は、それが市場を連結し、アダム・スミスが国民の富の増大の基礎となると考えた分業を促進することから、技術革新のなかでももっとも広く普及する形態の革新であるとされる。(33)また、別のある分析では、輸送手段における技術革新は、何にもまして、既存の輸送方式が独占的な価格を課し、それによって新しい輸送方式の参入を促してしまうことから生じるという点において、一つの意図せざる帰結であるとされた。(34)

工業

荘園は、おそらく農民が必要とした塩・魚・鉄製の鍋、そしてもちろん男あるいは女の領主が追い求めた奢侈品をのぞくと、だいたいのところ自給自足的であった。こうしたなかから、工業は三つの源から起こったのであった。第一に、輸入していた商品を国内製のものに代替することである。それはときには関税かつ／あるいは輸入禁止という政策によって支えられた。第二に、「プロト」工業と呼ばれることもある家内工業である。それは若年層の過剰な人口をその地域に押し止め、若い女性が奉公人のような仕事を求めて流出していったり、若い男が放浪したり、傭兵隊に入ったりすることを食い止める役割を果たした。(35) 第三に、都市の熟練職人である。彼らは、金銀の装身具、ガラス製品、その一種である鏡、革製品、印刷、工芸品などの新しい型の商品を生産するようになった。一般論としては、必要こそが発明の母である。しかし、冶金学者であるシリル・スタンレー・スミスの指摘によると、多くの技術革新は美の探究にその起源をもっていたのである。彫刻のための新しい合金、ステンドグラスをはめ込むための溝形材を作る過程で発明された押し出し成形の工程、織物をもっと柔らかく、もっと明るい色具合に、もっと白く、といったように、より心地よくするための化学薬品や染料などが、それにあたった。(36)

家内工業は、原料——当初は羊毛、亜麻、のちに綿——を農家に配り、完成品を回収するために、各戸に戻り、そしてそれらを売りさばく巡回商人の活動の所産であった。やがて家内工業は工場へと移っていった。このとき、規模の小さい商人であればこそ、出来高払いの仕事を下請けに出すことから工場制手工業へと、つまり微々たる商業から工業へと転進することができたのである。大商人はそうはしなかった。彼らの財産はどちらかというと、銀行業、そこそこの規模の農場をはじめとする地所、政府の官職へと向かった。下請け生産が工場生産に移行した理由としては、次のようなものがあった。すなわち、技術が進歩するにつれて、エネルギー源は動物、風、水、蒸気、そして最後には電気へと移り変わっていったのだが、工場ではエネルギーを連続的に利用することができたということ、労働者が窃盗をはたらかないように彼らを監視しておきたかったということ、製造上の機密を競争相手に盗み取られないように守っておく必要があったということなどである。また、それほど広く受け入れられているわけではないが、工場への移転は労働者の賃金を抑制するためになされたという説もある[37]。

ある国で技術が進歩すると、それは視察旅行、機密情報の窃取、その一手段である新発明の機械の密輸、容認されたうえでの／あるいは禁止されながらの模造、企業家や職人の引き抜き、情報を収集するための視察旅行への助成金、技術訓練、技術関連の出版物の増大などを通じて、国から国へと普及していった。フィンランドは後発の工業国であり、国外から最先端の技術を手に入れなければならなかった国であるが、この国のある経済史家は、国の技術を育成する方法として、外国製の機械の輸入、国外での研究と視察、外国製の商品の分析、最高水準にある外国の技術関連文献の講読をはじめとして、八つの方法を列挙している[38]。ある経済史家は一八世紀の工業化を論じるなかで、手工業職人の遍歴、それに工業に利害関係をもった貴族や主導的な実業家の視察旅行こそが「初期段階にある工業化を普及させる重要な、おそらくもっとも重要な要素である」との考えを示した。[39] 製品と製造工程の両方における新しい技術の開発は、発明者に知的所有権や限定付きの独占権を与える特許制度、報償、助成、展示、恩典によっても促進された。

運河と同様に、発明や技術革新の流儀は国ごとに違った。イギリスの発明や技術革新がだいたい経験的であったのに対して、フランスのそれは科学的原理にもっとしっかりと根ざしたものであった。企業も政府も皆、技術に関する情報の独占を維持することに努めた。スペイン人は誇り高い国民だったので、この国のほとんどの生産業者は外国人の真似をすることを潔しとはしなかったという。このことについては後述する。しかし、誇りというものはスペインの場合とは反対の方向に作用することもありうる。一六七一年に造船業に関する論文を書いたあるオランダ人は、オランダにおける造船術を外国の読者に向かって説明することに対して、何の不安も感じなかった。なぜなら、この著者が書いているところによると、外国で外国人の労働者を使って船を造るとなると、無駄がなく、器用であるというオランダ人の性質までもが模倣されるはずがなかったからである。[40] しかし、彼ははなはだしく楽観的であった。

移住

技術的な変革の発生とその広がりについて論じたところで、これから技術の衰退、そして工業生産性の衰退を論じる段となった。しかしその前に、本題から逸れるが、おもに技術の進歩と関連する限りにおいて、移住について論じておこう。他の社会から追い出された人々を歓迎し、その人々を受け入れたことから利益を得た国々があった。そのなかでもとくに目立ったのが、ブルゴーニュ公の統治下におかれて以降の低地諸国である。この地域［ここではおもにネーデルラント］が門戸を開いたのは、一四九二年にスペインから追放されたユダヤ人、一五八五年にアントウェルペンを逃れたイタリア人やフランドル人の商人や銀行家、一六八五年のナントの勅令の廃止の前後にフランスを去ったユグノーに対してであった。その反対に、国民が外国に移住するのを、とくに産業上の機密事項をたずさえて外国に移住するのを阻止しようとした国々もあった。なかでも［産業革命前後の］イギリスは機械や設計図の輸出を取り締まろうとして、厳重であったが、おおむね不首尾に終わった法律を作ったり、熟練職人の海外への移動を阻止しようとしたりした。[41] 一七世紀のフランスでは、コルベールが国外に去ったユグノーの損失を食い止めるために、オランダ人の造船工や上質織物の職人を雇い入れたり、[42] 不足気味であった船員の帰国を促す[43]などの試みを行った。一四九二年のユダヤ人の追放と一六〇九年から一六一四年にかけてのムーア人の追放が、〔訳注4〕金融の技術に優れた人材と灌漑の管理に優れた人材をそれぞれスペインから奪ったということは広く論じられるところである。もっとも、フェルナン・ブローデルはそのどちらの悪影響とも割り引いて考えている。[44]

最後に言っておきたいことは、移住についてもそれぞれの国に違った流儀があるということである。フランス人は進取の気性に富んだ移民にはならなかった。一八四八年のアルジェリア移住というのがあるが、これはおもにアルザス地方とロレーヌ地方の住民によるものであり、彼らはフランス人であったとはいえ、その地方で混じり合いながら生活していたドイツ人の気質をも備えた人々であった。それに対して、ポルトガル人は名にし負う流浪の民であり(ブラジルの社会学者ジルベルト・フレイレはポルトガルをユリシーズの国と呼ぶ)、時間の長さに多少の差はあっても、ほぼ永続的に海外に住み着き、人種的な選り好みをすることもなく、現地の女性を、ときには奴隷の女性をも伴侶にする傾向にあった。(45) さらに、フランス人とポルトガル人の中間にある第三のパターンをもつのがイタリア人である。彼らは国外で長い間働くのだが、一度はイタリアに戻って結婚し、最後にもう一度イタリアに戻って余生を過ごした。(46)［しかし、本書の関心からするならば］移住に関して出されるべき論点は、国家のライフ・サイクルには何らかの一般的なパターンがあり、熟練労働者は経済的な活力に満ちたライフ・サイクルの初期段階ではその国に引き付けられるが、衰退が始まると、そこから外に追いやられるということがあるのかどうかということである。

産業革命

技術革新と生産性に話を戻そう。ヨーロッパの経済成長に関する文献のほとんどは一八世紀の啓蒙主義にその知的な起源を有し、同世紀後半にその経済的な始動を有する「産業革命《レヴォリューション》」から始まる。ところが、最近になって、もともとN・S・B・グラースが提唱した用語である産業「進化《エヴォリューション》」を引き合いに出して、イギリス産業革命の革命的な実態を否定することに相当な努力が注がれるようになった。しかし、この争点はスコラ主義〔不毛で瑣末な論争〕に近づきつつある。一七六〇年代から発明が激増していったことはまさに革命的なものであったと見なすことができるのであり、もしこのときでなければ、一七八〇年代のイギリスの輸出の急増かナポレオン戦争後に加速していった一人あたり所得の増大まで、革命と言いうる時期の出現を待つこともできるであろう。産業革命の「先行条件」を一八世紀初期の「科学を生み出す性向」に見出し、それに「科学を応用する性向」が続いたとするロストウ・モデルを、ここでわざわざ取りあげて紹介するまでもないであろう。一八世紀の第3四半期におけるイギリスとフランスの経済成長のスパート〔科学を応用する性向〕はたがいに異なっていた。つまり、イギリスのスパートは経験的であり、フランスのスパートはデカルト主義的〔演繹的〕であった。しかし、啓蒙主義の運動が超自然的なもの、邪視、魔術、等々に対する信仰の多くを放逐し、それに代わって因果関係を重んじるはたらきを示すものであった限りでは、イギリスとフランスの経済成長のスパートはいずれも多かれ少なかれ啓蒙主義〔科学を生み出す性向〕とつながっていた。ただ、その応用のスタイルが違っていたのである。この論点にはイギリスとフランスの各国別研究のところで立ち戻ることとする。

カードウェルの法則

ジョエル・モキャーの『富の梃子』は技術進歩を論じた優れた本であるが、著者はその随所で、カードウェルの法則に言及している。カードウェルの法則とは、かつてどの国も二、三世代以上にわたって技術革新の最先端に留まったことはないという歴史上の大まかな規則性のことをいう(48)。モキャーはどうやらカードウェルの法則に取り憑かれているようであり、それを今日の状況にあてはめて、アメリカの技術的な遅れを予測することができないかどうかと思案を巡らしている(49)。しかし、その一方で彼は、カードウェル自身がカードウェルの法則の画一性(uniformity)にいかなる理論的な根拠も示しているわけではないという事実に頭を悩ましてもいる(さらに付言しておくと、カードウェル自身、少なくとも法則に対する一つの反証を出し、「一七一二年から一八五〇年の間というもの、事実上、熱機関におけるあらゆる改良とあらゆる名声は二、三の例外をのぞけば……イギリス人のものであった。この状況が決定的に変わったのは一八六一年以降のことである……」と述べている(50))。しかしともかく、カードウェルの実際の言葉は、ここで正確に再現してみるだけの価値があるかもしれない。

技術史家が発明家や技術者一人一人の国籍に対してこれまでまったく無関心であったために、いかなる国もかつて歴史的に短い期間を超えて非常に創造的であったことはないという重要な事実がいきおい覆いかくされてきた。幸いなことに、今までのところ、技術の先端を走る国が衰えたときには、ある一国あるいは複数の国がつねに導きの光を引き継いできた。ヨーロッパ文化のより広い一体性——なぜならヨーロッパは科学技術の真の故地であるから——のなかでの多様性が、過去一七〇年にわたるこうした技術の絶え間ない成長を可能にしてきたのである。[51]

その前のある一節で、カードウェルは、イギリスのパーソンズによる一八九七年の蒸気タービンの発明が一つのありうべき例外となるとしても、技術におけるリーダーシップの喪失というのは一般的にはあらゆる方面で一律に起きるものであると述べた。[52]

カードウェル自身はカードウェルの法則に画一性があるということを見抜いたと信じていたのだが、すでに触れたように、モキャーはそれを説明するきちんとしたモデルがないことに頭を悩ましている。生物学的な進化論であれば、発明に類似した突然変異の概念を用いて、技術革新が新たに起きる場所(location of a start)を説明するところまではいけるかもしれない。しかし、生物学的な進化は意図的なものではないのだから、そうした説明にはあまり説得力がないということも、モキャーは理解している。かくして、彼はその後に出した論文で、[53]カードウェルに言及することなく、進化論的な生物学と技術の関係を考察しながらも、その翌年に公刊された講演録では、もう一度カードウェルに立ち戻っているのである。[54]ただし、この講演はポール・デイヴィッドによって深められた概念である経路依存性[55]と、技術革新はその早い段階で間違った方向を取ることによって最適下限のところで進化することもありうるという、経路依存性と似たような問題をおもに論じたものである。しかし、わたしとしては、生命力が高まり、やがて衰えるという国家のライフ・サイクルの概念、そしてある一国から別のある一国へと世界の経済的首位が継起していくということ——次章で論じられる——、これらが問題の鍵を握っているかもしれないという考えを示しておきたい。さらにいうと、このような経済的首位の継起が支配的なものであるとすれば、程度の差はあるとしてもほぼ同時に技術を向上させている二つの国が技術進歩を支えるために相互に作用しあい、かくしてこのようなかたちでカードウェルの法則が満たされるかもしれないとするモキャーの希望に満ちた示唆(56)には、疑問が投げかけられるのである。

農業

農業における変革は国によって、そして同じ国の内部でさえも、ずいぶんと異なったものとなった。農業に強い関心を抱いていたアーサー・ヤング［イギリスの農業経済学者で、ヨーロッパ各地の農村を視察した］は一八世紀末にイタリアを訪れたときに、北イタリアのポー川流域を全ヨーロッパのなかでもっとも肥沃な地域とみなした。同じく肥沃な地域であったオランダ沿岸部とイングランド東南部――ノーフォークとサセックス――の間には密な接触があり、肥料、その一部である緑肥［空中窒素を固定するマメ科等の作物の栽培］、輪作、脱穀、等々の点で、両地域とも技術的に進んでいた。他方、ヨーロッパの大半の地域では、農業における技術的な変化は重苦しいほどに緩慢であった。生存を維持するのがやっとというレベルのところにいた農民は新しい技術の導入にともなうリスクを心配したし、農民の間のコミュニケーションも限られたものだった。技術革新が進まなかったことの古典的な例としては、フランスで穀物の収穫に使う小鎌が長柄の大鎌に切り替えられるのに一世紀以上かかったということがある。[57] しかし、セオドア・シュルツによると、これほど長い時間がかかったことには、きちんとした経済的な理由があった。その理由とは、家畜や牽引用の牛馬を畜舎に入れるようになる以前は藁は役に立たなかったが、それ以後は藁が畜舎に敷く寝藁として必要とされるようになったというものである。要するに、寝藁が必要になる以前は、穀物の頭部だけを小鎌で刈り取り、藁は畑地に残しておく方が効率的だったのである。[58] ほかにも、小鎌を使える程度の力をもった女、子供、老人は労働者としてたくさん利用することができたが、大鎌を操ることのできる力をもった男性が相対的に不足していたとする説もある。[59]

堂々とした家屋敷を構えるにいたった裕福な商人の間でさえも、アダム・スミスが論じたような農業の「最良の改良家[60]」であった者と、引退して田園に引っ込みはしたものの、自分たちの貴族的な生活様式に役立つ場合をのぞいては農業にほとんど関心を示さず、荘園管理人を通じて土地を経営し、より多くの現金収入を手にするためにのみ彼らをたえずせき立てるといった、イタリア、スペイン、それにフランスの一部で見られた者との間には、大きな格差があった。

生産性の衰退

個々の国のライフ・サイクルにおける発明や技術革新や生産性の伸び率の低下は、様々な原因から生じる。たとえば、第三世代効果［第三世代になると衰退すること］が起きてしまったのに、その三代目が新産業あるいは旧産業において新しいサイクルを起こそうとしている新参者(new men)に取って代わられずにいる状況、リスクを冒すことに対する心構えの変化、社会的な階層化がいっそう進み、階級間の所得分配の格差が広がりつつあるなかで、高利潤が生産的資本として再投下されてはいないという状況、ギルドや組合や企業や政府による独占化、旧式の技術に投資するばかりで、労働者も企業も変革に抵抗する状況、などである。

まだまだ旧式の機械も熟練の技も使うことができるというのに、どうして新式の機械を習得することに費用をかけたり、その過程でトラブルが起きたり、傷を負ったりすることに甘んじなければならないのか、という考えも出てくるであろう。工業化の初期の段階では、ギルドは徒弟と職人の教育や品質の管理を促進したので、生産性を向上させる一つの力となった。しかし、それはしだいに独占的で保守的な組織となり、新規参入を制限し、変革――とくにコストを削減するが、彼らの技巧の価値をも貶めてしまうような品質の低下――に反対するようになった。産業革命における絶え間のない変革はこのような強力なギルドの埒外で起きた。このとき、小さな工房の熟練職人は、ギルドに留まり、労働者階級の貴族となった「名誉ある者」と、低い賃金でもいいから、ギルドに属さない仕事を進んで引き受けようとする「家畜の糞」すなわち不名誉な者とに分かれていったのである。(61)

金融

もともと金融というのは遠隔地貿易、貴族の消費、政府の借入とつながりをもつものだったのであるが、その半面、局地的商業とのつながりはなく、工業とのつながりもほとんどなかった。たしかに、アダム・スミスは港町の利発な雑貨商の知識と大貿易商人の知識との間にはそれほど大きな違いはないと述べたときには見当違いをしたのであるが、大都会の、基礎のしっかりとした、しかもよく知られた工業部門によってさえ、勤勉で、倹約に心がける、注意ぶかい長年の生活の結果ででもない限り、大財産がつくられるということはめったに起こらないと言ったのは、さすがに正しかった[62]。イギリスでは、もっとも大きな財産を生み出したのは土地の相続であった。財産はまた、投機や異なる場所と場所を結んで行われる商品取引によってもつくられた（そして失われた）。こうして一財産をこしらえた商人は、事業から完全に撤退し、田園で隠退生活に入るか、公職生活に向かうこともできた。しかし、貿易からの転換はまた、貿易よりも精力を使わずにすみ、リスクも小さいと思われた金融へと向かうこともあったのである。

貿易から金融への移行は早くも商業革命の段階に起きた。すなわち、定期市の貿易商人が貸借勘定の不一致を貸借の発生とは異なる時空間で決済するために、まずはじめに貿易為替手形を取り扱うようになり、つづいて純粋に金融手形を取り扱うようになり、しまいには商人に対する貸付から浪費家の王族や貴族に対する貸付へと移っていったのである。やがて、このような商人資本を用いて銀行が創られるようになった。一方、海上貿易のリスクも、はじめは船舶抵当貸借――船舶が沈没し、失われた場合には、返金する必要のない貸付――のような初期的な形態によって、つづいて海上保険がこの船舶抵当契約から徐々に発展したことによって、船舶の所有者から金融業者へと移転され、かつ分散化されていった。

為替手形とは交換の媒体を市場に供給する私的な金融形態であり、国家の権限のもとに置かれた金属貨幣の発行と対比させられる金融形態であった(63)。国民国家が成長していくにつれて、政府は本位貨幣の確立を試みるようになった。本位貨幣はすぐにそれと見分けの付く貨幣でなければならず、そのため、そこには何らかの像、しばしば王の像が描かれ、意匠が決められ、また含有金属の量目と品位が固定された(当局がより多くの貨幣鋳造税——あらかじめ規定された価値より低い価値をもつ金属貨幣を発行することから生じる利益——を得るために、混ぜ物をして品位を落としたり、貨幣の額面金額を引き上げたりすることによって貨幣価値を引き下げることがないときに限って、量目と品位は固定された)。標準の度量衡を定めること、そして不心得者が罪のない一般の人々を食い物にすることのないように、物差しや秤をきちんと監視・点検し、その度量衡を施行すること、これらのこととともに、市場取引の利便を高める貨幣の発行が一つの公共の利益[公共財]をなしたのである。各地の貨幣発行システムと度量衡はたがいに競い合いながら、最終的にはそのうちの一つが規模の経済をテコにして他よりも広く受け入れられるようになり、その一方で、競争に破れたものは打ち捨てられていった。貨幣を債権者に受け入れやすくする一つの工夫は、金属貨幣の量目と品位を検査したうえで、それらを袋に詰め、外から「価値証明済み」の印を押すとともに、変造者に対しては政府が厳しい罰則を科すことであった。私的レベルでこれと同じ目的に達しようと思えば、銀行がそこに預託された金属貨幣を検分し、そのうえでそれの対価として[帳簿上の]銀行貨幣を発行することによって、銀行貨幣の受け取り手が自ら金属貨幣を検分する手間を省くことが必要であった。

金融諸制度は商業革命以来、国ごとに異なるスピードで発達していったが、しだいに貿易、産業、消費(とりわけ浪費家の貴族への担保を見返りとした貸付)、政府に付随するだけの存在ではなくなり、そのうちに多種多様な型の金融手段がそれ自身の専門化の道をたどるようになった。機知に富んだある経済史家が言うには、生産からの金融の分離――貿易からの分離といったほうがより正確であろうが――は、生殖行為からの性行為の分離と同じようなものである。それは、穏やかならば受け入れられるが、度を越すと、嫌悪と分裂と抑鬱をもたらすものなのである。[64]

財政

金融と同様に、財政も都市や国家ごとに違う道筋をたどりながら、ゆっくりと発展していった。近代初期の頃は、比較的大きな国家の国王でも、そのほとんどが官僚制を備えておらず、租税を私的な金融業者に「請け負わせて」いた――たとえばフランスでは、国王に資金を融通した政府金融業者(financiers)や保有官僚[訳注5]が、こんどは自ら税を徴収することによって［保有官僚は俸給その他の収入を得ることによって］、あわよくば利得を上乗せして、融通した資金を取り返そうとした。こういう事情があったので、一六八八年の名誉革命以後、イギリス政府が直接に租税を取り立て、また直接に市場で［国債等を売り出すことによって］債務を負うようになったことが「財政革命」と呼ばれるようになったのである。[65]一方、プロイセンのような支配領域では、国王自身が大規模な土地を所有し、そこで付随的に営まれていた製粉所や醸造所から地代や利潤を徴収していたので、早い段階から、王室の御料地を管理する官僚制を創設することが必要となった。租税の性格と国の諸部門にかかるその負担も、国によっていろいろと違ったものとなった。この相違の際だった例はやはりイギリスとフランスの間に見出すことができる。イギリスでは、貴族は他の諸階級と変わることなく、税を支払った。それに対して、フランスでは(そしてスペインでも)、貴族に課税すると、戦場にその命を懸けることで主君と社会に負っている彼らの責務が解除されることになるという理由で、彼らは課税を免除されたのである。この違いは、島国の軍隊による海戦に比して、大陸国の軍隊による陸戦のほうが、貴族の労働をより激しいものにしたということから生じたのかもしれない。

王は戴冠式、結婚式、葬礼のような儀式を執り行うために、そしてとりわけ戦争のために金を借りた。国王は法を超越した存在であったので――共和国の政府はそうではなかったが――、金融業者は国王への貸付に先立って、特別の徴税権や独占権を与えられたり、国王の宝飾品を担保として設定したり、シティ・オブ・ロンドン［ロンドン旧市街の経済中心地。マグナ・カルタによって特権的独立を保証］のような半民間団体、〔訳注6〕ロンドン商人のような個人、あるいはパリ市庁のような市当局の仲介を間にはさんだりするなどの追加的な保証を債務にほどこしてもらえないときには、貸付に踏み切るのにためらいをおぼえた。多くの場合、外国人の貸し手は特権を受けた。その特権とは、イギリスであれば、公認の独占的な輸出業者団体であるマーチャント・ステイプラーズとともに、同国からの羊毛の輸出権を獲得することであり、スペインであれば、同国からの銀の輸出権を獲得することであった。金融業者のこうした用心は、この一千年紀の初めの頃にまでさかのぼる王による債務不履行の長い歴史のなかで培われたものだったのである。

政府は徴税権や独占権を請け負わせることによってだけではなく、官職や称号や勲章を売り付けたり、教会や貴族の資産を没収し、売却することによっても金を工面した。しかしそれでも、政府の収入はとくに戦時になると、支出に追い付かなくなり、いきおい多様な形態の借入が必要となった。そこにほとんど例外はなかった。もっとも、プロイセンのフリードリヒ大王のように、あらかじめ軍資金を金《ゴールド》で貯め込んでおいて、それで戦費を工面することに努めた国王もいた。非常時になると、政府は陸海軍の兵士に対する報酬の支払いを遅らせたり——ただし、それは兵士の反乱というリスクをともなった——、金匠［金銀の細工職人あるいはそこから発展した両替商や初期銀行家］の資産や銀を運送中の商人の資産を力ずくで奪ったり、自国の市民、とくにカトリック国のフランスにいたプロテスタントのユグノーのように、政府が前々から快からず思っている市民に対して、軍隊の宿営や食料の供出を強制したり、さらには債務の支払いを拒絶するか、自国の金属貨幣で支払われるべき短期債務を流通性のある長期債務証書に転換したりした。

二〇世紀になると、政府の赤字と借入が工業への投資に必要な貯蓄を吸収するということがよく見られるようになった。しかし、一八〇〇年以前は、これはまだそれほどの問題ではなかった。というのも、その頃でも、たしかに資本は貿易や農業とは区別されたものとしての工業に供給されてはいたが、工業は概して局地的なレベルのものであったし、供給される資本はそもそも少量で十分だったからである。［このような工業に比較して］イギリス東インド会社やオランダ東インド会社のようないくつかの大貿易会社は、組織された市場で有価証券を売り出したのであり、一七世紀最後の四半期以降になると、保険会社が同じことをするようになった。銀行はというと、たいていは貿易金融に貸し出した。政府の負債は戦時に急増し、そして、ときには平時に実現される予算のわずかな剰余［からの返済］によって、しかし大半は債務支払いの拒絶とインフレーションによって、国民所得に占めるその比重が削減された。

アダム・スミスは三つの形態の公共の利益［公共財］を挙げる。国家の防衛、司法行政、それに利潤を求める民間業者が引き受けるにはあまりにも規模の大きい公共事業計画、の三つである。(66) これら三つの公共の利益をそれぞれ拡張していけば、そのなかに政府のさまざまな仕事を含み込むことができる。侵略戦争、防衛戦争、海賊や私掠船から商船隊を保護するための護送船の出動、これらはおそらく国家の防衛の項目に収められるであろう。スミスはイギリスとその植民地の輸出入貿易をイギリス船に制限する航海条例すらも、それが戦時のイギリス海軍に大多数必要とされる船員を訓練するのに役立つという理由から、わざわざ正当化した。(67) 司法行政を拡張すれば、価値の安定した貨幣と正確な度量測定器具の供給をそのなかに含めることができる。公共事業には、道路、橋、港、桟橋、運河の建設、さらに（フランスの)都市計画[68]、そしておそらく宮殿の造営までもが含まれる(そのために、ルイ一四世は死の間際に「宮殿を造りすぎ、戦争をしすぎた[69]」ことを詫びたのであった)。

公共の利益のリストをいま作るとなると、それはもっと長くなり、強調すべき公共の利益はほかにもいろいろと出てくるであろう。とくに、輸送手段が十分に発達しておらず、ローカルな食糧不足を輸入で埋め合わせることが確実ではなかった時代に、不作が起きたとすると、国が地域の住民に食糧を供給することは、一つの公共の利益であった。その反対に、自由市場に対する信頼が十分にあって、たとえば、穀作の不振が西ヨーロッパの広い範囲を覆ったちょうどそのときに、アイルランドでジャガイモの凋萎《ちょうい》病が発生したときですら、市場自身がアイルランドの人々の面倒を見るだろうと考えるほどのものになってしまったとしたら、そのような信頼はむしろ公共の害悪(a public bad)に近づいたといいうるのである[70]。限られた後背地しかもたないヴェネツィアは、一八世紀に海上輸送が穀物不足の危機を緩和するようになるまで、不足に備えて穀物の備蓄を管理した。他の国々もだいたいは同じようなものであり、自国の必要を満たすほどに十分な穀物があるということが明らかになるまでは、穀物輸出を制限した。このような政策に強硬に反対したのが、より高い穀物価格にこだわった重農主義者――［農業が富の源泉と考える］貴族的な農業派の知識人――であった。公共の利益あるいは公共の害悪のなかには、そのほかにも、税の徴収の妨げとなっている所得分配の現状に注意を払うか、それともそれを無視するかという問題、産業政策と称されるものの一環として貿易に介入すべきかどうかという問題、またすでに論じたように、発明や技術革新に対してさまざまな助成を行うべきかどうか、さらに品質管理に対しても助成を行うべきかどうかという問題などがある。

ドイツの経済学者アドルフ・ヴァグナーは、政府の役割はたえず拡大するという「法則」を説いた(71)。オーストラリアのある統計学者はさらに一歩進んで、国民総生産に対する政府支出の比率が二五パーセント以上に達したら、その政府は崩壊するという考えを示した(72)。しかし、最初の所説も、第二の所説に比べてかろうじて正しいという程度のものでしかないことがこれまで証明されてきている。そもそもこの本で論じられる時代の初めのあたりでは、政府と民間企業との間の線引きといっても、それはぼんやりしたものにすぎなかったのである。商船は海軍の護送船を必要とした。私掠船にしても、それが略奪品を分配するという点をのぞいては、軍船とほとんど違うところはなかった。ヴェネツィアの国営造船所やテームズ河岸にあったデットフォードのイギリス海軍工廠のような政府の造船所は民間の造船所と同じ水域にあった。イタリアの諸都市国家やスペインや神聖ローマ帝国のために大陸各地で戦った国王軍［一六世紀のハプスブルク皇帝軍］は、傭兵隊と一緒になって働いた。もっとも、国王軍は傭兵隊ほど頻繁にその忠節を変えはしなかったのであるが。さらに、土地の私的所有権を確立し、それゆえに農業改良のインセンティブを高めることにもなった土地台帳は、そもそも政府による税の徴収のために着手されたものであった。徴税や独占を請け負った者は、一挙に／あるいは漸進的なやり方で公僕に代替されるまで、国王のために金を集めて回りながらも、私的な利得のために働いた。

社会的素質

近代の成長において、「社会的素質」(social capability)にだいたい近似しているものがあるとすれば、それは人々の教育年数である。ただし、教育というものは平均就学年数などをはるかに超えた深い次元において国ごとに異なるものであるから、教育年数による社会的素質の測定といっても、それは大まかなものでしかない。教育という言葉でおもに識字能力のレベルを示すこともある。読み書きを超えたレベルには、宗教、哲学、文学、等々の古典の教育がある場合もある。啓蒙主義時代以前、それらはとりわけアリストテレスやスコラ学と結び付いていた。さらに、中等レベルには職業教育があり、高等レベルには一方で文科系教育、他方で工学的・科学的教育があるということもある。このテーマに関しては、各国別研究で立ち返る。

近代初期にまでさかのぼる歴史研究にとっては、社会的素質というのはもっと複雑なものとなり、その社会の価値観や生命力をともなったものとなる。たとえば、アムステルダムとヴェネツィアを繰り返し比較するなかで、ピーター・バークが着目し、引用するにいたったのは、一六五二年になされたある一人のオランダ人の次のような評言である。「[オランダの]都市貴族《レヘント》は商人ではなかった。彼らは海上でのリスクを負おうとはせずに、収入を家屋敷《ハウス》や証券から引き出したのであって、そのため海は失われるがままとなったのである」[73]。バークはそれに続けて、かくして「海から陸、勤勉から遊興、節倹から誇示的消費、企業家から金利生活者、ブルジョアジーから貴族への転換が起きたのである」と述べている。[74] もとより本書で取り上げる各国で、これと同じような展開がこれと同じようなペースで見られるわけではない。というのも、すべての国が同じところから出発したのではないからである。もちろん、航海術、勤勉、節倹、企業家精神、それら諸要因のブルジョアジーへの浸透という「オランダが優れていた」各要素に優れた国もいくつかあった。しかし、ほとんどの国が、経済成長を開始した頃に抱いていたのとは異なる価値観のうちにその首位の時代を終えたことは間違いない。国というものは老いていくにつれて、未来よりも過去、商業や工業よりも芸術や学問や文学により多くの関心を抱くようになるものである。あるいはまた、デヴィッド・リースマンとその共著者たちがアメリカについて語ったように、生産のヒーローが消費のヒーローに取って代わられるのである。[75] 金融が経済活動のスペクトルのなかで傑出した地位を占めるということもありうる。しかし、その焦点はそれまでとは違ったものとなる。すなわち、銀行が国内の商業や工業に資金を融通するのではなく、主権国家、外国の借り手、田園に大邸宅を構える者たちに貸し付けるようになるかもしれないということである。企業家の末裔が先代から受け継いだ生産工場を切り崩し、その資本を政府債をはじめとする信託証券《トラスティー・セキュリティ》「信託投資の対象となる、損失のリスクが僅少な優良有価証券」に切り換えるということもよくあることである。政府は政府で、負債を増やしていく。というのも、ほとんどの国では、納税者は経済成長に遅れて財政に寄与する態勢を整えていくものであるが、その態勢が整わないうちに、宮殿の造営や戦争あるいは防衛のための支出が増大するからである。

ある世代の生命力の衰退は、次の世代の新参者《ニュー・メン》がやってきて、これまでの世代に劣らぬ精力と革新的な能力をもっていることを示し、成熟した産業や販路から新たに台頭しつつある諸部門へと資源を移転させれば、ほとんど取るにたらない問題となるであろう。それまでとは血統の異なる新しい集団がやってきて、古い世代を脇に押しのけることが必要なのである。あるいは、それまでとは血統が同じであっても、地域によっては変革が起きることもある。たとえば、アメリカのニュー・イングランドが貿易と海運業から身を興し、綿織物と毛織物に移行し、ついで西部［モンタナ州やアリゾナ州］の銅鉱山やゼネラル・モーターズへの投資に、そしてつい最近ではコンピュータと遺伝子産業に移行したというケースがある。ただしこの種の進歩はまれである。一八〇六年のプロイセン、一八六四年のデンマーク、一九四五年のドイツ、フランス、日本のように、新参者が戦争の敗北によってできた指導者の地位の空白を埋めるために台頭するということもある(76)［フランスも実質的に敗北したと著者はみている］。戦争に勝利すると、もとからある「富の分配に関する同盟関係」(distributional coalitions)(マンサー・オルソンの用語)すなわち既得権益の立場は、さらに強化される。敗北こそがそれらを脇に追いやり、「新参者」(77)が割り込める余地を作ってくれるのである。戦争からよみがえる「不死鳥効果」というものが作用し、戦争に負けた国はその経済力と国際的な地位を戦後一〇年から一五年の間に回復させると定式化する試みもあるくらいである(78)。このような効果は、［マクロ経済のレベルはともかくとしても］ミクロ経済のレベルでなら実際に現れることもある。それは、金持ちの一族がそれまでの活発な経済生活をやめて、それがために富を失い、ふたたび一所懸命に働くという場合である。しかし、このような一族もそれまでの富の損失分を取り戻したあかつきには、快適な生活を送るために、またもや休止してしまうのである。[79]

経済のライフ・サイクルには回復力がはたらくこともありうるということを、以上のように例証することができる。それにもかかわらず、おおかたの場合、富はおそらくはまずより多くの富を生み、そして衰退をもたらしたのである。高利潤率はその国にあまたの悪影響をおよぼすが、そのなかでも、他のすべてを束にしたものよりもさらに致命的な悪影響が一つあると、アダム・スミスは言った。それは、高利潤率が商人にとっては当たり前のことであった節倹を破壊してしまうということである。「利潤が高くなると、この生真面目な徳性は余計なもののようにみえてきて、金づかいのあらい奢侈」――ヴェブレンのいう「誇示的消費」の一八世紀版――「のほうが商人の裕福な地位によりふさわしく」思われるようになるのである。[80] さらに、スミスより一世紀前、あるスペイン人がペルーからの銀の流入が彼の国に引き起こしたインフレーションを評して、次のように書き記した。

……そのような富を濡れ手に粟のごとくつかんだことがすべてを変えたのだ。農民は鋤を寝かせ、わが身を絹で装い、農作業で硬くなった手をすべすべにした。職人はその仕事風を気取り、その仕事台を鞍に替え、町を練り歩こうと外に出た。熟練職人はその仕事道具を嫌った……。商人はいやに気位が高くなった……。実入りを増やした男たちは実際そうであるよりも、頼もしく見えるようになり、それにつれて虚飾と王のような華美が膨れ上がっていった。国王は国王で、外国からもたらされるこのような富をあてにして、奨励金、俸給、その他支払いの諸項目を増やしていったが、その富の管理はあまりにもお粗末で、そうした出費にうまく対処できずに、その結果、負債がむしろ膨らんでしまった[81]。

この本で取り上げたほとんどの国で、その富が極みに達したときに、虚飾を観察することができる。ただし、イギリスは南ヨーロッパの国々ほどではなかった。また、カルヴァンの倹約の教えが黄金の子牛［偶像］の崇拝と戦った国であるオランダの場合も、虚飾といってもそれは徹底したものとはならず、人々はそれにかなりの気後れを感じたのであった[82]。ギャンブルは、饗宴、大量の贅沢品の購入、実質的な価値のない見せびらかしだけの衣装とならんで、経済的な衰退過程に入ってこそ盛り上がるもののように思われる。

心　性

フランス歴史学派は経済発展をたどるときに、心性(mentalités)、すなわち社会的価値観に大きな重きを置く。しかし、この概念がいつも敬意をもって取り扱われるわけではない。イタリアとオランダの工業化への「移行の失敗」をテーマとしたある研究会で、アメリカ人のある研究者がこの概念に異を唱え、それを「駄ぼら」であると決めつけ、穏やかながらも刺激的な討論を誘ったことがあった。この討論のなかで、オランダ人のある歴史家は「深く染み着いた習性や習慣、社会的な階層化を示す諸概念、職人の誇り高い職業意識、これらが何らかのありうべき役割を果たすということをきっぱりと否定すること」はできないと反論した[83]。心性とは、ポール・デイヴィッドが「歴史を運ぶ荷台」と呼んだ諸制度とみなすこともできる。経済史家のデイヴィッドはこの諸制度のなかに「諸慣習や諸団体」も含ませている[84]。また、心性と似たような概念が政治学の分野でも発展してきた。それは「統治体制《レジーム》」と呼ばれるもので、「ある与えられた争点において、行為者の予測がすべてそこに向かって収斂していく原理、規範、規則、意思決定手続き」と定義される[85]。

現代の経済分析では、懸命に働いたり、リスクを冒したりすることの誘因は、所得や富を極大化したり、それを最大限に活用しようとする強い衝動に由来するものであると仮定されている。しかし、歴史のうえでは、より基本的な衝動は、アダム・スミスが『諸国民の富』[86]と『道徳感情論』[87]の両方で言及している人間の性向、すなわち模倣したいという欲求のなかに見出される。富の衝動と模倣の欲求という二つの目標は、人が金持ちを見習って、自分もそのようになりたいと思ったならば、合致するかもしれない。しかし、一方の目標が富それ自体に置かれ、もう一方の目標が自分は他人と比べて成功した人物なのだということを世間に見せつけるための「社会的身分財」(positional goods)に置かれたとしたら、これら二つの目標はいつまでも平行線をたどるかもしれない[88]。模倣の対象は人や国や時代ごとに異なり、それは個人や家族の心理的な気質、階級構造、社会の流動性に依存する。封建制の伝統がない国でさえ、貴族階級が、あるいは生活の快適さや周囲への威光をもっているといった点で貴族階級に相応する者がしばしば模倣の目標となるのであり、それは貴族を飾り立てるいろいろなもの――城、大邸宅、官職、子の婚資金で手に入れる貴族の婿や嫁、エリート養成機関における子女の教育――を身にまとうことによって達成される。この点に関して、歴史上の問題として広く議論されているのが、商人が田園の地所に移り住むのは、食糧品価格が工業製品価格よりも速く上昇するがゆえの経済的決定なのか、それとも食糧品価格がそれほど激しくは変化しないがゆえの経済的決定なのかという問題である。言いかえれば、商人の田園への移動は経済活動をさらに上向きにするためなのか、それとも貿易のリスク、場合によっては金融のリスクを避けるためなのかという問題である。

ハンブルクやリューベックのような貿易都市には、事業を先へ先へと推し進めていくこと、貴族の身分などを鼻であしらうこと、さらにはユンカー(プロイセン貴族のメンバー)には自分の娘を嫁に出さないといったことまでも自分たちに課す商人たちのしきたりがあった。このように、階級的な区別があったために、貴族を模倣することが困難あるいは不可能だったところでは、自分自身の境遇とうまく折り合いを付けることのほうが無難であった。たとえ田園に移り住む商人がスミスの用語でいう「農業の」「改良家」であったとしても、やはりそこに新参者が現れないと、衰退が生じるかもしれない。

商業や製造業によって生きる経営者エリートは、活動的で、好奇心旺盛で、精力的な生活様式を維持していかなければならない。商人はたいがい同輩と取り引きする。そうしたなかで繁栄しようと思えば、商人はつねに新しい状況に反応し、自分を防衛し、あるいは退き、利ざやを計算し、リスクを冒す用意をいつでも調えておかなければならない……。一方、不機嫌で恨みたっぷりの農民階級を搾取する領主や徴税人は、そのような経営者エリートよりもはるかに刺激の少ない人生しか経験していないのである。[89]

ここでは金融の世界について何も語られていないが、金融業者というのは、自分の同輩と取引をするときには相手にいつも注意を怠らないようにしておくが、その一方で、部外者と取引をするときには、破廉恥漢が純真無垢な者から金をだまし取るように、徴税人の生活スタイルに近づいていくものなのである。

心性はスペイン人を分析するのにとりわけ適用される概念であり、そしてポルトガル人の分析にもある程度使われる概念である。事実、スペイン人の一つの際だった特徴はその誇り高さにある。スペイン人は自分たちのことを唯一無二の存在、固有の種(sui generis)であると考えたのであり、[90]ポルトガル人もまたそう考えたのである。[91]たしかに、たいがいの国とたいがいの思慮深い人々というのは、自分たちのことを唯一無二の存在であると信じるものである。ただ、スペイン人の場合、他に類を見ない存在であるということがこれまでは［自他によって］、怠惰、無精、偏屈、帝国の統治者による残虐なふるまいといった諸特性と結び付けられるのが普通であった。[92]たとえば、フェルナン・ブローデルは、スペイン人を他国の技術や労働慣習を自ら進んで借用しようとはしない国民にし、怠惰のなかに生きることに幸福を感じる国民にしてしまったその誇り高さを、[93] フランス人の虚栄と対照させる。誇り高さとは、他者の意見に耳を貸さず、他者の真似を自ら進んでしようとはしないということを意味し、その反対に、虚栄とは他者の意見を気にして、自分に対する評価を高めるために十分な努力を払うことを必要とするものである。[94] しかし、このようなステレオタイプには注意しなければならない。外国で広く受け入れられ、そしてオルテガやブレナンが証言するように、スペインでもかなりの程度受け入れられるにいたったスペイン人に対するこのような見方を広めたのはモンテスキューであったというのが、マリア・カルメン・イグレシアスの説である。彼女が引き合いに出すのは、モンテスキューの『法の精神』第一九編のなかの、「どのような細部にいたるまでも、スペインはイギリスの生命力の逆像であった」というくだりである。[95] 彼女によると、新世界の金銀の上に一つの帝国を建てようとしたことは誤りであったとスペインを非難したり、異端審問所やモリスコの追放についてのいくつかの決まりきった説を繰り返し論じたりすることは、モンテスキューがスペイン人の誇りや怠惰を取り扱ったのと同じように、視野の狭い議論であった。[96] これらの一般化はいずれも、一八世紀のうちにフランスからスペインへ啓蒙主義が伝わってきたことによって変革(生命力の回復)が起こる可能性があったという事情を考察に取り込んではいなかったのである。

減　速

経済的な衰退過程を見るときに、経済史家が特定の原因や特定の転換点を選び出すことに注意を集中させることがよくある。しかし、国家の経済的な衰退のなかでも、そのライフ・サイクルの後期の段階にあり、衰退に向かう老化過程を歩んでいるときには、多くの原因がそのペースを異にしながら作用しているのであり、そこには決まった順番があるわけではない。その諸原因には次のようなものがある。富を蓄積しようとする積極姿勢から富の減少を食い止めようとする消極姿勢への転換、リスク回避、誇示的消費、独占の喪失、独占の一種である主要な仲介業者［都市・国家］としての地位が直接取引の発達によって失われること、資源の枯渇、企業家のダイナミズムと技術革新能力の低下、超過利潤の創出とその保持、公共の利益に対して特定の集団が寛容な態度を見せなくなること――それは税金を払おうとしないことによって、自分たちの国民負担分を回避しようとする「富の分配に関する同盟関係」をもたらす――、賃金を押し上げようとする組合、過度の拡張《オーバーストレッチ》、つまり所与の資源であまりにも多くのものを獲得しようとするうぬぼれの強い野心などである。一七世紀のスペインの急速な没落、とくに破滅的な宰相オリヴァレスのもとでの没落は、「経済的・物質的な手だてを考慮することなしに、野心にあふれた計画を実行しようとする」スペイン人のいつもながらの特性の行き着く先であったと、ブレナンは主張した。「スペイン人の欠点はいつも自信過剰と楽観主義にあったのである[97]」。現代のある経営学者は、自分の見解は異端的であるとことわりながら、次のような考えを示している。すなわち、金融がもたらす諸困難というのは、将来の予測が困難であることから起きる誤りが元で生じることもあるにはあるが、「主要には、人間がはなはだしく楽観的なギャンブラーであり、近視眼的であり、ギャンブルに熱狂的に傾倒するようにと遺伝学的によくよくしっかりと定められているという事実による[98]」。ワジニローワーはここで金融市場について述べているのだが、たしかに彼の見解はフッガー家、メディチ家、ベアリング兄弟商会、そして今日のブンカー・ハント、アイヴァン・ボウスキー、マイケル・ミルケン〔訳注7〕等々によって、時代を超えて例証することができるのである。

戦争の役割

戦争は、世界の経済的首位の一国ごとの交替を概説する次章におもに属するテーマである。また、わたしはすでに、敗戦が国の経済成長を刺激することがありうるという説、さらには、敗戦国がその後一〇年から一五年で回復を果たすというオルガンスキーとクーグラーの「不死鳥理論」にも触れておいた。しかし、［この章で］まだ言っておかなければならないことがある。それは、どの国が勝ったのか、どの国が負けたのかということにかかわらず、戦争が国の成長あるいは衰退を促成する温室であり、急激に成長する国の経済の上昇過程を加速化し、生気を失ったり、勢いを失ったりした国の経済の下降過程を加速化するという仮説についてである。おそらくこのことは第一次・第二次世界大戦後のイギリスとアメリカの経験からほぼ理解することができる。［両国とも勝者であったにもかかわらず］これらの戦争はアメリカの経済成長とイギリスの相対的な衰退をともに加速化したのである。こうした例はもっと増やすことができる。ヴェネツィアは一五七一年にレパントの海戦でトルコに勝利したにもかかわらず、一六世紀最後の四半期の間に衰退した。また、オランダの成長は一六七二年のフランスによる占領でごくわずかしか妨げられることがなかったが、それはオランダが(おおかたの説として)その頃にほぼその国力の頂点にあったからであった。しかし、一七九三年のフランスによる征服では、オランダは世界をリードする経済大国・政治大国としての地位から引きずり下ろされた。戦争は諸資源に大きな圧力をかける。そして、その圧力が経済にどのような影響を与えるかということは、ひとえにそれに対する社会の反応力にかかっている。とくに、それまでとは状況が変化し、森林、水資源、鉱山、道路に古くからかかっている諸権利を調整しなければならなくなったときにこそ、その反応力が試されるのである。(99) 災害、伝染病、動物の寄生虫被害(動物の疫病)が起きたときに対する反応も、同じように社会的な協調を要求した。そして、ヨーロッパはその社会的な協調を十分に発揮した。たとえば、中世のヨーロッパでは、疫病にかかった動物の屠殺、その死骸の埋葬、船舶や住宅の検疫に多額の公的助成が出された。それに対して、イスラム諸国や東アジアでは、このような社会的な協調は見られなかったのであって、ヨーロッパと同じくらいひどい状況にあっても、政府はずっと消極的なままであった。(100)

戦争による物理的な破壊は、第二次世界大戦後にドイツと日本が奇跡の復興を果たすまでは、戦争がもたらす経済的帰結のなかでももっとも深刻なものであると広く考えられていた。ところが、この両国の奇跡が起きたとき、人的損害、物理的損害、秩序の崩壊といったことは、それらに対処するその後の反応力に比べれば、相対的に重要ではないということが明らかになったように思われたのであった。こうした反応力こそが、オランダ中央企画局のモデルでいうと、社会的革新の項目にあたるのである。中央ヨーロッパの経済的進歩が長期にわたって逆行し、とりわけてもこの地域が外国商人にその後ずっと依存しなければならなくなったのは、神聖ローマ帝国で起きた三〇年戦争のせいであると、これまでずっと考えられてきた。しかし、この場合でさえ、この時代にとられた通貨価値の引き下げ［という戦争に対する後ろ向きの反応］のほうが、戦争による資本と人的資源の喪失そのものよりももっと破壊的な影響を残したと考える研究者も、わずかではあるが、いるのである。(101)

政　策

広い範囲にわたる戦争が経済成長を刺激することも後退させることもありうるということとちょうど同じように、経済政策も、それに対するその国の反応力しだいで、異なる結果をもたらすことがある。たいていの経済学者は、医療が良い効果を発揮したり、かえって悪い作用を起こしたりするのは、それを施される社会の生命力と回復力しだいであるということに留意しようともせずに、通貨、財政、貿易、工業などの特定の経済的な諸問題、とりわけ租税と補助金の問題に、それぞれ好みの療法を適用しようとする。一六世紀という時代、スペインはどのような傷を負おうとも、それはことごとく癒されたと語ったのはハミルトンである。(102)また、西ドイツは一九五六年に輸出の過剰状態を是正するために輸入関税を引き下げたが、まさに（輸入が輸出を創造するという）ヒュームの法則のダイナミックな反応が生じてしまい、貿易量水準のさらなる上昇のもとで、国際収支は黒字に留まったのであった。それらよりいっそう適切なのはヴェネツィアの例である。この都市は一〇〇〇年の時を隔てて、一五〇二年と一六〇二年に、海運業を支援するさまざまな措置をとったことがあった。一度目は医療が功を奏し、それを途中で中止することができたのだが、二度目はのちに説明するように、同じ医療が何の助力にもならなかったのである。

結論

経済的衰退を考察するとき、人は多くの異なる機能に焦点を当ててみたくなる。すなわち、負債[103]、技術[104]、石炭[105]［自然的諸条件］、所有権[106]、海運業における卓越した地位の喪失などである。フェルナン・ブローデル［が単純すぎるとして批判のやり玉に挙げた経済学者］は、一五八〇年以降の地中海の衰退を論じるにあたって、財政、投資、工業、海運といった死活的な諸部門の活動停止を指摘する[107]。ハイメ・ヴィセンス・ヴィーヴェスは、スペインの外国貿易と海運業が外国商人の手に落ちたことを嘆く[108]。しかしながら、ヴェネツィア海運史研究の第一人者がヴェネツィアとアメリカの海運業の衰退を比較して、次のように論じていることに注目すべきである。すなわち、両者ともに、クリッパー船［一九世紀にアメリカで開発された高速外洋帆船］のような技術革新によって、他の国々の海運業に先行し、華々しい活躍をしたのちに、レースに敗れた。しかし、アメリカの海運業が安い労働力と優れた技術をもつ外国の競争相手に後れを取り、一八六〇年以降に衰退していったとしても、それはけっしてアメリカの経済成長に致命的な打撃を与えるものではなかったのである。[109]

国家の経済成長と相対的な衰退のライフ・サイクルにおいては、国が異なれば、成長の要素がそれぞれ入れ替わっていくので、その経験はいくぶんかは異なる特徴を示す。しかし、そのパターンを決定づけるのは生命力と柔軟性、そしてそれらがやがてたどりつく硬直性なのである。

第3章　首位の継起

青年期、活力に満ちた壮年期、熟年期、そして最後には老年期というライフ・サイクルが国家にもあると仮定してみよう——ただし、それは死ではなく、静止状態をもって終わる。国家のライフ・サイクルは個々の人間のライフ・サイクルの過程にいくぶんか類似しているのだが、同時に、多くの変動、カオス、経路依存性、計画にはなかった偶発事から生じる予期せざる諸結果、政策の選択からは予期することのできなかった諸結果をともなうサイクルでもある。さて、この章で提起されるのは、優位にある(dominant)、首位の座にある(primary)、あるいは指導的地位にある(leading)一国が別の一国に追い付かれるのはなぜなのかという問題である。読者には思い出していただきたいのだが、論者のなかには、こうしたことは起きないのであって、中国の成長が停止した一四〇〇年から、ヨーロッパで始まった成長が海を越えて、北アメリカから、さらには太平洋の向こう側にまで広がっていく以前の段階まで、ヨーロッパの多様に異なる国々がばらばらに成長したのではなく、一つにまとまって成長したのだと主張する者がいる。(1)これは、諸事実に対置される前提〔訳注1〕として何を選択するのかということに、つまり諸事実を比較するときの基礎として何を指摘しておくのかということに、その答えが左右されるたぐいの問題のひとつである。［上述の論者たちはヨーロッパ各国の進歩という諸事実を比較するにあたって、たとえば中国の停滞という前提を基礎に据えようとするのであるが］しかし、わたしは「進歩中断の法則」を提唱したあるオランダ人の歴史家のモデルにしたがうことを選択する。このモデルによると、「それまでよりも高度に発達した文明の新局面を切り開いた国はいずれも、それを越えて先に進むことがきわめて困難な境界あるいは障壁にぶつかるのであり、その結果として、人類の進歩に向けての新たなる一歩は世界のどこか別の場所で踏み出されなければならなかったのである」(2)。たしかに、このモデルに依拠しても、一世紀前の中東、第一次世界大戦前の(日本をのぞく)東アジア、あるいは今日のアフリカのように、硬直的なままに留まっている国々ではまったくないところから進歩が再開されるのはいったいなぜなのかという疑問は解けない。しかし、ともかくも歴史をちょっと観察してみただけで、世界の経済的首位がイタリアの諸都市国家、スペイン―ポルトガル帝国、低地諸国、イギリス、アメリカと継起していったということ、そしてフランスとドイツが首位への挑戦に失敗こそしたが、印象的な成長を遂げたということが証明されるのである。

フェルナン・ブローデルとイマニュエル・ウォーラーステインは、中心／周辺、ときには、成長を生み出す中心・極・中核／半周辺／その外側にある周辺という観点から、問題をとらえようとする(3)。ウォーラーステインはとくに中核による周辺の搾取に関心をもっている。ブローデルにしても、中心が周辺に勢力を拡張するごとに、それが中心の力を増進すると述べることによって、ウォーラースティンとほとんど同じ考えを表明している。[4] しかし、ブローデルがもっと直接的な関心をもっているのは、中心化に続いて脱中心化が生じるということ、そして「あたかも世界が重心をもたなければ生きてはいけないかのように、脱中心化が生じるたびに再中心化が起きる」という説である。[5] オランダ史を研究するあるイギリス人の歴史家によると、この説は誤っている。この歴史家はオランダ貿易の研究書を出したのであるが、その際その全編にわたって、中心化—脱中心化—再中心化というテーゼを含むブローデルによる一般化の多くに反対したのである。彼の主張によると、ルネサンスと宗教改革の時代とは、経済的な力が大きく分散し、その広がりにおいて多数の核をもつにいたった時代であった。[6] ［したがって、ブローデルのように、この時代のヴェネツィア、アントウェルペン、ジェノヴァによる中心化(再中心化)を論じることはできない。］しかし、これは重要な論点ではあるが、中心化がいつ起きたのかというタイミングをめぐる論点にすぎない。というのも、一七世紀初めまでには、オランダ共和国がバルト海と北海の水域にまたがるオランダの平和(Pax Neerlandica)を確立したことは間違いなく、[7] イズレール自身も「一七世紀の世界貿易におけるオランダのヘゲモニー」を論じているからである。[8] また、日本をよく知るあるイギリス人のジャーナリストが次のように主張していることも注目に値する。「一九世紀にイギリスが優位にあり、二〇世紀にアメリカが優位にあったという事実から、国力の面で優位に立ったり、世界の平和を維持する面で優位に立つべき国を、いま世界が新たに探し出さなければならないと推論するのは事を誤らせる考えである」。[9] たしかに、イギリスとアメリカの二つのケースは政治学的な法則を打ち立てるほどのものではない。しかし、本書が示そうと試みているように、ヒエラルキー、ヘゲモニー、指導力――それらをどう呼ぶにせよ――を形成しようとする圧力というものは、イギリスやアメリカのケースだけに留まらず、もっと全般的にははたらくものなのである。

キャッチ・アップ論と馬跳び論

すでに開発を成しとげた国々が第二次世界大戦後になってもさらに経済成長を続けていったのであるが、それに関する議論の多くは「キャッチ・アップ」の視点から展開されたものであった。それによると、ナポレオン戦争のさなかのイギリスや第一次・第二次世界大戦中のアメリカのように、戦争の間はある国が先頭を走った。しかし、平和が戻ると、他の国々もキャッチ・アップする機会を手にした。というのも、先頭を走る国が成功させた技術革新にただ乗りできるようになったために、新しい技術がこれらの国でもたやすく利用できるようになったからである。その一方で、先頭を走る国あるいは国々は息切れしていった。あとを追いかける国々はこのようにしてキャッチ・アップするものと考えられたのであり(10)、実際に多くの国の一人あたり国民所得は収斂する傾向にあったのである。国民所得のこうした収斂を検証するために、計量経済学のかなりのエネルギーが費やされ、そのおかげで第二次世界大戦後については、アメリカの成長率がとくに日本、ドイツ、フランス、イタリア、スペイン、スウェーデン、スイスのそれに比べて落ちたことなど、かなりのことが分かったのだが、第一次世界大戦以前についてはあまり分からなかった。

急速に成長する国であっても、その生活水準がそれまで先を走っていた国の生活水準に到達したら減速してしまうのであるが、どうしてそのようなことになるのか。その理由を明快に説明することができないことは早くからあきらかであった。そこで、注目は「馬跳び」説に移った。このことを論じた記事が『エコノミスト』に載ったことがある。[11] また、最近になって、国際貿易を専門とする三人のエコノミストが一つのモデルを編み出した。それによると、競争に後れをとった国こそが「その場の状況に応じた」新しい技術を創り出し、それがより低い賃金と相まって、その国が［馬跳びをするように］一人あたり国民所得で先を行く国を飛び越すことを可能にするのである。とはいえ、このモデルが二国からなる単純なモデルであり、小さな鉢植えの歴史のような観を呈していることは否定しようがない。それにこのモデルは、アダム・スミス、アルフレッド・マーシャル、デヴィッド・ランデスを引用しているかたわら、誇示的消費、リスクを負うことの態度の変化、戦争のような混乱に満ちた出来事といった社会的な諸力に触れてはいるものの、それらを分析に取り入れるところまではいっていない。[12]

中央集権化と多元主義

経済的社会的な組織形態の多く、おそらくその大半において、中央集権化と多元主義との間の緊張関係が存在する。国によっては、その内部に中央集権的な作用がはたらいているのを容易に見てとることができる。それは一つには機能の特化がなされたことの帰結であるが、そこにはまた、立地理論［経済活動の地理的要因］、カオス理論［偶然的な要因］で修正された規模の経済、強者による強権の発動［政治的な要因］といった他の諸作用も入り交じってはたらいている。住民、団体、都市、国家、そして大陸でさえも、その内部の諸要素をヒエラルキー的な秩序のうちに編成する。つまり、「ある一定の文化共同体の内部で、中心と周辺、首都と諸地方、上層階級と下層階級の間に相互作用がはたらいていることがわかる。……同じ文化共同体の内部にあって、巧妙な手段がいろいろと講じられ、諸利害が相互に摩擦し、その結果、共同体のなかに分化が生じていくのである」[13]。機能の特化と規模の経済の作用がはたらくということは、都市と一次産品を生産する地域との間で機能の違いが拡大し、両者が資源に規定された特定的な立地関係につなぎ止められるようになるということを意味する。このとき、都市が管理する立場に立つのである。中心地理論(central-place theory)は、供給される商品を求める購買者と、購買者を求める商品の供給者とが同じ場所に集まることに注目する理論である。この作用が劇場地区、マーケットエリア、保険業者の集まる地区、金融街などを生み出していく。［世界のヒエラルキー的な構造においても］同じ一つの都市国家もしくは国民国家があらゆる機能において他に優越する必要はない。［国のなかの都市についても］パリやロンドンのように、政府・金融・商業の中心が――あたかも首座大司教の配置のように――ただ一個の都市に置かれている国もあるが、その一方で、政府の中心が置かれた都市と経済的な指導力を発揮する都市とが分離された、より連邦的な配置が行きわたった国もある。

ミラノとローマ、アムステルダムとハーグ、ワシントンとニューヨーク、オタワとトロント、キャンベラとシドニー、サンパウロとブラジリアなどがそれにあたる。集中と分化の作用は、とくに金融の分野では、ゆっくりとした動きをたどることもありうる。それは、銀行が各地で発足し、大きくなり、それからそのまま多元主義的な基礎のうえに金融システムを維持しようとする政府の圧力にしばしば直面しながらも、金融の中心地に引き付けられていくという経過をたどった場合である(14)。

中央集権化というのは、ルイ一四世が国内各地に分散した城から貴族を引き離し、ヴェルサイユに集めた事例が示すように、用意周到になされる政策であることもある。また、中央集権化のダーウィン主義的な発現というのもあり、金融についていうと、政治的な束縛が解除されたときに、おおかた銀行の移動を通じてであるが、金融の中心が一箇所に凝り固まってしまうというのがそれにあたる。一八六〇年のイタリア統一は、［地方諸政府の束縛を解除することによって］銀行を一箇所に集中させる動きを生み出した。銀行の中心はまず、政府がトリノからフィレンツェに移転したときに、そこに移動し、首都がもう一歩足を伸ばしてローマに移転したときには、やはりそこに移動し、ローマには教皇庁の収入という魅力があったにもかかわらず、ビジネスの中心地とはならないということがあきらかになったときに、ようやくミラノに移動したのである。ドイツでも、ケルン、フランクフルト、ダルムシュタット、ドレスデンの銀行、そしてもっとも乗り気の薄かったハンブルクの銀行でさえも、一八七一年のドイツ帝国の統一後にベルリンに引き寄せられていった。一九四五年以後にも、これと同じ過程が繰り返された。すなわち、ドイツ占領当局はまず初めに、ハンブルク、デュッセルドルフ、フランクフルトなど――各州(Länder)に中央銀行を設立したのであるが、その後、政策を後退させ、これらの州中央銀行が合併してドイツ・レンダー・バンクとなることに同意し〔訳注2〕、〔占領当局撤退後のドイツ政府は〕最後には当初の政策をすっかり放棄して、〔ドイツ・レンダー・バンクを改組したうえで〕ドイツ連邦銀行を創設することを承認したのである。連邦(Bund)の文字があるにもかかわらず、この銀行はれっきとした中央銀行であった。中央銀行の形成に対するドイツと同様の、しかもポピュリスト的な抵抗がアメリカで見られた。その結果、一九一三年の連邦準備法のもとで、見た限りでは一二の地域ごとに機能するような金融市場が設けられ、それぞれにその地域の中央銀行が配置されることとなった。しかし、こうした地域的な金融パワーも、ニューヨークとニューヨーク連邦準備銀行にあえなく吸い取られたのであった。しかも、ニューヨーク連邦準備銀行もしまいには、政策機関であるワシントンの連邦準備制度理事会にその影響力の多くを譲り渡したのである。

　金融の分野においては、求心力に匹敵するほどの引力が外側からはたらくときにも、中央集権化に対する抵抗が起きる。たとえば、ドイツのハンブルクは高度に国家の枠内にあるというよりも、国際的な都市であり、関税同盟――一八三四年にドイツ領邦間で結ばれた関税同盟――に、また銀行を引き付けようとするベルリンの力に、最後の最後まで抵抗した都市であった。ハンブルクはイギリスの都市とみなされ、またこの都市の商人は彼らの子女がユンカーと結婚するのを禁じていた。しかし、この都市のコメルツ銀行〔コメルツ・ディスコント銀行」を引き寄せるベルリンの力がもはや抗することのできないほど強力なものであるとわかったときには、この銀行はその不名誉な屈服をごまかすために、まずフランクフルトのある銀行と合併し、そののちにようやくベルリンに移るという手段を選んだのであった。また、スイスについても、その連邦的な構造が長い間かなり強力であり、銀行と貨幣市場が中央集権化されることはありえないとされてきたのだが――ジュネーヴはフランスに、バーゼルはアルザスとドイツの上部ラインに引き付けられていた――、最終的にはチューリヒの求心力に出くわすこととなった。国際金融のレベルでは、ドイツが一八七〇年になってロンドンの中央集権的な圧力に抵抗しようとした例があるが、それについては後述する。

中央集権主義と多元主義との間に緊張があった古典的な例はネーデルラント連邦共和国である。そこでは、ホラント州が七つの州のなかで優位に立ち、陸海軍と商業の諸活動のほとんどを指揮し、また比例分以上の税の支払いをもって、「フリーライダー」である他の諸州に対して指導力を発揮する特権の代価としたのであった。しかし、ジョナサン・イズレールは、フェルナン・ブローデルがホラント州――本質的にはアムステルダムといったほうがいいが――をオランダの経済発展の中心もしくは極として性格づけることに反対する。イズレールの論じるところによると、ネーデルラント連邦共和国は基本的には分権化されていたか、もしくは連邦的であったのであり、他の諸州はアムステルダムが対外政策・海運業・貿易・漁業を支配したり、オランダ東インド会社(Vereenigde Oostindiche Compagnie, VOC)を牛耳ったりすることを阻んでいたのである。(15) たしかに、一六二二年のアムステルダムの人口が一二万二〇〇〇人であったのに対して、ライデンには四万四〇〇〇人、ハールレムには三万九〇〇〇人、デルフトには二万三〇〇〇人が住んでいた。これは首座大司教的なパターンというよりも、対数正規分布のパターンに近い［人口分布上、アムステルダムはたしかに突出しているが、完全に一極集中しているとはいえない］。その後も、一八世紀にネーデルラント連邦共和国が衰退していくにつれて、他の諸州は、とりわけ課税をどうするかとかイギリスやフランスとの戦争をどうするかという意思決定において、いっそうの中央集権化が進むことを認めたがらなくなったり、あるいは拒んだりするようにさえなった。このことは、分権化が効果的な意思決定をどれほどまでに妨げ、かくして衰退のスピードをどれほどまでに速めたかということを如実に示すものであった。(16)

すべてを緩やかに包み込んだ統一性のなかで多元主義が発揮されれば、そこから利点が生まれるということもある。たとえば、イタリアの美術、ドイツの音楽、イギリスの発明は、地方どうしの対抗意識と主導権争いに基礎づけられて、発展した。その反対に、経済成長の歴史に関する最近の論文のなかで、ジョン・パウウェルソンは権力波及作用（power-diffusion process）という概念を導入する。(17) これは、トップ・ダウン式に意思決定がなされる中央集権化された社会を、変化がボトム・アップ式に生じる多元的な社会の意思決定作用と対比させ、際だたせようとするものである。彼はこの権力波及プロセスが、スミス的な交換、シュムペーター的な技術革新、あるいは資源や文化、等々にもとづく諸理論に取って代わるものではないと論じ、今日ではおもに低開発諸国の分析にとって参考になる概念であると論じる。なぜなら、低開発諸国では、政府のように上から、あるいは国際通貨基金(IMF)によって課せられるコンディショナリティ［IMFが低開発諸国に融資する際に、経済調整に必要な政策措置や目標として設定する融資条件］のように外部から、変化が適用されるからである。とにかく問題は複雑である。たとえば、ハンザ同盟のような緩やかな組織は「集中的な貿易のもつ潜在的な経済性を十分に展開できなかった[18]」。このようなときは、郵便局のほうが飛脚よりも安上がりであるというメタファーにもとづいて、中央集権化を擁護することができるのである[19]。

ヒエラルキー的な秩序は国際通貨においてもっとも明瞭に見出されるのであり、商品貿易における一箇所への機能の集中が可能となるずいぶん前から、国際通貨の使用は集中化をともなうものであった。たとえば、地中海貿易は、ある国もしくはある地域の通貨の一連の変遷——ビザンツ帝国のベザント、ヴェネツィアのドゥカート、フィレンツェのフィオリーノ、ジェノヴァのジェノヴィーノ、スペインの8レアル、オランダのレイクスダールデル［訳注3］、イギリスのポンド・スターリング、そしてアメリカのドル——をともないながら、これまで営まれてきた。一方、商品貿易はどうかというと、交通の速度が遅かったために、多くの地域市場で商品を保管しておかなければならなかった。それがようやく一五九〇年までに、アムステルダムが「商品交換のヒエラルキー」の頂点として登場し、世界の商品保管の中心地となり、貿易金融のハブとなったのである[20]。国際貿易で使用される通貨の選択(もとよりそれは計算単位としてであり、かならずしも交換の媒体や価値の保蔵として使用されるとはかぎらない)、スーザン・ストレンジの言葉を借りると「最高通貨」[21]の選択は、市場においてダーウィン主義的な流儀でなされる。つまり、政治的な指導国がある通貨の使用を提唱《プロポーズ》しても、市場がそれをお払い箱《ディスポーズ》にすることもあるのである。〔訳注4〕もっとも、衰退の認識にはタイム・ラグが生じるので、ある国の通貨が現に国際的に使用されているからといって、その国が世界経済の首位の座にあると評価することはかならずしもできない。それに、衰退しつつある現在の国際通貨に代替しうる適当な通貨を見つけ出すことに長い時間がかかるということもある。しかし少なくとも、最高通貨の価値が下落し始めたら、それは、その国が衰退しつつあるという認識のシグナルが発せられているということである。ジェノヴァのジェノヴィーノ[22](それ自身ビザンツ帝国のベザントを駆逐して台頭したのであったが[23])、フランドルとブラバントのグロート[24]〔一二世紀末以降西欧各地で造られるようになった大型銀貨の総称〕、一九一四年以後のフランス・フラン、ポンド・スターリング(一九三一年以後)、一九七三年以後のアメリカ・ドルの減価が、そのことを例示する。このように、通貨の正確なランキングはかならずしも完全に明確なものとはならないし、通貨どうしの対抗関係は強固に残るけれども、貨幣市場は自らをヒエラルキー的な秩序のうちに調整するのである。[25]

協調と対抗

二つあるいはそれ以上の、たがいに平等なものどうしとして活動する経済的指導諸国が存在するのではなく、通常はただ一つの経済的指導国が存在するという仮説は、各国間あるいはその国民どうしの協調的な関係があるということによって修正されなければならない。もっともそのような協調関係にも、おそらくはかなりの規模の不均衡と一方的な搾取(exploitation)といった要素が含まれているということがある。イギリスで活動したルッカやシエナ出身の銀行家、アウクスブルクで活動したヴェネツィア人やジェノヴァ人の銀行家、ブリュージュ、さらにそこからアントウェルペンやリヨンに進出していったフィレンツェ人の銀行家、セヴィーリャやリヨンで活動したジェノヴァ人は、［中世から近世の］貿易と金融がヨーロッパの広い表面を均等に拡散していったのではなく、特定の不均衡な経路を通じて行われたということをあきらかにする。各国間のこうした関係［協調的に見えて、不均衡と一方的な搾取を含んだ関係］は商業や銀行業の領域を超えたところでも、見ることができる。たとえば、ポルトガルとイギリスの間で結ばれた一七〇三年のメスエン条約は、デヴィッド・リカードの比較優位論で有名になった織物とワインを取り扱ったものであったが、それは一六八〇年のブラジルにおける金の発見に対する一つの反応であったように思われる。それは公式の植民地主義［植民地の領有が国際的に宣言され、認知されたことにもとづく植民地支配］においても通常では見られないほど強烈にポルトガルを搾取するものであったとして、これまでも非難されてきた。(26) それに対して、アメリカとイギリスはまさに「特別な関係」にあるのであって、それは主要には両国が同盟関係を結んでいた第一次・第二次世界大戦から始まるが、さらにその関係の強さは両国が本国と植民地との関係にあったこと、そして同じ言語を共有していることに由来する。

ただし、協調関係にある当事者の間で平等性の度合いが強ければ強いほど、こんどは支配的な立場をめぐって彼らの間で争いが起きやすくなる。『ニューヨーク・ヘラルド・トリビューン』の社説は一八五七年の金融危機に関して、次のように述べた。

> 恐慌に見舞われるたびに、ニューヨークはこの大陸の金融と貿易の中心にのしあがっていった。一八三七年恐慌のときには、ニューヨークはフィラデルフィアやボストンとの熾烈ともいいうる闘争を耐えぬいた……。結局、ニューヨークと他の諸都市とのこのような競合関係は［ニューヨークの優位のうちに］終息した。さらに、最近起きた一八五七年の恐慌のときには、激しい競争はニューヨークとロンドンの間にかなりの程度移っていったのであるが、最後には前者の有利のうちに終わった。こうなると遠からぬうちに、ロンドンではなく、ニューヨークこそが、この新世界のみならず、かなりの程度旧世界においても、金融の中心となる時代がくるに違いない[27]。

もちろんこれはとんでもない厚かましさ(chutzpah)というものであり、「遠からぬうちに」にはその後、半世紀以上を費やすことになった。しかし、変化が本当に水平線上に現れたとき、イギリスもまた敏感にロンドンの衰退とニューヨークの台頭を意識することとなったのである。一九二五年四月二八日と五月四日、ポンドが金平価に復帰したことを公表し、あわせてその政策を弁明する演説のなかで、大蔵大臣ウィンストン・チャーチルは次のように語った。

……広大な帝国の中心であるこの島は……たとえ世界の筆頭《プライマリー》ではなかったとしても、これまでずっと世界の中心的な役割を担ってきました。(28)

そして、

もし万が一、イギリスのポンドが本位通貨でなくなるようなことになれば……、大英帝国の取引だけではなく、ヨーロッパの取引もまた、ポンド・スターリングに代わってドルで行わなければならなくなるかもしれません。そのようなことになれば、それは多大なる不幸であろうとわたしは思うのです。(29)

このような所信表明においては、そして一般的に言うと、世界の首位の座をめぐる対抗関係においては、威信の動機が欲得の動機を制するものである。野心的な意思表明はこのほかにも、一九一四年をさかのぼること半世紀のドイツにも見いだすことができる。かくして、ドイツは「世界大国になるための日の当たる場所(30)」を求めて、いつでも戦う態勢を整えておかなければならない国となっていったのである。その野心的な意思表明とは、ドイツで自由貿易が行われ、一八六二年にはフランスとの関税条約が結ばれるという状況に抗して、早くも一八六六年に、ゲオルク・フォン・ジーメンス［一八七〇年設立のドイツ銀行の取締役］が父親に向かって次のように滔々と語ってみせたことをいう。

もしわれわれがポルトガル、トルコ、ジャマイカ等々のごとき植民地になりたくないのであれば、もしわれわれがイギリスに産物を送り込む農業国家のままに留まりたくないのであれば、そしてもしわれわれが外国の商業国民などとは取り引きしたくないのであれば、われわれはシュレスヴィヒ＝ホルシュタインを獲得し、それから関税同盟の地域とプロイセンという国家を合致させなければならないのです。(31)

挑戦者

上述したドイツの例は、世界の首位の座をかけて指導的国家に挑戦する覚悟を固めた野心的な強国の姿をよく表している。おそらくその古典的な例となるのが一七世紀のイギリスであり、そのときイギリスはオランダに挑戦しようとしていた。ジョナサン・イズレールによると、オランダは一五九〇年から一六〇九年の間に世界貿易のヘゲモニーの地位へと躍進し、「一七世紀の、もっとも憎まれながらも、もっとも賞賛され、そしてもっとも羨望された貿易国家となった」(32)。そして、このような憎悪、羨望、賞賛は、とくに同時代のイギリス人――一六二〇年代のトーマス・マン、一七世紀中頃の貿易に関する一連の時論家たち、一七世紀の最後三分の一の間のサー・ジョサイア・チャイルド――の書いたもののなかに全面的に表出されている。場合によっては、イギリスとオランダの間に認められる同じ一つの相違点が、オランダに対する羨望と賞賛を引き起こすこともあれば、その反対に軽蔑を引き起こすこともあった。たとえば、船舶が軽量に建造されていたために、オランダの海運業はより安く、効率がよく、しかも護衛艦によって保護されていたのだが、その一方でそれは「貧弱である」と評されもしたのである。しかし、とりわけても賞賛されたのは、オランダ人の勤勉さ、質実さ、特許システム、政府による貿易の支援、その一環としての産出物の規格化と品質の管理、倹約に根ざした低い利子率、特製の二本マストを有するバス［ニシン漁に用いられた横帆船］による積極果敢な漁業であった。[33] 一七世紀初め、アルダーマン・コケイン〔訳注5〕は毛織物のサイジング［糊付け］、縮絨、染色をイギリスで行うことによって、これらの仕上げ工程におけるオランダの独占を打破しようと試みた。[34] しかし、オランダはイギリスの完成品に対する不買同盟を結ぶことによって、それを打ち負かした。また、オランダとイギリスの戦争が東アジアで起きたが、ヨーロッパに飛び火することもなく、一六一九年にすぐに終わった。しかし、東アジアにおけるオランダ東インド会社とイギリス東インド会社の態度についてのチャールズ・ボクサーの次のような評言は、ヨーロッパにおけるオランダ人とイギリス人にもあてはまる。

> オランダ東インド会社の理事と社員が彼らのライバルであるイギリス東インド会社の理事と社員に対して示した態度には、一七世紀と一八世紀の間で、著しい対照が認められ

る。およそ一六七〇年頃までは、オランダ人の乗組員は資本や物資の面と同様に、彼ら自身のエネルギーや能力の面でも、自分たちのほうがイギリス人の乗組員より優れているとみなしていた。そのうえ、イギリス人の側も、自分たちのほうが比較的劣っていることを繰りかえし認めていた。ところが、一七世紀最後の四半期になると、これら二つのライバルの相対的な態度に変化が見え始めた。わたしたちは、イギリス人の乗組員がより攻撃的になり、自信をつけるようになり、オランダ人の乗組員が自分たちの競争力に疑いをもつようになっていったことに気づくのである……[35]。

イギリス人のオランダ人に対するバッシングからは、「オランダ人の勇気」(アルコールのこと)、「オランダ人のもてなし」(客が自分の食事代を払うこと)、「オランダ人の叔父さん」(厳しいしつけをする人のこと)等々の侮蔑的な表現が生まれた[36]。また、両国間の緊張をいやが上にも高めたのは、一六五二―一六五四年、一六六五―一六六七年、一六七二―一六七四年の三度にわたって戦われたイギリス―オランダ戦争と一六五一、一六六〇、一六六三年に制定され、さらにその後も続けられたイギリス航海条例であった。一六六一年のステュワート朝による王政復古ののち、アルベマール公［第二次オランダ戦争でイギリス艦隊を指揮］は次のように語った。「われわれが欲しているのは、オランダ人が現在行っているのよりもさらに大きな貿易である[37]」。さらに、これと同じ頃、サー・ジョサイア・チャイルド［イギリス東インド会社理事］は、イギリスの羨望とその帰結をそれぞれ次のように表現した。「国内外の貿易と海運業の質量とにおけるオランダ人のめざましい伸長は、現在のわれわれの世代の羨望の的であり、将来のあらゆる世代にとっては一つの驚嘆となるかもしれない(38)」。その結果、「すべての貿易は一種の戦争となるのである(39)」。

独占の侵害

経済的首位にある国を引きずり下ろすためのひとつの手段は、顧客との直接取引によって同国の支配的な中継港を回避したり・産業上の機密事項を盗み出したり・そこで成功した手法を模倣したり・熟練労働者や企業家を引き抜いたりすること等々によって、その独占体制を侵害することである。これらの努力がうまくいけば、挑戦者は経済的首位の国と互角のレベルまで達することができる。さらに、それに追い付き、追い越すためには、既存の技術の改良と新規の技術革新が求められる。一方、挑戦を受けた国は機械、熟練労働者、企業家の流出という損失を食い止めることによって、そして、まだ経済的な生命力を内に宿しているのであれば、商品とその製造工程のさらなる改良に邁進することによって、先行者の位置に留まり続けようと試みるであろう。これらについての詳細はすべて各国別研究のところで述べることとする。このような挑戦の過程は、とりわけ無認可の貿易業者が貿易の独占を侵害しようと試みるときには、戦争をともなうこともある。たとえば、レヴァント貿易でヴェネツィアに対抗したジェノヴァ、アジア貿易でポルトガルに対抗したオランダやイギリス、新世界貿易でスペインとポルトガルの独占に対抗したフランス、オランダ、イギリスなどである。武力をともなう摩擦の結果、経済的ヘゲモニーが持ちこたえられるか、それともそれが交替するかが決まってしまうこともある。しかし、新参の国が老いつつある国を脅かすのに、戦争がかならずしも必要だというわけではない。

産業の栄光に満ちた過去をもつ国でさえ……その若きライバルの手によって、かならずや確実に深刻な損失をこうむり、布地製造業、造船業、製鉄業、絹業……といった幅広い多種多様な活動領域で伝統的に享受していたリードを失ってしまった。こうした領域のすべてにわたって、長らく盤石であり、また快適でもあった最高の地位も、挑まれ、そして覆されてしまったのである。それは、新参者がこれらの領域で次から次へと着実にキャッチ・アップし、さらに、より大きな効率性、より低いコスト、あるいはより優れたデザインを武器に、老いた国家をしばしばはるか後方に置き去りにしていったからであった。(40)

挑戦者の不在のもとでの再中心化

ある時期、たとえ成功の見込みは高くはなかろうとも、一個あるいは複数の国が政治的かつ／あるいは経済的な首位をめざしてずっと挑戦し続けるということがありうる。おそらく一九世紀と二〇世紀のフランスがその際だった例を提供する。しかし、次のような問題がある。すなわち、［このような挑戦者が存在するとしたら］ブローデルのいう「再中心化」とはいつもすんなりと決まるものであるのかどうか、二つの中心が同時に出現するということはありえないのかどうか、あるいはその逆に、本気で立ち向かう攻撃的な挑戦者が不在［で、かつ既存の首位国がその座を降りつつある］ときには、権力の空位期間が長引き、その結果、国際的な無秩序状態が生じるということはありえないのかどうかという問題である。ブローデルは三巻に及ぶ長大な本『物質文明・経済・資本主義、一五世紀—一八世紀』[41]の（本国フランスにおける）完成の前に行われたジョンズ・ホプキンズ大学における一九七六年の講義『物質文明と資本主義に関する補論』のなかで、この問題をかなり詳細に論じている。もっとも、これで議論が完全に明瞭になったわけではない。ブローデルによると、世界経済にはつねに一つの極ないしは中心があるのであって、それは優位に立った一個の都市によって表される。しかし、二つの中心が同時に、しかも長い間にわたって存立するということもありうる（ローマ—アレクサンドリア、ヴェネツィア—ジェノヴァ、ロンドン—アムステルダムなど）。そして、このような中心が移動するのである——「一五〇〇年に突然ヴェネツィアからアントウェルペンに向かって巨大な移動が起き、その後一五九〇—一六一〇年頃にアントウェルペンからアムステルダムに向かって同じような移動が起きた。ロンドンは一七九〇—一八一五年に首位に立ち、一九二九年に中心はニューヨークに移った。もし万が一にもニューヨークが倒れるようなことがあれば——そのようなことが起きるとはわたしは思っていないが——、世界は新しい中心を探し出さなければならなくなるであろう[42]」。

このように、ブローデルの議論を見ても、ある中心から別の中心への移行がどのようになされるのかという問題は概して解決されないままである。ちなみにここでは、二つの中心が同時に存在した一つの事例として、ソヴィエト連邦をニューヨークと並立させることはしないでおく。それは、社会主義ブロックがブローデルの関心の対象であった資本制生産様式のもとにある世界経済のおおむね外部にあったからである。さて、たとえ脱中心化された状態から二つの中心が生成されるとしても、それらは──上述したように、キオッジアの戦い(一三七八─一三八〇年)の前のジェノヴァとヴェネツィアの間、それにロンドンとアムステルダムの間のように──緊張と競争のうちに存在するのか、それともそれらの間には一つの格差があるのかという問題もある。さらに、ロンドンからニューヨークへと中心が移動した年を一九二九年と措定する説は唐突であるように思われる。通説では、イギリスは一八七〇年代、一八八〇年代、あるいは一八九〇年代に衰退し始め、対するアメリカは一九三六年、一九四一年、あるいは一九四五年まで孤立主義的な行動を取ったとされる。実際、アメリカは一九三三年の世界経済会議ではいかなるヘゲモニーも発揮せずに、むしろ会議を失敗に追い込んだのであった。

たとえニューヨークの脱中心化(広く論じられているその衰退)がはっきりとした動きとはなっていなくても、現在の中心であるニューヨークから再中心化へ向けて、よりいっそう緩慢な移行がなされるであろうということには、目下のところ見通しが立ちそうに思われる。とはいえ、ソヴィエト連邦とその衛星諸国の崩壊という事態もあり、新しい中心はまだまったく見えてこない。ドイツと日本はこれまでアメリカよりも急速に成長し、またアメリカよりも革新的であったが、両国とも第二次世界大戦でアメリカの首位の座に挑戦し、敗れてからは、アメリカの忠実な追随者となり、これまで指導者の地位をかけて争おうとはしてこなかった。また、両国ともこれまで自国通貨を国際通貨として——貿易と短期資本移動における主要な為替媒介通貨の地位に向けて、あるいは対外貸付の発行に向けて——積極果敢に押し出すというようなことはしてこなかった。それどころか、世界の多くの国、とりわけフランスが、ドルとは貿易と銀行の取引相手から貨幣鋳造税〔訳注6〕を取り立てるものであるとみなした一時期が過ぎると、おそらくフランスをのぞいた他のいかなる国も、国際通貨としての地位を求めてアメリカと張り合ったりはしなくなった(それにフランスもおそらく本気で挑戦したのではなかったであろう)(43)。これらと対照をなすのが一七六三年のイギリス人である。このとき、彼らはアムステルダムを通じてロシアとレイクスダールデルで取り引きしなければならないという状況を排して、ロシアとの外国為替取引を直接的に確立することを強く望んだのである。また、一八七一年以後のドイツもそうであって、このとき〔一八七〇年〕、ドイツは金融業でロンドンと競合するためにドイツ銀行を創立したのであった。しかし、ドイツ海軍がロンドンからあいかわらず外国為替を買い続けなければならないということがわかったときに、この国は面目を失くしてしまった(44)。

戦争

戦争はしばしば、ある国が世界経済の首位に昇りつめたり、またある国がそこから転落していく転換点となる。これはとくに貿易をめぐる戦争にあてはまる。たとえば、ヴェネツィアとジェノヴァの五度に及ぶ戦争、すなわち一二五〇年に始まり、四度目の戦争にけりをつけた一三八〇年のキオッジァの海戦を経て、基本的にはフランスとミラノの戦争の付随的な事件であった一四三一年のヴェネツィアの敗戦にいたる五度の戦争、〔訳注7〕そしてもう一度言及するならば、四度のイギリス—オランダ戦争、すなわち三つは一七世紀の第3四半期、四度目はその一世紀後に起きた四度の戦争などがこれにあたる。W・W・ロストウは戦争を植民地戦争、地域的な侵略戦争、バランス・オブ・パワーをめぐる戦争の三つに区分した。彼はこの分類を経済成長の諸段階という彼の分析にぴったりと合うようにこしらえたので、そのなかに貿易をめぐる戦争、王朝の継承をめぐる戦争、宗教戦争を含めることはなかった。彼はまた、本質的にナショナリズムに根ざした戦争もこの分類からはっきりと除外した。(45)政治学者のリチャード・ローズクランスは国家、とくに国民国家を、軍事的—政治的パワーを高めることに関心を集中させ、領土の獲得にことさら関わり、今より多くの領土を手にしたり、現に保有する領土を防衛したりすることに積極的な国家と、貿易によって経済的目的を達成することに期待をかける「通商国家」とに分ける。ドイツと日本は、第二次大戦以前は前者、一九四五年の敗戦以後は後者の例となる。(46)

しかし、いかなる分類もリスクを負っている。第一次ヴェネツィア—ジェノヴァ戦争が一二五〇年に起きる前は、この二つの都市国家間の対抗関係は彼らのピサに対する恐れから湿りがちであった。そのピサがジェノヴァに打ち負かされ、ジェノヴァが勝利したときから、ジェノヴァ人は「ヴェネツィアの貿易上の競争相手としてしだいしだいに精力的になっていった。しかし、それにつづく戦争では、たしかに経済的な利益が賭けられもしたが、戦争は経済的な目論見によってというよりも、憎悪と強い虚栄心によって続行されたのであった(47)」。他方、一七〇一―一七一三年のスペイン継承戦争は、ハプスブルクの系統が絶えたのちにルイ一四世がブルボン家の者をスペインの王位に擁立しようとしたことが元となって起きた戦争であったから、見かけは王朝の継承をめぐる戦争であったが、実際にはヨーロッパとスペイン領アメリカとの貿易をフランスに分け与えてもいいかどうかをめぐる戦争だったのであり、スペイン王位の継承を賭けた戦争における「フランスの」勝利はそのほんの踏み台でしかなかった(48)。それと同様に、イギリス人とオランダ人のこの戦争への関与も、将来の西インドとの貿易に対する権益を動機とするものであった(49)。さらに、ロストウのいう植民地戦争にしても、大方のところは貿易と金融にかかわる戦争であった。つまり、たしかにそれは、最初は中枢の一強国による地球上の一低開発地域に対する戦争であったが、ヨーロッパ諸列強が個々の植民地の富に対する独占や分け前をめぐって抗争するようになるにつれて、やがて彼らの間の戦争となっていったのである。また、一五八〇年にスペインとポルトガルは「ロストウのいう」地域的な侵略戦争にほぼ分類することのできる戦争を交わしたのであるが、それは部分的には東インド諸国とアメリカ植民地に対する権利を賭けた戦争でもあった。イギリス、オランダ連邦共和国、フランスもこのときとばかり、両国がヨーロッパの外に保有する領土から、彼らが自分たちで搾取することのできる分を切り分けようとし、とくに東方では［一五八〇年に敵対国スペインに併合された］ポルトガル人を負かそうと攻撃を仕掛けた。こうしたいきさつから、地中海を舞台としてヴェネツィア・ジェノヴァ・スペインとオスマン帝国との間で交わされたレパントの海戦からほんの一〇年を経て起きたスペインとポルトガルの間の地域紛争が「最初の世界大戦」(50)と呼ばれるまでに拡大したのである。同様に、それから一世紀後に、フランス・スペインとイギリス・オランダ・オーストリア――オーストリアだけはアメリカ植民地との貿易ではなく、スペイン王朝の継承に本当に利害関心をもっていた――との間で交わされたスペイン継承戦争も「広大な世界戦争」(51)［紛争］と呼ばれるようになった。さて、イギリスとオランダはこの戦争で同じ陣営で戦ったが、一七一三年にユトレヒトで講和条約が結ばれようとする段になって、両国の関係は緊張した。オランダはフランス人がスペインの王位に就いたことに猛烈に反対した。そうなるとペルー産の銀が「それまでのようにカディスから」アムステルダムではなく、フランスに向かうようになる、というのがその理由であった。それはオランダに住むセファルディム〔訳注8〕のユダヤ商人たちの意見を表したものと［フランス側では］受け止められた。ところが、イギリスはオランダの意見を支持せず、その結果オランダが銀貿易の優位を喪失したことが、この国の経済的衰退の一因となった、あるいはその一段階となったのである。(52)〔訳注9〕

経済学者というのはたいてい、戦争の原因となる経済的な諸要素よりも、戦争が国の経済とくに技術的な改良に及ぼす影響に関心を寄せるものである。しかし、たとえば『戦争と人間的進歩』を著したジョン・ネフは、戦争をたんに資本主義の産物などともみなさず、これまでありゆる社会を苦しめてきた人間の本性の病であるととらえた[53]。彼の説によると、戦争とは人間性の罪の証である。すなわち、「兵士の衝動――恐怖、憎悪、残虐、復讐、破壊と人間への加害に対する快感」には、「競争、宗教的確信、そして戦わなければならないという義務によって喚起される勇気と名誉の感覚」という肯定的な側面があるのはたしかだとしても[54]、否定的な側面のほうがもっと強いのである。ここでネフは、人がこれまで自然を冒瀆してきたのは、彼らが狼に生まれてきたからではなく、狼になったからであるという主旨のヴォルテールの言葉を引用する[55]「人間の本性は善であるという思想」。しかし、ネフの次の一文はこれとは逆の因果関係を示唆する。すなわち「平和は生産をはぐくむが、生産は戦争をはぐくむ[56]」。たしかに、経済が進歩するにつれて、人を死にいたらしめる武器もまた増えていくというのは、真実であるといっていいかもしれない[57]。ただし、コンドラティエフ・サイクルやヘゲモニー・サイクルを持ち出してきて、それらを戦争サイクルに結び付けようとする理論ともなると、経済的進歩が戦争を導くという考えが決定的に重要な教義となってしまっている。このような理論は窮屈な因果関係を打ち立てようとするものであり、カオス的な展開にいささかの余地も残してはいないという点からすると、本当に正しい理論であるようには思われないのである。

コンドラティエフ・サイクル、戦争サイクル、ヘゲモニー・サイクル

これまで多くの経済学者、経済史家、政治学者が、ナポレオン戦争に始まる五〇年の価格

サイクルというコンドラティエフの発見をさらに発展させようと努めてきた。たとえば、シュムペーター、ロストウ、フォレスター、ゴールドスティン、ベリーは、ときに「趨勢期間《トレンド・ピリオド》」と呼ばれることもある長期波動を価格から生産へと拡大した。ゴールドスティンとベリーはさらに進んで、価格と生産のサイクルを戦争サイクルに結びつけた［ベリーはこうした関連付けを試みるゴールドスティンに懐疑的な意見を示す論者］。ジョージ・モデルスキーともなると、さらにそれらにヘゲモニー・サイクルを付け加えた[58]。

それぞれの分析者によって説明に食い違いが生じることはよくあり、それも場合によっては相当の違いが出てくるのであるが、価格サイクルを生産サイクルと結びつけることについては、それほどの問題はない。たとえば、シュムペーターとフォレスターがコンドラティエフ・サイクルを、蒸気機関や電気を利用する化学のような、かなりの時間的間隔をおいてなされる大きな技術革新の結果としてとらえるのに対して、ロストウはコンドラティエフ・サイクルを人口と一次資源の関係の転換と結びつける。ところがさらに、価格サイクルは戦争サイクルと結びつけられることがある。とくに、ナポレオン戦争と第一次世界大戦の間には一〇〇年の隔たりがあるのだが、そのときにそれぞれインフレーションが起きたこと、またほぼその中間点にあたるクリミア戦争［一八五三―一八五六年］とアメリカ南北戦争［一八六一―一八六五年］のときに、両端のそれよりは程度が弱かったが、インフレーションのピークがあったことが、価格と戦争の結びつきの例として挙げられる。しかし、これらの戦争の原因が、バランス・オブ・パワー、途方もない野心、あるいは第一次世界大戦のときの過度《オーバー》の拡張《ストレッチ》とそれに加えての偶発事件といった政治的な諸争点ではなく、経済的な周期的変動にあったという考えは、わたしにはおよそ真実を言い当てているとは思えないのである。

ジョシュア・ゴールドスティンは価格・生産・戦争の各サイクルを五〇年から五五年の周期を有する一つのサイクルに統合しようとするが、適切にも、その結論については控えめである。実際のところ、それは「未熟な分野における研究ケースの域をどうしても出ないものであるから」[59]、単一の理論として首尾一貫したものとはならないのである。彼はコンドラティエフの価格系列を三〇〇年さかのぼらせて、一四九五年を起点としたうえで、戦争サイクルに一〇年先行する生産サイクルが、コンドラティエフによって検知された価格の周期的変動を生みだすという仮説を立てる。［これを価格サイクルから説明すると］二五年間に及ぶ価格の低落が、多かれ少なかれシュムペーターの創造的破壊説にしたがって、技術革新の波を呼び起こし、さらにそれが回復局面、すなわち実質賃金の上昇、産出の増大、戦争、そして価格のピークを次々ともたらしていくのである。戦争サイクルは生産サイクルに一〇年ほど遅れ、価格サイクルには一年から五年ほど先行すると、ゴールドスティンは主張する[60]。このサイクルを図3-1に示しておく。

ポール・サミュエルソンがコンドラティエフの分析をことごとく「サイエンス・フィクション」であると一蹴していること[61]、実際コンドラティエフの分析のなかには「狂気に満ちた」理論に属するようなところがあるということ、せいぜい言いうることは長期波動の諸理論が存在するということだけは拒むことのできない事実であるということ、ゴールドスティンはこれらのことを認める。[62] ゴールドスティンが自らの研究を［学会発表用に］要約したものに対するコメントのなかで、リチャード・グッドウィンは、経済の浮揚こそが戦争をより可能性の高いものにするということに力点を置くのであれば、彼の発表が長期波動と戦争との密接な関係を確信させるものではあると語っている。[63] しかしながら、戦争から長期波動を説明することについては、彼［ゴールドスティン］はあまりうまくいってはいない。なぜなら、この説明はなぜ戦争が周期的に起きるのかを独自に説明する理論を必要とするのであるが、そのような理論はどれをとっても、経済的な諸要因に基礎を置いたサイクル理論に比べても、あまりあり得そうもないものに見えるからである。[64]

このことは結局、コンドラティエフ・サイクルがかつて実際に存在したとすれば、経済的な結果［戦争］には経済的な原因がなければならないという極端な見解に接近していくのであ

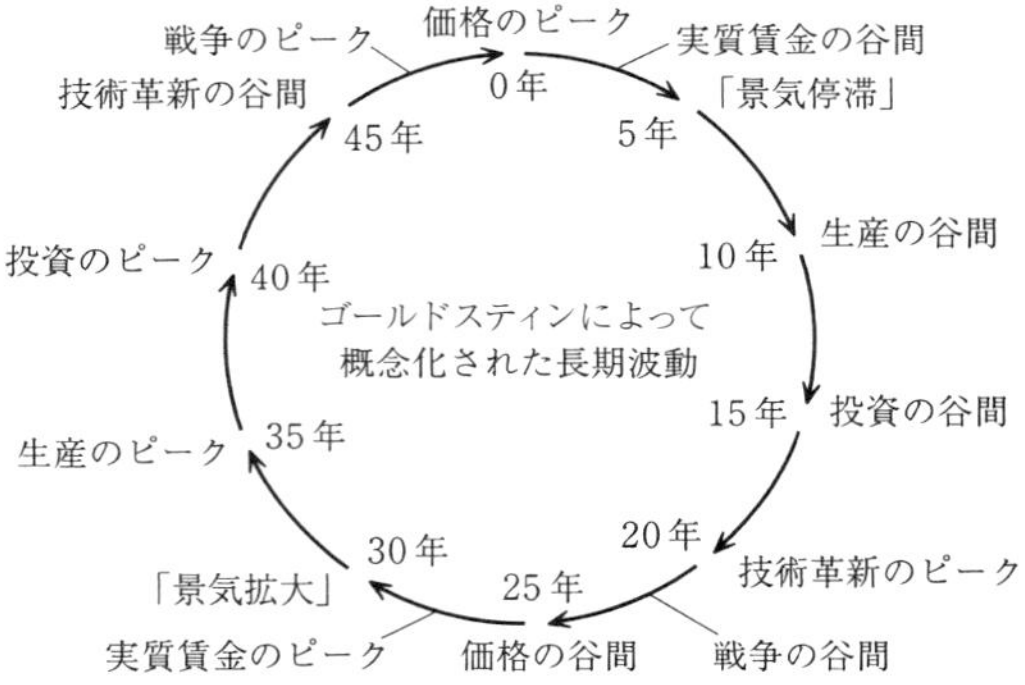

図 3-1　ゴールドスティンによって概念化された「周期的な時間」における投資・成長・インフレーション・戦争の連鎖的な長期波動

資料）Berry, 1991, p. 161. Reprinted with permission of Johns Hopkins University Press.

る。

ブライアン・ベリーはコンドラティエフ／戦争／ヘゲモニー・サイクルをあますところなく概説している。しかし、［最初の二つのサイクルについていうと］そもそも五〇年から五五年のコンドラティエフ・サイクルは二〇年から二五年のクズネッツ・サイクルに比べると、ずっと真実味に乏しいものであるという結論を出している。クズネッツ・サイクルというのは、五〇年から五五年のコンドラティエフ・サイクルの拡大局面に一つ、その収縮局面にもう一つ、あわせて二つ包含されるようなサイクルのことである。しかし、経済サイクルがいかなるものであろうと、それを戦争サイクルに関連づけることには、ベリーはすこぶる懐疑的である。(65)

ヘゲモニー・サイクルというのはジョージ・モデルスキーの仮説であり、わたしはそれに直接には目を通していない。そこで、ゴールドスティンとベリーから理解したところによると、モデルスキーは、世界大戦が一〇〇年かそこらに一度勃発し、それにともなって一つの世界大国がヘゲモニー国家として出現し、一世紀後にはまた別の世界大国がそれに続いたと考えている。各ヘゲモニー国家はかわるがわる大それた野心的な計画の誘惑にかられ、最後にはヘゲモニーの正統性の喪失と敗北に直面し、それが「分散化」(deconcentration)をもたらすのである。世界大戦、世界大国の台頭、正統性の喪失、分散化というモデルスキーによる歴史説明は、図3-2に示されている。一四九一年から二〇〇〇年にかけて、最初にポルトガル、次にオランダ、それから二度のイギリス、最後にアメリカと、五つのサイクルが連な

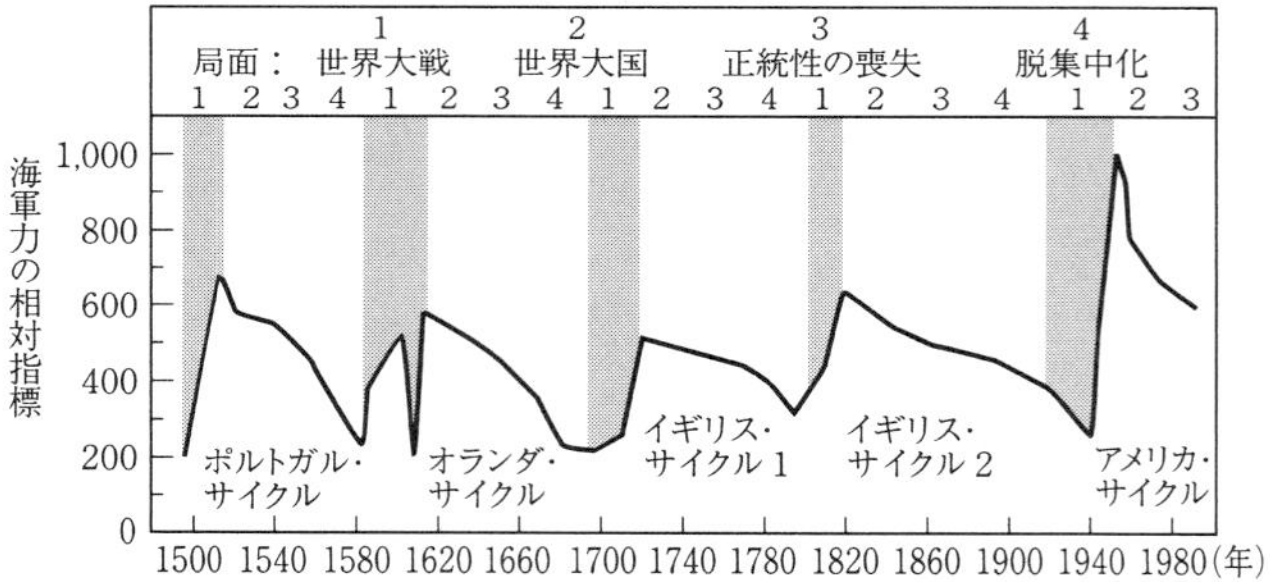

図 3-2 モデルスキーによる世界大国の長期サイクル

資料）Berry, 1991, p. 160. Reprinted with permission of Johns Hopkins University Press.

っている。縦軸で測られているのは海軍力であるが、それはフランスやドイツのような強国の陸軍を軍事的に過小評価する偏りを含んでいる。アメリカのヘゲモニーをもたらした世界大戦は第一次世界大戦と第二次世界大戦を一つに圧縮したものからできている。そのアメリカ・ヘゲモニーの正統性の喪失は一九七三年に始まっており、将来的な見通しとしては、それに続いてアメリカが日本やソヴィエト連邦と相争いながら、世界の権力を分割していくということになるであろう[66]。

コンドラティエフ・サイクルにもとづくこのような議論は全体的に見て統計的であるというよりも修辞的であると強調したのはベリーであり、未来というものは未確定なままに留まるものであると強調したのはゴールドスティンである。コンドラティエフ説を追求する理論家たち自身が、この両者の見解を裏づける十分な証拠を提供している。たとえば、一九八〇年代にロストウとフォレスターはともにコンドラティエフに依拠しながら、一方は世界経済は上昇しつつある（ロストウ）、他方は下降しつつある（フォレスター）と主張した。ソ連が世界ヘゲモニーの挑戦者として登場するという予測は、一九八九年のヨーロッパ社会主義諸国の崩壊によって、誤りであるということがただちに論証されたように思われる。わたしの判断するところでは、一三五〇年以降の世界経済の首位の諸事例を編み目のぎっしりと詰まった分析のなかに押し込んで、それらがどのように継起していったのかを論じるのではなく、それらの諸事例をそれぞれ別個のものとしてとらえ、そのうえで、次の諸点をつねに認識しておくほうが、より大きな成果を上げることができるのである。すなわち、国家にはライフ・サイクルがあるように思われること、いかなるときでも世界はヒエラルキー的な秩序に向かって動いているように見えること、指導的国家が困難な諸問題にぶつかり、相対的な衰退に落ち込んだときには、このヒエラルキーが乱れることもあるということ、新しい国家は大きな戦争のさなかに挑戦者となったときにはより早く、平和時の幕間のときにはよりゆっくりと、指導的な地位へとのし上がっていくことが多いということである。

タイミング

わたしは正確にタイミングを計ることや「転換点」を精密に突き止めることにとりたてて関心があるわけではない。多くの歴史家はそのような関心をもっているのだが、なかにはその反対に、覚えやすいようにと転換点を概数にすることを好む歴史家もいる。もっとも単純なレベルで考えると、イタリアの諸都市国家が一五世紀に、ポルトガルとスペインが一六世紀に、ネーデルラント連邦共和国が一七世紀に、フランスが一八世紀に、イギリスが一九世紀に、アメリカが二〇世紀に、すくなくともたがいにかなりの間隔を空けて、それぞれ首位に立ったと考えることもできる。しかし、これでは、一五世紀にイタリアの諸都市国家と、そして一六世紀にポルトガル―スペインと、それぞれ同時代的に世界貿易の中心地として繁栄したブリュージュとアントウェルペンが誤って抜け落ちてしまう。また、フランスが経済的首位に立ったことがあるのかどうかという点にも、問題がある。フランスはいつも月桂樹の枝［首位の座］を求めて争っていたのだが、一度もそれを手にしたことがなかったとブローデルは言う(67)。たしかに、フランスは一八世紀に猛烈な勢いで急成長し（第七章で論じるように、それは一七二〇年以後から一七八九年以前の間である）、イギリスとは異なる経済成長の経路をたどりながらも、一七八〇年にはそれと同じくらい豊かになったと、これまでも指摘されたことがある(68)。しかし、経済成長の道筋という論点はともかくとして、フランスの生活水準がイギリスのそれに匹敵するほどまでに上昇したかどうかについては、多くの論者が疑問をもっていることも事実である。モデルスキーの示すところによると、イギリスには世界大国のサイクルが二回あり、一回目は名誉革命にともなってオランダからオラニエ公ウィレムとメアリが到着した一六八八年に始まるサイクル、二回目はナポレオン戦争後に始まるサイクルとされているが、それらはいずれもフランスが経済的に優位に立つ機会を閉め出すものであった。さらに、これとは別のサイクル・パターンがホプキンズとウォーラーステイン、そして

表3-1 ウォーラースティンの世界ヘゲモニーのサイクル（第Ⅰ局面〜第Ⅳ局面）

ヘゲモニー国家	Ⅰ ハプスブルク朝	Ⅱ オランダ*	Ⅲ イギリス	Ⅳ アメリカ
ヘゲモニーの上昇	1450-	1575-1590	1798-1815	1897-1913/1920
ヘゲモニーの勝利	……	1590-1620	1815-1850	1913/1920-1945
ヘゲモニーの成熟	-1559	1620-1650	1850-1873	1945-1967
ヘゲモニーの衰退	1559-1575	1650-1672	1873-1897	1967-（？）

* ネーデルラント連邦共和国

資料）Hopkins, Wallerstein, et al., "Cyclical Rhythms and Trends of the Capitalist World Economy", *World-System Analysis: Theory and Methodology* 1982. Reprinted by permission of Sage Publications, Inc. 邦訳，33頁，表1.

その共著者から出されている。それはヘゲモニーの上昇・ヘゲモニーの勝利・ヘゲモニーの成熟・ヘゲモニーの衰退をくるくると回るサイクル・パターンである。これをベリーから借用して、表3-1に再製しておく。[69] これを見ると、(フランスが短期間オランダを占領した) 一六七二年から一七九八年のナポレオン戦争の開始にいたるまで、かなりの期間にわたってヘゲモニーが途切れていることが注目される。このことはやはり、フランスが一八世紀の指導的大国であった、あるいはついでに言っておくと、ルイ一四世統治下の一七世紀［末］にそうであったとする見方に対する疑いを強めるものである。

わたしたちはあれこれの国について、その台頭・ピーク・衰退を論じた諸見解の長い連なりを集めて回ることもできるし、そのいくつかはこの本の各国別研究のなかに出てくる。たとえば、わたしたちはオランダの衰退が一六七二年に始まったのかどうか、あるいはそれから半世紀後の一七三〇年頃においても、依然として確実にイギリスより先を進んでいたのかどうかということを議論することができる。わたしたちはまた、イギリスが経済的首位に名乗りを上げる国として世界から本気で受け止められるようになったのはいつだったのか、それは一七世紀に「オランダとの」最初の対抗関係に入ったときか、それとももし産業革命が実際にあったとしての話だが、一八世紀の産業革命のときだったのかということを議論することもできる。議論の多くはどのようなデータの系列を吟味するかにかかっているのである。この産業革命にしても、たとえばディーンとコールによって最初の頃考えられていた[70]よりも一人あたり国民所得は緩慢に成長したということ、資本形成と貯蓄は進化的《エヴォリューショナリー》というよりも革命的《レヴォリューショナリー》といったほうがいいほど非連続的に跳ね上がったわけではなかったということ、しかし、その一方では、輸出がアメリカ独立戦争後に急増し、一七六六年以降の特許数で測ると技術革新がまさに革命的な力で激しく展開されたということなどが、今ではかなりはっきりと解明されている。そして、議論はさらに続いている。

同様の論争はイギリスの衰退のタイミングに関しても見出すことができる。イギリスが経済的な指導国の地位から落ちつつあるということへの懸念は、早くも一八五一年の万国博覧会の頃には人の口に上るようになったが、それが強まったのはおもに一九世紀の終わりになってからであった。そしてこの問題の研究となると、一九六〇年代と七〇年代に計量経済学の関心の波が高まり、他の諸国と比較して起きたイギリスの衰退に対してこの国の企業家が責任を負うべきかどうかという問題に結論を出す仕事に取り組むようになったときに、ようやく出てきた。企業家は利潤を最大化しようとしていたのだが、同時代の最先端の技術に適していない形態の資源に制約されただけであった、つまり企業家はオランダ中央企画局の「均衡モデル」(第2章を見よ)にしたがっていたのだということを示した研究は、彼らを弁護する立場に立った。一方、企業家に責任ありとする議論は、まさに彼らはこの静態的なモデルにしたがっていたのであり、オランダ中央企画局の用語としては「活力に満ちた技術革新をともなう自由市場モデル」として知られる動態的なモデルにしたがっていなかったのだと論じた。この説では、イギリスの実業家を襲った困難は外部からやってきたものではなく、それに本来的に固有のものであったということになる。問題は、国の経済がそれまでとは異なる諸条件にぶつかったときに、そこに障害が生じてしまったのかどうかということではなく、一八世紀の企業家がそうであったように、彼らがその障害を打破できるほど十分に精力的であったかどうかということであった。ざっと見たところ、この時代の新産業の大半は外国で始まり、イギリスにおけるそれらの創業も多くの場合、外国人によって着手されたものであった。このことはイギリスには新参者《ニュー・メン》が現れなかったということを証明するものである。この国の衰退という話題は最近あらためて繰り返されている。すなわち、イギリスの一人あたり国民所得が一九八〇年代、一九九〇年代に、ドイツ、フランス、イタリアに次々と追い抜かれたとき、計量経済学の「静態的なモデルにしたがった」弁護にもかかわらず、イギリスが衰退しつつあるという現実は明らかになったのである。

これと同じ問題――アメリカの経済はドイツや日本の経済に比べて衰退しつつあるのかどうか、さらにはアメリカの経済的なヘゲモニーは成熟期にあるのか、それとも終わりに差しかかっているのかどうか――が、とくにマンサー・オルソン(71)とポール・ケネディ(72)の本が出版されてから、広く熱心に議論されるようになった。［しかし、ここで真の］争点となっているのは、アメリカとドイツや日本との格差が小さくなっていくということがたんなる「キャッチ・アップ」ということで済まされるものなのかどうか、それとも、発明、技術革新、生産性、貯蓄の衰えとともに、アメリカ自身の成長の構造的特性が変化しつつあるのかどうかということである。順位の変動のタイミングを精密に測ることにはおそらくさしたる意味はない。そういうことは後回しでもいいのである。

国家間や国民間の類似点よりも相違点を強調しながら、ある［窮屈な］タイミングにおいて一個の国家や国民を経済的首位に特定しようとするこのような試みに対しては、首位が時計回りに継起するというパターンが対置されることもあるが、そうではなく、首位がヨーロッパの南から北に交替するというパターンが出されることもある。つまり、イタリアの諸都市国家が一七世紀に衰退すると、ネーデルラント連邦共和国とイギリスが同時にその後を継いで、指導国の地位をかけて争ったというパターンである。あるいは、優位性が地中海から大西洋・イギリス海峡・北海・バルト海へと移っていったというように、海洋の観点から南北間の交替を立論することができるかもしれない。ただし、バルト海については若干の疑問が残り、とくに一五八〇年以降となると、その優位性はしだいに怪しくなっていく。ともかくも、マクニールが述べているように、一六〇〇年までにイタリア人の技術はすべて北ヨーロッパで模倣されるようになったのであり、また、木材、泥炭、石炭の重要性が高まっていくかたわらで、イタリアは森林伐採の進行のために燃料不足に陥っていったのである。(73)

経済的首位が時計回りに継起するというパターンに言及したところで、手元の文献から抜け落ちてしまったので、いずれにしろわたしには評価することができなくなっているある理論を紹介しておく。第一次世界大戦が起きた直後に、エール大学の地理学者で気候学者でもあったエルズワース・ハンティントンが、文明は高気圧帯によって強い影響を受けるという仮説を出したことがあった。(74)高気圧帯はメソポタミアに始まり、そこから時計回りに、ペルシャ、ギリシャ、イタリア、スペインと移動した後、大西洋を北に向かい、さらに北海とバルト海に達したというように、中東から北ヨーロッパに向かって一世紀また一世紀と緩慢に動いたのであり、その動きにともなって経済的な生命力がそれらの地域で高まっていったのである。寒帯や熱帯とは対照的に、発展がこれまでおおむね温帯に限られてきたことはよく知られた事実である。したがって、気候と経済発展の間に因果関係をもたせる考えはこのように本当らしくもあるのだが、歴史学のなかをこれまで生き延びてきたとは思えないハンティントンのこの仮説は、いずれにしろわたしには評価の施しようがない。

経済的首位の国々というのはきっちりとした時間的な連鎖のうちに継起していくものであるのかどうかはともかくとして、それらの継起の問題を、国家のライフ・サイクルを含み込んだ、また経済学と政治学のほとんどを含み込んだ諸理論でできたプロクルステスのベッド

［杓子定規］にぴったりと合わせようとする試みは、わたしの判断によると、以下につづく諸章で行うように、すくなくとも個々の国家の歴史を検討しないうちは、過度に野心的な試みとして脇に置いておくべきものなのである。

第４章　イタリアの諸都市国家

およそ紀元八〇〇年頃に始まったヨーロッパの暗黒時代［ムスリム、マジャール人、ノルマン人などの度重なる侵攻を受け、ヨーロッパが閉塞したとされる時代］は、一一世紀、一二世紀の商業革命とともに、終わりを迎えた。商業革命をおもに刺激したのは、中東に赴いた十字軍であった。この十字軍こそが西ヨーロッパを、中東にもたらされた新奇で多様な、そしてその多くが奢侈的な商品との接触へと導いたのである。そのなかにはインド産や中国産のものもあって、それらは船でペルシャ湾や紅海まで運ばれたのち、残りの陸路はキャラヴァンによって運ばれた。ヴェネツィアとジェノヴァは十字軍団に船を提供し、その海運業によって富を稼いでいった。さらに、この二つの都市は、ビザンティウムと戦い、寄航港やキプロス島・クレタ島などの植民地の領有をめぐってたがいに戦い、トルコ人がコンスタンティノープルを占領したのちは、トルコ人とも戦った。とりわけジェノヴァはフィレンツェの利用港でもあったピサを早くにしりぞけ、貿易の好敵手であったアマルフィをもしりぞけた。また、ジェノヴァは地中海の殻を打ち破り、大西洋へと勇躍し、北ヨーロッパへと向かった最初の都市国家であった。それは一二七八年のことであり、ヴェネツィアがそれに続くのは次の世紀［一三一四年］のことであった。かくして、ヴェネツィアとジェノヴァはたがいに戦いながら、前者がより東に、後者がより西にと、ゆっくりとしたペースではあるが、それぞれ貿易を集中させていった。そして、東だけを見るならば、ジェノヴァは北部、とくに黒海に貿易を集中させ、ヴェネツィアはシリアやエジプトといった南部に貿易を集中させていった(1)。その東方からは、ヴェネツィアはおもに香料、絹布、綿布を輸入し、ジェノヴァは毛織物を染色するのに［媒材として］必要とされた明礬《みょうばん》をはじめとして、絹布、砂糖、干葡萄、甘味ワイン［アルコール度の強いギリシャ葡萄酒］、染料を輸入した。コンスタンティノープルの陥落が黒海との連絡を遮断してしまうと、ジェノヴァは西地中海からワイン、小麦、果実を運び、また東方産の明礬と競合できる［イタリア中部］教皇領トルファの鉱山から採れる明礬を運ぶようになった。また、東方に向かうヴェネツィアのガレー船は、毛織物、アドリア海奥地の木材供給が低下するようになるまでは造船用の木材、そしてとりわけ南ドイツ、ティロル、ボヘミア、ハンガリーで採掘された銀を輸出した。

はじめのうちしばらくは、ヴェネツィアは魚と塩をのぞけば、それ自身の生産物をほとんどもってはいなかったが、やがて毛織物、ガラス、革製品を製造するようになり、また印刷業も興すにいたった。また、ヴェネツィアはアドリア海の深奥に位置し、そこから潜在的な敵対勢力や北アフリカの海賊を排除することによって安全を確保していたので、その最大の利点は東方のレヴァントと南ドイツをつなぐ中継貿易にあった。南ドイツのなかでも、とくにアウクスブルクとニュールンベルクがよく知られている。南ドイツへはアルプス越えの道、それもたいがいはブレンナー峠を越える道が使われた。また、ヴェネツィアはもともとは潟のなかの孤島であったが、アルプスの氷河から流れ下る水を年中絶え間なく運ぶポー川の流域にしだいに後背地を獲得していった。一方、アペニン山脈の反対側に位置するジェノヴァは、三方を山々に囲まれていたために、後背地をもつことができなかったが、モン・スニ峠とサン・ベルナール峠を通じて、フランス東部、フランシュ・コンテ、ブルゴーニュとつながっており、そこからさらにシャンパーニュの定期市に向かうことができた。しかし、馬やラバの背に荷物を載せ、列をなして、アルプスの山中を進むのは金がかかったので、高価な商品しか運ぶことができなかった。かさ高の商品はサルデーニャ、シチリア、ナポリにあるジェノヴァ人の植民地、さらにはスペインから、船で北ヨーロッパに輸送された。

商業革命は一方で造船業の発展をもたらし、他方で金融業の発展をもたらした。そもそもヴェネツィアとジェノヴァという二つの都市国家は、いずれも耕作可能地に乏しく、そのため、フィレンツェとは違って、封建制を免れることができた。いずれも共和制の政府によって統治され、公職者——ヴェネツィアでは統領《ドージェ》——が選出された。ヴェネツィアの造船業を担ったのは、このような政府によって経営されたアルセナーレ(Arsenale)［国営造船所］であった。アルセナーレは一一〇四年に創設されると、やがて軍事用のガレー船と貿易用の「大型ガレー船」を組み立てるようになった。民間の造船所のほうは丸船(帆船)を造った。三〇〇〇人の労働者を擁するにいたったアルセナーレは当時のヨーロッパで最大の工業施設であった。[2] 造船用の木材は初めのうちは近くのアルプス低地の傾斜地から伐り出され、ヴェネツィアの潟へと搬送されていたのだが、しだいに遠くから、つまりアドリア海の北部［イストリア］や南部［ダルマティア］の山地から、さらにはもっと南に下ってラグーザ(現在のクロアティアのドゥブロヴニク)のあたりから伐り出され、ヴェネツィアへと運び込まれるようになった。[3] 政府の担当役人は適当な木目と強度をもつ丸太を選ぶのに注意を払った。軍用ガレー船は標準のデザインとサイズに合わせて、互換性のある板を使用しながら、各工程に専門的に特化した熟練工によって造られた。迅速な修理を可能にするために、予備部品は接岸部に置かれた。[4] そのようなガレー船の一隻が、一五七四年にフランス国王アンリ三世の眼前で、一時間もかからないうちに組み立てられたことがあった。[5]

ガレー船は機動性の高い分だけ、オールの漕ぎ手たちを乗り組ませなければならなかったので、高価な船荷を運ぶのが常であり、日程の定められた航海ではとくに頻繁にガレー船が利用された。一方、丸型帆船はかさ高の船荷を運んだ。丸型帆船はハンザ同盟のコグ船をおよそ一三〇〇年頃に模倣したものであったが、その後もたえず改良が加えられていった。風向きが変わっても安定度を保つために、三角帆に代わって四角帆が使われるようになった。わずか数十年の間に、一本のマストが二本となり、三本となった。[6] 舷側の操舵用の櫂に代わって、船尾骨に固定された舵を装備するようになったことから、より大きな船を造ることが可能となり、それにあわせて艤装と武装も強化され、航海の技法も向上した。一三〇〇年頃からのおよそ一〇〇年に及ぶこのような変革は力強く、ここに商業革命は航海革命を導くこととなった。[7] その後も徐々になされていった造船技術の改良は一五世紀中頃にピークを迎え、フレデリック・レインの解説によると、一四八五年に造られた三本のマストを有する完全艤装されたヴェネツィアの丸型帆船は、一四二五年の船よりも一七八五年の船に近かったほどである。(8)

ジェノヴァの「大型船《ナーヴェ》」(フランス語のネフにあたる)も同じように艤装されるようになったが、その大きさが一〇〇〇トンほどにもなったために、沈泥のある入り江を川の上流へと突き進んで、エーグ・モルト、ブリュージュ、ケルン、ピサ、ローマ、セヴィーリャのような内陸港に寄ることができなくなってしまった。

商業革命は船舶の改良以上のものを含んでいた。商人の専門的な特化が進んだのである。自分の船荷をたずさえて航海に出ていた旅商(merchant-traveler)は、会計事務所と商品倉庫に定在する商人となり、その商品のほうは船長に預託され、寄港地にいる代理人に届けられるようになった。代理人を指名した商人は、その商人の繁栄よりも自分自身の短期的な利得により多くの関心を抱く代理人をしっかりと監視し、また代理人の起こした損害を保証しなければならなかったとする現代の意地の悪い説(9)とは裏腹に、代理人の圧倒的大多数は誠実に務め、自分たちの専門的な仕事ぶりに対する周囲からの敬意をかちとる手段としての「評判に投資し」、そうすることによって繰りかえしその仕事にありつこうとしていたように思われる。(10)商人はまた、商品生産を手がける職商(merchant-craftsmen)からも分離していった。もっとも、商人が買い手の立場として、商品の品質を吟味することにかわりはなかった。「船乗りの専門化も進んだ。」商業革命の初期の頃は、船員は同時にガレー船の漕ぎ手でもあり、兵士でもあり、外国の港で自分自身の商品を売って回る程度の取るにたりない商人でもあるという存在であった。それに、ヴェネツィアでは、陸上のギルドのメンバーがガレー船の漕ぎ手になるということも頻繁に起きた。彼らは、戦争もしくは海賊討伐の必要のためにヴェネツィア評議会によって召集がかけられたときに、水夫としての任務をはたすために徴募されたのである。しかし、結局は、特別の武器と鎧がつくられるようになると、それを使いこなせる専門的な兵士が必要となった。また、規律をより厳しいものにしなければならなくなったために、船員が商人を兼ねる機会も減っていった。こうして、時代とともに、「ガレー船の漕ぎ手を兼ねた」船員は一介の賃金労働者となったのであるが、その結果、彼らはしばしば海外に移住したり、争乱を引き起こしたり、賃金の前払いを受け取ったのち、姿をくらますなどの行動を取るようになった。船乗りの不足に拍車をかけたのが黒死病である。一三四七年にロマニア［東ペロポネス半島一帯］からヴェネツィアに伝えられた黒死病は、地中海のいたるところで同じような荒廃をもたらしたのだが、この都市でもその人口の半分を死に追いやったのである。ガレー船の漕ぎ手のベンチを埋めるために、ヴェネツィアは各地の受刑者、植民地出身の者、ダルマティア出身の者を徴募しなければならなくなり、はては乗組員を補充したガレー船をアラゴン王国から月一〇〇〇ドゥカートで借り上げなければならなくなる始末であった。一三五〇—一三五五年、一三七八—一三八一年の第三次、第四次ジェノヴァ戦争がヴェネツィアの階級構造に重大な一撃を与えることとなった。それは硬直化をきたすようになり、エリートたちの内部にさえ、階級の区分に沿った、また金融上の利害をめぐる分裂が生じるようになったのである。[11]［一六世紀になると、漕ぎ手不足はいっそう深刻化し、］船員がヴェネツィアを見捨て、ピサやイギリスの船、さらには海賊船にまで移るという事態となったことから、ヴェネツィアはガレー船から丸型帆船への移行のテンポを速め、また、ギリシャ人やポー川流域の内陸イタリア人を雇用するテンポを速めることによって対応しようとはしたものの、彼らはいかんせん船員としての資質に欠けていた。

ヴェネツィア

ヴェネツィアは第四次ヴェネツィア―ジェノヴァ戦争のさなかに起きた一三八〇年のキオッジアの海戦で、ジェノヴァに打ち勝った。敗れたジェノヴァは疲弊し、一五世紀の軍事的ならびに経済的な優位はヴェネツィアのものとなった。しかし、この頃、ヴェネツィアの旧来の貴族たちは海を離れ、陸へと上り、イタリア本土《テッラ・フェルマ》、とくにそのなかでもパドヴァやヴェローナに地所を獲得し始めていた。一方、新興の商人たちはレヴァント、キプロス、クレタ、南ドイツ、ブリュージュ、イギリスとの間に活発な貿易を展開するようになった。新興の商人によるこのような貿易の一例となるのが、アンドレア・バルバリーゴである。彼は一四一八年から一四四五年にかけて貿易に従事した。その活動は機動性と流動性に富んでいたので、彼の姿は大家門の貴族の貿易活動の間に頻繁に見かけるようにまでなった。[12]バルバリーゴはさまざまな市場で相手方の業者と――たとえば、ヴェネツィアのフォンダコ・デイ・テデスキ(ドイツ人商館)でドイツ人と、ウルムやアウクスブルクで木綿の買付業者と、シリアで木綿の販売業者と、イギリスで羊毛商人と、ヴェネツィアで「織物の製造を取りしきる」親方商人(merchant employers)と――取り引きした。フレデリック・レインによると、国際的なつながりを多くもち合わせていたヴェネツィアの商人以上に、市場の諸条件の変化にすばやく対応することのできる商人は他にはいなかった。一般に船による輸送速度が遅かったにもかかわらず、ヴェネツィア商人の機動性は出色であった(13)。しかし、バルバリーゴの息子は、算盤を習得していたにもかかわらず、活動的な商人とはならなかった。彼はクレタ島とヴェローナの所有地から上がる収入で生活した。一四八三年の収益一万五四〇〇ドゥカートは、おもに彼が所有地から得たものであり、商人としての活動から得たものはそのうちのわずか七〇〇ドゥカートにすぎなかった(14)。

貿易からイタリア本土の地所への移動がヴェネツィアの衰退の兆候であったかどうかということについては、これまでもかなりの議論がなされてきた。海上から陸上所有地への転換が実際に起きたということ、そしてそれがリスクを軽減させるものであり、貿易よりも少額だが、より安定した収入をもたらすようになったということについては、ほとんど疑いを入れないように思われる。そのうえで、中心的な論点となるのが、アダム・スミスがイギリスの商人を評してそう言ったように、ヴェネツィアの貴族もまた農業の「改良家」となったのか、それとも彼らはただ安逸をむさぼろうとしていただけなのかという問題である。一説によると、彼らは低い単位収量しか上げることができず、それでいて土地投機の浮かれ騒ぎに金を蕩尽し、また「一時的な」収入を求めるあまり、森林の過伐と放置栽培(soil mining)を容認するだけの存在であった。[15] しかし、別の説もあり、それによると、海から陸への移動は、人口が増加し、トウモロコシのような新しい作物が農業生産をより収益性の高いものにしていくという状況のなかで、穀物価格が上昇しつつあったことに対する一つの［機敏な］反応であった。フェルナン・ブローデルもまた、中継貿易からイタリア本土の土地に移ったからといって、それをこの都市の商業と金融の衰退の兆候とみなすのはおかしいと考えている。[16] さらに、ブライアン・プッランも、［本土の土地と］別荘《ヴィッラ》への投資が要領のはっきりしない臆病な性格のものであったとする安直な示唆を歴史家たちはもはや受け入れなくなっていると主張する。[17] しかし、ヴェネツィアの地主は企業家ほどには土地［改良］に関心をもっていたのではなかったが、金利生活者以上にはそれに関心をもっていたというのが、だいたい一般的に考えられているところであると、ピーター・バークは論じる。バークにしてみれば、［改良家型か金利生活者型かはともかくとして］ヴェネツィアの商人（そしてアムステルダムの商人）が、イギリス、フランス、スペインの成功した商人たちがそうしたように、ブルジョア的な営みから貴族的な営みへと転換していったことそれ自体はとりたてて驚くべきことではなく、それよりもその移行にずいぶんと手間どったことがむしろ驚くべきことだったのである。[18]

ヴェネツィアの貴族は海上貿易から官職にも向かっていった。ヨーロッパのほとんどの国では、土地と官職を保有することが貴族としての地位に寄与するものであったし、ロンバルディアでは、三世代にわたって家族の誰も市の役職に就かなかった場合には、貴族の地位は失われさえした。[19] ヴェネツィア評議会は、貿易と海軍によるその保護にだけ関心をもっていたのではなく、市への食糧供給を確保することにも関心をもった。そこで、小麦事務所(Grain Office)が設けられ、そこに穀物が備蓄されるようになった。〔訳注1〕しかし、一五九〇年代の不作のときには、プロイセンやポーランドから陸路で穀物を輸入することを試みなければならなくなり、しかもそれは多大な困難と費用をともなうものとなった。このような穀物不足の圧力を緩和したのは、オランダとイギリスの船であった。やはり一五九〇年以降のことであるが、これらの船が［バルト海で穀物を積み入れて］こんどは地中海を通じてやってきて、ゆっくりと定期的な交通網を築き上げていったのである。(20)秋に収穫された穀物はヴィスラ川を下って、おもにダンツィヒへと向かったが、船による積出はバルト海の氷が溶ける翌年の春まで待たなければならなかったので、穀物貿易には計画が必要であった。

一五世紀、ヴェネツィアの対レヴァント貿易や対ドイツ貿易が絶頂期にあった頃は、ドイツ人がヴェネツィアにあるドイツ人商館に居住していただけではなく、アルプスの向こう側でも、アウクスブルクが半分イタリア人の都市になったといわれるほどで、実際そこにはヴェネツィア人の街区とジェノヴァ人の街区とが分かれて、存在していた。(21)また、ヴェネツィアはキリスト教への改宗の道を選ばなかったマラーノ〔訳注2〕——スペインとポルトガルを出自とするユダヤ人——が集まる中心地の一つであり、彼らはこの都市の知的生活の発展に寄与した。

戦争は、その合間にかなり急速な回復をともないつつも、実際にはずっと続いた。そうした状況は、ジェノヴァとの四度目の戦争が一三八〇年のキオッジァの海戦をもって終結するまで続いた。そしてその後、こんどは［ヴェネツィア社会の］階級間の区分が硬直化をきたすようになった。[22]それでも、レインの評言によると、船乗りとしてはおそらくジェノヴァ人のほうがより優れていたであろうが、その社会内部を政治的に組織することにより長けていたのはヴェネツィア人のほうであった。[23]さて、カンブレー同盟の戦いとは、教皇ユリウス二世が尊大なヴェネツィア人を何とか貶めるために、フランスを同盟軍に編入し、一五〇九年にミラノの近くでヴェネツィア軍を打ち負かすことに成功した戦いであった。そして、これが陸上での転換点をなしたのであった。[24]一方、海上の転換点は一五〇三年にトルコ軍に敗北したときである。[25]ただし、レインは一四三〇年をヴェネツィアの衰退の始まりと位置づけ、南ドイツの商人がその活動をアントウェルペンに切り換えていくにつれて、衰退は一五世紀の第3四半期から目に見えてはっきりしたものになったとも述べている。教皇領・ジェノヴァ・スペインがヴェネツィアと一線に並んでトルコと対峙したレパントの大海戦は、それから一〇〇年後のこと［一五七一年］であったが、いずれにしろそのときにはヴェネツィアの国力はピークをとうに過ぎていたのである。このときにジェノヴァがヴェネツィア船への乗組員の供出を要請されたという事実は、まさにその衰退の証となるものである。ラップは、世界貿易の紛うことのない指導国としてのヴェネツィアの地位は一五五〇年にピークに達し、一七〇〇年までにそれほど重要でない国へと没落していったとしているが、[26]これはタイミングとしては少し遅いように思われる。

ヴェネツィアの衰退はこのように長引いたが、その間に立ち直りが見られなかったわけではない。もとより回復力は一様ではなく、その一つの対比を示すのが、一世紀の間隔を置いて制定された二つの「航海条例」である。航海条例とは、ヴェネツィアから輸出入される商品がヴェネツィア船で運ばれ、ヴェネツィア人の仲介商人によって売買されなければならないと定めたものである。そのような規制策を一個にまとめた最初の条例は一五〇二年に適用され、首尾よくヴェネツィアの海運業を立ち直らせるきっかけとなることができたので、一〇年で撤廃された。[27] 一方、一六〇二年に制定された航海条例は「不運をもたらす」、「大損害のもととなる」条例であるということが分かった。というのも、この条例のせいで、貿易そのものが他の諸港に移ってしまったからである。それらの港では、ジェノヴァやイギリスやオランダの船がいかなる妨げを受けることなく、自由に貿易を営むことができた。[28] 一六世紀初め、ヴェネツィアは富者の夢をむさぼっていた。そして、一六〇〇年になっても、その国庫は金であふれかえっていた。しかし、ヴェネツィアはたとえ一五世紀よりも一六世紀のほうがもっと金持ちになり、金融に夢中になるほどであったとしても、もはや地中海貿易の中心ではなくなっていた。[29] その活動の重心は貿易から金融へと移行していった。また、それだけではなく、重心は誇示的消費や美術や建築へも移行していった。美術の分野では、たとえばフレスコ画からカンバス画への画法の転換のような技術革新があった。視覚芸術のピークは、おそらく貿易のピークよりも一世紀遅れて、一六世紀最後の四半期にティツィアーノ、ティントレット、パッラーディオが没した頃に到来した。

わたしたちはヴェネツィアの衰退をかいつまんで振り返っているのであるが、それはこれまで多くの原因に帰せられてきた。しかし、おそらく衰退以上に説明を要するのは、ヴェネツィアが西ヨーロッパにおいて、およそ一二〇〇年頃から一五世紀の終わりまで、あるいはもしかしたらもっと遅く一五五〇年まで、「航海技術、商業技術、貿易ルートの革命に直面しながらも」(30)、世界経済の首位の座を維持することに成功したということである。そもそもこれらの革命は、そのかなりの部分——貿易、保険、造船の分野——が、ヴェネツィアそれ自身の生命力の産物であった。また、有能な共和国政府によるところも大きかった。そして、それを率いたのがヴェネツィア評議会と選挙で選ばれた一人の統領であった。彼らは初めのうちは首尾よく、のちにはそれほどうまくはいかなくなったが、貿易と産業をためらうことなく統制したのである。国力を疲弊させた四度目の対ジェノヴァ戦争の後には、三〇の新しい家門が大評議会に加わった。彼らは伝統的な家系の貴族(ロンギ)と区別されて、クルティ(新進の家系の貴族)と呼ばれた。こうして、新参者《ニュー・メン》があとを引き継ぐことになった。実際、次の二世紀半もの間、ロンギが統領の職に就くことはついぞなかった(31)。ヴェネツィア共和国はそれまでずっと寡頭制によって支配されてきた。そのトップには二〇から三〇の大家門がおり、彼らの下にはさらに一〇〇かそこらの別の貴族がいた(32)。［しかし、大評議会の拡大後、大貴族はふたたび閉鎖的な階級となったのであり、また、］貴族の間ではいさかいが特有の風土となっており、それはとりわけ［本土の所領を拡大しつつあった］旧来の貴族が横柄な態度をとったことから生じた。これらのいさかいは、その多くが戦争費用の融通、そのために発行される債券の価格の乱高下、そして不動産の価格の乱高下をめぐるものであった。これらの債券や不動産といった資産の一部は、資産保有者に課せられる強制公債を払い込むために、しばしば破滅的な価格で投げ売りされなければならなかったのである。しかし、危機に際しては、ヴェネツィアの貴族はどうにかこうにか一致団結したのであった。

ヴェネツィアは本質的に貿易の都市であった。たしかに、貿易から工業や金融への移行はいくらか見られはしたものの、金融の分野ではフィレンツェに遠く及ばなかった。ヴェネツィアは、フィレンツェのように為替手形や複式簿記における技術革新を成しとげたわけではなく、その貿易の多くもヴェネツィア市内において資金を調達したものであった。

フィレンツェ

フィレンツェはおおむね金融の都市であった。そこでは一三世紀のうちにシャンパーニュの定期市から買い付けた毛織物を染色するようになった。そして、輸入代替のよくあるパターンにしたがって、しだいに自らの紡毛、織布、染色を発展させていった。しかし、そのかたわらで、この都市の商人たちはイタリア規模さらには国際規模の銀行業へとおもに進出していったのである。たとえば、彼らはローマ教皇の代理人として、また一四世紀の教会大分裂の間は、アヴィニョンにいたもう一人の教皇の代理人としても、「ヨーロッパ各地から教皇税の名目で」金を集めて回ったりした。トスカナ地方には、フィレンツェ以外にも、このようなイタリア人の銀行があった。たとえば、ルッカのリッチャルディ銀行は一二七二年を皮切りにイギリス国王に四〇万ポンドを貸し付けるにいたったが、その債権を回収できなくなったあげくに倒産した。フィレンツェのバルディ銀行、ペルッツィ銀行、アッチャイウォーリ銀行も、イギリスのエドワード三世を支援し、フランスとの百年戦争に資金を貸し付けたが、この国王が一三四八年に債務不履行を宣言すると、同じように倒産した［アッチャイウォーリ銀行は国王貸付には関与していない］。これらの貸付に利子が付けられることがなかったのは、それが高利禁止法によって禁止されていたからであるが、その代わりに、いくつかの荘園の名目地代、特定の税の免除、教会聖職者の候補者を指名する権利、イギリスのマーチャント・ステイプラーズと競合することのできる有利な為替レートで羊毛を輸出することの容認などの諸特権が、貸付に際して与えられた。(33) ちなみに、イギリスの羊毛はフランドルの紡毛業者や織元に売られ、そこでシャンパーニュの定期市向けの毛織物が生産された。そして、このシャンパーニュの定期市――トロワ、バル＝シュル＝オーブ、プロヴァン、ラニー＝シュル＝マルヌの各定期市からなる――こそが、ブローデルのいう「最初の世界＝経済」の中心だったのである。(34) これらの定期市では二世紀もの間、イギリス(のちにはスペイン)の羊毛、ドイツのリネン、イタリアの織布、さらにはイタリア商人によって東方から持ち込まれた明礬、香料、絹などが取り引きされた。

フィレンツェ人の銀行家はあらゆるところにいた――イタリアでは、ローマ、ヴェネツィア、ジェノヴァ、ナポリ、ミラノ、ピサ、イタリアの外では、ジュネーヴ、リヨン、アヴィニヨン、ロンドン、ブリュージュなどである。(35) 国外に出ていった銀行家も、結婚するために、そしてのちには余生を送るために、故国に戻った。(36) メディチ銀行の全盛期は、たとえばかつてのバルディ銀行の全盛期に比べると、その規模は小さかったが、一五世紀中頃に到来した。

しかし、メディチ銀行はその後、諸君主への貸付のために困難に見舞われた。そして、これこそが、メディチ銀行ほど華々しくはなかった一四世紀のマーチャント・バンカー、フランチェスコ・デ・マルコ・ダティーニが慎重に回避しようとした事態であった[37]。こうして、メディチ銀行は一五世紀末に破産した。

フィレンツェはアルノ川の河口に位置するピサよりほかに好適な港をもたなかった。そして、フィレンツェはそのピサに、グェルフ党とギベリーニ党の闘争というかたちで、ときおり戦を仕掛けたのであった(フィレンツェはまたジェノヴァとも戦った)。「一四〇六年にピサを征服すると」フィレンツェのガレー船はブリュージュやサウサンプトンに明礬や織物を輸出するようになった。しかし、フィレンツェには海軍もなければ、実質的に商船隊と呼べるものもなかった。それは一つには、この都市がマレンマ湿地帯と呼ばれる農業地帯を後背地としてもっており、そこで小麦が生産されていたからである。それはちょうど、内陸都市であるミラノにやはりこれといった船隊がなかった代わりに、ポー川上流域の第一級の灌漑地で米が生産されたのと似ていた。その反対に、ヴェネツィアとジェノヴァは後背地をもたず、そのためにおもにシチリアから輸入される小麦に依存しなければならなかった。ヴェネツィアでは、貴族がイタリア本土に経済活動の拠点を移すまで、そのような状態が続いた。フィレンツェではその後、メディチ家がリヴォルノ(レグホーン)に、ピサに次ぐトスカナ第二の港を建設した。リヴォルノはもともと城砦のある漁港にすぎなかったが、トスカナ公が一五九〇年にそれを自由港にしたのであった。ヴェネツィアの航海条例がもととなって「ヴェネツィア港においてヴェネツィア船とヴェネツィア商人が排他的に優遇されるようになったために」、とりわけイギリス商人がリヴォルノを利用するようになると、この港はしばらくの間繁栄した。トーマス・マンは一五九七年から一六〇七年にかけてのイタリア滞在中、そのかなりの期間をこリヴォルノで委託代理商として過ごし、その間、錫、鉛、イギリス産の織物を取り扱った(38)。エドワード・バーロウというイギリス人の船員がこの港の売春宿についての不満を日記に書き留めたのは、一六七〇年よりも少し前のことであった(39)。

ジェノヴァ

リグリア山脈にその背後をぴったりと囲まれたジェノヴァは、経済学的な意味からすると実際には一つの島であった。ジェノヴァはローマ史に名をとどめてはおらず、そのすべてが中世に創造された都市であり、国家といえるほどの国家ではなかった(40)。その経済史の大半は境界の外側、すなわち一部はナポリ、シチリア、コルシカで、一部は東地中海で起きたことであり、一六世紀末から一七世紀初めになると、セヴィーリャ、フランシュ・コンテ、ジュネーヴ、スペイン領ネーデルラントで起きたことであった。ジェノヴァは「魚のない海、木のない山、真心のない男、恥のない女」の都市として、人々に嘲笑された(41)。たしかに、ジェノヴァでは絹の生産がいくらかは行われたが、その真のビジネスは貿易であり、戦争であり、金融であった。ジェノヴァが貿易に特化したということ、そして、大西洋へと躍進したパイオニアであり、それによって地中海と北海とを結合させたということについては、先に論じた。ジェノヴァ人の銀行家はフィレンツェで開発された複式簿記を得意とするものではなかったが、ローマ時代以来［ヨーロッパで］初の金貨となるジェノヴィーノを他に先駆けて一二七二年に発行した。その後にすぐ続いたのがフィレンツェのフィオリーノである。そのほかにも、ジェノヴァ人の銀行家は預金の取扱や為替手形の取引などの最新の金融技術においてもパイオニアであった。(42)

イタリア人の銀行家はシャンパーニュの定期市の衰退後に発展したいくつかの定期市を動かす存在であった。フィレンツェ人の銀行家はとくにリヨンで活動し、ジェノヴァ人の銀行家はフランスの領域外にあったフランシュ・コンテ［中心都市ブザンソン］やジュネーヴで活動した。フランシュ・コンテとジュネーヴはイタリアと北海を結ぶ西ヨーロッパの南北軸に位置し、さらにジュネーヴは、西の（マルセイユと）リヨンから東のコンスタンス湖、さらにその向こうのウルム、アウクスブルク、ウィーンへと延びる東西軸にも位置した。(43) そもそも一四六四年にルイ一一世がフランス人の銀行家に対して、［当時サヴォイア公の支配下にあった］ジュネーヴからリヨンに拠点を移すようにとの命令を下し、フィレンツェ人の銀行家も、のちには不承不承ながらジェノヴァ人の銀行家も彼らにしたがったという経緯があった。そして、ジェノヴァ人の銀行家が一五三五年にリヨン市場から締め出されたのち、当時スペイン・ハプスブルク家の支配下にあったブザンソンに移ったのである。その頃、定期市は商品よりも為替手形の取引にしだいに関わりをもつようになっていた。しかし、ブザンソンはその動きについていけず、ジェノヴァ人の銀行家の拠点となる定期市はその後の数年間、転々と場所を変え、一五七九年にようやく、ジェノヴァの近くだが、その外にあった［同じくスペイン・ハプスブルク家の支配下にあった］ピアチェンツァに落ち着いた。定期市はジェノヴァ自身に移ることはできなかった。なぜなら、そのようなことをすれば高利をめぐるややこしい問題にこの都市が自ら巻き込まれてしまうからである。(44)〔訳注3〕こうしてピアチェンツァに移されたのちも、この定期市はブザンソンをイタリア語化した言い方であるビゼンツォーネという名前を使い続けた。ヴェネツィアは一四五〇年頃に経済的な優位から下り坂にさしかかり始め、フィレンツェもそれから半世紀後にそうなっていった。一方、ジェノヴァの経済的成功は、［一六世紀後半に］スペイン・ハプスブルク家の御用銀行家としての地位をフッガー家とまず競合したときも、それからその地位を奪ったときも、依然として上り調子だったのである。

ジェノヴァのスペインとの関わり合いは、ジェノヴァ船がイギリスやフランドルに向かう途中で、バルセロナ、セヴィーリャ、ポルトガルのリスボンに寄航したことから始まった。それによって、ジェノヴァの船乗りたちと商人たちが、イギリスやフランドルと同様に、スペインをも商業の面で覚醒したのである。彼らのなかには、ポルトガルの［大西洋島嶼部の］植民地やリスボンに住み着く者もいたが、なかでもスペインのアンダルシアに住み着く者が多かった。セヴィーリャはこのアンダルシア地方に位置した。そして、ジェノヴァ人はこの町でカスティーリャの貴族の娘と結婚し、シェリー酒、マグロ、オリーブ油、水銀などの貿易を活気づけたのである。西アフリカ産の金はリスボンやセヴィーリャからジェノヴァへと積み替えられるようになった。ジェノヴァ人の船員が不足したときには、ジェノヴァ船はポルトガルから、さらにはスペインの北岸部のガリシアやヴィスカヤから船員を雇い入れた。このような貿易面における初期の協力関係が、一六世紀後半の金融面における協力関係[45]、とくにジェノヴァ人によるスペイン銀の取引を容易にしたのであった。「これまでも指摘されてきたことであるが、ジェノヴァ人の実業家は、その適応能力、変わり身の早さ、「無重力状態のような身軽さ」、そして［イタリアの歴史家］ロベルト・ロペスも感心した「慣性の法則の完全なる欠如」において、特筆すべきものをもった連中であった。実際、ジェノヴァは何度も何度もその進むべき路を変えたのである……」[46]。

一四九二年のコロンブスによるアメリカ発見の直後から、アメリカ先住民のもっていた金《ゴールド》がかなり不正に略奪される事態となったが、主要な［輸出］貴金属は銀であり、それがまとまった量としてアメリカ植民地からヨーロッパに到着し始めるのは一五八〇年頃からであった。ペルーのポトシ銀山(現在ではボリヴィアにある)は一五四五年に発見されたのだが、それが十分に採鉱されるようになったのは、アマルガムを用いた銀の精錬に必要な水銀がワンカヴェリカ［ペルー中南部］で見つかり、そのおかげでスペインのアルマデン［スペイン新カスティーリャ地方］から水銀を輸入する骨の折れる手間を省くことができるようになってからであった[47]。なにしろヨーロッパは一五世紀に深刻な地金不足を経験していた[48]。新大陸からの地銀は、中央ヨーロッパの先細りしつつある銀生産に取って代わるために、またスペイン領ネーデルラントで対抗宗教改革を戦っているスペイン傭兵軍の報酬を支払うために、そしてとりわけ対応する輸出品に不足していた東アジアやバルト海からの輸入——それはヨーロッパからの輸出だけでは相殺することのできない輸入であった——の支払いのために、必要とされた。新大陸銀のこのような移転は、スペイン国王のたび重なる債務不履行によってフッガー家が破産してからは、ジェノヴァ人の銀行家の支配するところとなった(49)。フッガー家が最終的に活動を停止するのは一六二七年のことであり、そのすぐ後にジェノヴァ人の銀行家も同じ道をたどった。しかし、スペインではこうして一六二〇年もしくは一六四〇年以後に勢力が衰えたとはいえ、ジェノヴァ人はその富をもっと広い範囲で投資するようになった。そして、彼らの対外投資は一八世紀初めの時点でもまだ、オランダ人に続いてヨーロッパ最大の規模を誇ったのである(50)。

社会的な観点からすると、ジェノヴァは富者と貧者の都市であり、これら二つの階層をつなぐ小ブルジョアジーの中産階級はほんのわずかしかいなかった。豊かな商人＝貴族と貧しい大衆との間に大きな所得格差があったということが意味するのは、ジェノヴァ国内には投資需要がほとんどなく、そのことが富裕な者を対外投資に押しやっていったということである(51)。さらに、ヴェネツィアと同様に、ジェノヴァも旧貴族と新貴族の間の分裂を経験しており、前者はリヨンなどのフランスの金融市場を、後者はスペインの金融市場をそれぞれひいきにした。ほかにも、寡頭的な支配を行う富める貴族と付随的な立場に置かれた貴族——資産を失い、公職から排除されたために、果たすべきいかなる役目ももたなくなってしまった家門の、若い息子たちをはじめとするメンバー——との間に、社会的な緊張があった(52)。貴族はしだいに貿易から手を引き、金融へと向かった。この貿易から金融への撤退がどの程度まで自発的なリスク回避の結果であり、どの程度まで外国との競争に対する反応であったのかは、はっきりとは定めがたい。ジェノヴァの貿易の危機は地中海と西ヨーロッパを結ぶ中継貿易という昔からの機能を失ったことから生じたと、ルイージ・ブルフェレッティとクラウディオ・コスタンティーニは論じる。一七世紀になると、イギリス、オランダ、フランスの船が、それまではジェノヴァを通じて市場に出回るのが普通であった商品をたずさえて、直接シチリア、ナポリ、サルデーニャ、カタルーニャに航行するようになった。さらに、フランドル、ポルトガル、ロンバルディアの商人たちも、イギリス、オランダ、フランスの商人たちといっしょになって、ジェノヴァではなく、マルセイユやリヴォルノをますます利用するようになった。一七世紀の終わりには、ジェノヴァよりもリヴォルノにいるオランダ商人の数のほうが多くなっていた。そこで、ジェノヴァの寡頭制政府はジェノヴァをリヴォルノやのちのラ・スペツィア［ジェノヴァ湾の港湾都市］のような自由港にすべきかどうかを論じた。それは最終的には梱包された商品に適用された(しかし、かさばる商品には適用されなかったのだろうか)。ところが、この措置を実行した結果、ジェノヴァ港の関税収入は四五パーセントも減少してしまい、結局自由港の試みは放棄されたのであった。(53)

ミラノ

北イタリア第四の都市はミラノである。ミラノ［を中心とするロンバルディア］は、イギリスの農業経済学者アーサー・ヤングが一七八〇年代末に大陸を旅行したときに、彼によってヨーロッパでもっとも豊かな土壌を有しているとみなされたところである。[54] ヤングはポー川によって灌漑されるロンバルディアの農業の繁栄に強い印象を受けたのである。ポー川には氷河の源から途切れることなく水が注がれ、水源［マッジョーレ湖畔のソンマ・ロンバルド］から海［マントヴァを越えてヴェネト地方に入る地点］までの二〇〇マイルの間にわずか二六〇メートルの落差しかなかった。[55] ロンバルディアの富は大部分このような農業によってもたらされたのであった。人口の一パーセントが土地の五〇パーセントを所有しており、エリート階級は死手譲渡と信託遺贈（家族以外の者に土地保有権を譲渡することを禁止すること、家族以外の者に土地を売却することを制限すること）〔訳注4〕の制度によって、このような状態を維持した。[56] 貴族は農場を小作農に貸し付け、自分たちは都市で贅沢に生活していた。しかし、彼らは生産性を向上させることには関心をもっており、川辺の低湿地では、都市に食糧を供給することを目的として借地契約においてその生産が特別に規定されていた穀物のほかにも、米や亜麻を生産した。

ミラノはパリ、リヨン、ジュネーヴと立地条件が似ており、（イタリアを横切る）東西の道とアルプスのゴタール峠やシンプロン峠へと延びていく南北の道とが交差する地点に位置していた。そのためミラノは、貿易、産業、銀行業、運輸の諸方面で著しく発展したのであるが、ヴェネツィアとジェノヴァが貿易で、フィレンツェとジェノヴァが銀行業で傑出していたのとは違って、それらのいずれの分野においてもとくに傑出していたわけではなかった。川沿

い の肥えた土壌の低地では小麦と米が栽培され、丘陵地では繭の生産に必要な桑の木が栽培された。ミラノはコモとならんで生糸の主要な市場であり、しばしば繭の輸出を禁止し、そうすることによって、繭の国内価格を下げ、国外価格を高くするとともに、生糸と絹布の対外市場を拡大することに努めた。

ミラノの問題の一部は絶え間なく続く戦争と断続的に生じる外国勢力による支配から生じた。早くから、グェルフ党とギベリーニ党との闘争、そして富める者と貧しい者との闘争があった。フランスは一四九五年に攻撃してきた。以後、ヴェネツィア、教皇領、フィレンツェ、フランスなどが相乱れて戦ったイタリア戦争も終わってみれば、スペインが勝者であり、そのスペインがフランスを引き継いでミラノに進駐してきたのは一五三五年のことであった。さらにその後、オーストリアがスペインに取って代わった。ミラノに飢饉、疫病、うち続く戦争、そして対外市場の喪失をもたらしたのは、このスペイン統治時代の失政であった[57]。ミラノが海外市場で、そしてイタリアそれ自身の内部にある諸市場で、外国勢との競争にしだいに敗れていくにつれて、外国貿易はミラノの経済を輸出主導によって成長させる促進的な要素からむしろそれを衰弱させる要素へと転じていった[58]。こうして、ミラノ、クレモナ、コモは戦争の合間の平和の時代にも、さしたる回復力を見せることはなくなった。都市部にギルドが存在し、そのために賃金が高くなったこと、それに加えて誇示的消費が行われたこと、一部にはこれらのことの結果として、都市部の競争力は失われ、富裕な者がその資本をそこからもっと活力に満ちた農村地域へと移動させることが一つの望ましい戦略となった[59]。セッラはスペインの統治によって生じた弊害を強調するが、その一方で、スペインがもう一つの植民地であるナポリからかなりの資本を引き出し、それをロンバルディアに移したことによって、イタリアの生産性における南北間の格差を広げたことにも、とくに言及している。(60)

衰退の諸原因

イタリアの諸都市国家が相次いで衰退したことには、これまでもさまざまな原因が帰せられてきたが、それらはけっしてたがいに独立したものではない。すなわち、海運業や貿易や製造業の衰え、対外的な競争にともなう独占の喪失、木材の枯渇、貿易と海運業から金融業、金利生活者としての地位、地所、誇示的消費、官職保有を通しての威信への転換などである。衰退をもたらした多くの要因は、これらの幅広い範疇のそれぞれにおいて特定することができる。

たとえば、海運業では、アドリア海のヴェネツィア、ティレニア海のジェノヴァの仲介的な機能は直接貿易によって失われてしまった。一五世紀の間、ガレー船の漕ぎ手を徴募することはそれほど大きな問題ではなかった。ギルドは漕ぎ手を供出するように要請され、自由身分の市民も強制的な要請に応じて奉仕した。一六世紀になっても、漕ぎ手不足はまだ重大な問題とはならなかった。なぜなら、丸型帆船への移行にともなって、ガレー船の需要そのものが限られたものとなったからである。しかし、過去の輝かしい伝統にたえず訴えかけたにもかかわらず、乗組員の不足はしだいに大きな問題となっていった。［ギルドがその徴募割当分を外部に転嫁すること等によって」受刑者がガレー船の漕ぎ手の仕事を押し付けられるようになり、そのなかにはマルタ島のような植民地出身の者も含まれていた。トルコ領内に入ったときには、同じ目的で奴隷が買われたこともあった。他方、玄人《リアル》の船員は、ピサ、さらにはイギリスの船隊にさえ移っていった。将校連中は将校連中で、洗練された制服——あるときなどは金色の布地で、裏地には白貂《しろてん》の毛皮を張ったもの——でわが身を着飾るようになり、しだいに堕落していった。(61)船乗りの賃金は一五五〇年から一五九〇年の間に二倍になったが、それでも供給の増加を誘発することはなかった。

船に関してヴェネツィアが抱えた問題はアルセナーレ［国営造船所］にも及んだ。というのも、木材が不足するようになり、それを手に入れるのにますます遠いところまで出かけなければならなくなっていったからである。ローマ時代のイタリア半島には、軍船に好適な樅《もみ》の大森林があったが、(62)木材の不足は早くも一四世紀末にはあきらかになっていた。(63)アルセナーレの担当役人はまずそれをアルプス山麓の丘陵から、それから［アドリア海岸を］北にたどってトリエステのあたりから、しまいにはアドリア海を横切ってラグーザの近くから、それを搬入するようになった。［一六世紀中頃になると］民間の造船業者は政府から海外で樫の木を買い付けるように要請されるようになった。(64)しかし、こうして造船コストが上昇しつつあったにもかかわらず、ヴェネツィアは一六世紀の規格に固執し続けた。それに対して、オランダはより軽く、より簡単に操作できる船の技術革新を進めつつあったのである(オランダについては第6章で論じる)。

そのうちに、外国産の木材を買い付けるよりも、いっそ外国製の船を購入したほうが手っ取り早いと考えられるようになった。アルセナーレの標準も伝統ももはや落ち目だという不満の声が一六世紀末になって聞こえてくるようになると、それはなおさらのことであった。実際、アルセナーレの労働は間延びし、お粗末なものとなっていった。年かさの熟練工が定められた時刻よりも半時間早めに仕事を切り上げることなどは、大目に見られていた。一六〇一年には若手の労働者が同じことをするようになったという報告が出されているが、彼らはあたかも一九八〇年代の今の若者が表出する「全部欲しい。今すぐ欲しい」という感情に共鳴し、それを呼び覚ましているかのようである。(65)商人たちは、ヴェネツィアで建造され、ヴェネツィア人が所有する船に与えられていた諸特権が、まず外国で船を購入したヴェネツィア人に拡張され、さらに外国で建造され、外国人が所有する船にも拡張されたことに不満の声を漏らした。レインが論じるところによると、レパントの海戦で勝利したものの、そのときに多くの船とキプロス島の領有権を失ってからは、ヴェネツィアの造船業は一六世紀の初めまでその産業を特徴づけていた回復力の欠如を露呈するようになった。(66)

ヴェネツィアが貿易の優位を喪失したのは、ポルトガル人が東方に直接向かう海路を開拓したからだというのが、昔からよくなされる説明である。それによると、この直接の海路が、マルコ・ポーロもたどった黒海から東に延びる陸路の絹の道と、インド洋―キャラヴァン―東地中海からヴェネツィアへ向かう収益性のかなり高いルートに取って代わったのである。実際のところ、ヴァスコ・ダ・ガマが一五世紀の終わりに喜望峰を廻ってインドに到達する航海を成しとげると、一五〇二年にはアラビアを横断するキャラヴァン・ルートはいったんは途絶えてしまった。

しかし、ヴェネツィア評議会はここにいたって、それまでガレー商船に限っていた香料貿易に丸型帆船が参入することを認め、それによって輸送コストを三分の一減らすことに成功した。その結果、レヴァントから船で送られる香料の価格はポルトガル船で運ばれるものと同じになったのである。そしてその後は、いずれのルートとも活発に利用され、それらを通る香料の量も増えたので、陸揚げ価格は押し下げられていった。(67)しかしながら、香料、絹、染料、木綿、それにエジプトを通じて輸出されるアフリカ産の金などの商品を中継するヴェネツィアの機能がしだいに衰えていったことは間違いない。一七世紀になると、フランス人は他の商人を排してヴェネツィアの商人とだけ取り引きすることを拒絶するようになった。ヴェネツィアの独占的な市場は北イタリアと南ドイツに限られるようになったが、南ドイツの市場も一六一八年に勃発した三〇年戦争によって崩壊してしまった。(68)

イギリスの毛織物はヴェネツィアの毛織物の安価な模造から始まった。それはちょうどイギリス製の石鹸にヴェネツィアの統領の肖像がスタンプされたのと同じように、一番外側に高品質のイタリア製布地を重ねておいてから、梱包されることもあった。一七世紀にはイギリスの毛織物の質も改良され、ヴェネツィアの規格を卑屈に模造するということもなくなった。それは幾分か質は劣るが、安くもあったので、幅広い層の消費者向けの商品となったのである。しかし、ヴェネツィアのギルドも評議会も自分たちの規格を固守すべきであると主張した。トルコ人がしだいにイギリスの毛織物を好むようになっていったにもかかわらず、彼らはヴェネツィアの毛織物がそれに優るであろうと自信満々に考えていた[69]。実際、ヴェネツィアは絹布、ガラス製品、いくつかの化学薬品、モザイク画、金属製品、皮革製品のような奢侈品では、その卓越した地位を維持しており、印刷業や砂糖精製業では技術革新を起こすほどであった。しかし、これらの分野においてさえ侵食が見られるようになった。［これはヴェネツィアの話ではないが、イギリスの商人］サー・トーマス・ロムは（ヴェネツィア式ならぬ）ボローニャ式撚糸工場の図面を［ピエモンテから］盗み出し、一七一七年にイギリスで撚糸工場を建設した[70]。ボローニャ式の製造方法の機密を漏らさないために［現地では］相当の努力が払われ、厳重な監視が敷かれ、漏洩の違反者に対しては死罪が設けられていたにもかかわらず、この漏洩は成功したのである。産業の秘密事項を知るヴェネツィアのギルドの親方のなかには、より低い賃金で労働者を雇うことができ、なおかつ、静謐この上なき共和国《セレニッスィマ》［ヴェネツィア共和国］と競争することに対して良心の呵責にさいなまれることも少ない土地に移住し、生産を始める者もあった[71]。ヴェネツィアに相対的な衰退をもたらした要因のなかでもっとも重要なものをあげると、それはポルトガルとの香料、イギリスとの毛織物、そしてオランダやイギリスとの海運業における競争であり、それらがヴェネツィアの「地位、帝国」そしてヘゲモニーの喪失をもたらしたのであった[72]。さらに、時代遅れになりつつあった自国の標準にいつまでもこだわり続けたことも誤りであった。この点については、ギルドも政府も同じ誤りを犯したのであって、そこには彼らの硬直的な姿勢が反映していた。ギルドと労働者の[かたくなな]態度を前にして、高賃金と生産性の伸び悩みに対して、政府にできることはほとんどなかった。

ヴェネツィアとジェノヴァの海運業は一五三〇年頃――オランダとイギリスの船が数多く地中海に入ってくるようになる以前――に衰退し始め、一六世紀の終わりまでにはそれらにはっきりと追い抜かれてしまった。シェークスピアと同時代のある人物は、イタリアの海運業の生産性がイギリスの海運業のそれと比較して衰えていったのは保守主義と専門的な技術の喪失に原因があると論じた。

わたしが観察したところによると、イタリアの船と同時にヴェネツィアを出航したイギリスの船がシリアを回ってヴェネツィアに戻るコースを二度たどる間に、イタリアの船はそれを一度しかたどらなかった。それについては二つの理由を示すことができる。一つは、航海がどれほど長く続こうとも、イタリアの海運業者が船員に日決めで賃金を払っているということである。そうなると、ほんの小さな嵐でも彼らの進行を立ち止まらせ、そのために彼らは港にいくども立ち寄り、ほんとにいい風が吹かなければそこから出航しないということになる。それに対して、イギリスの船員は一回の航海で賃金を給付されている。そうなると、海上の嵐をものともせず、また有利な風が吹けば、たちどころに港を出ることになるのである。もう一つの理由は、イタリアの船が重たくて帆走しにくいこと、荷物を積みすぎること、そして船長も船員もそれほど専門的技術をもっ

ておらず、大胆でもないということである……。(73)

最後の一文がほのめかしているように、問題は深部に達していた。イタリアの船員はイタリアを見離し、海外に移住し、その地位は徴発された者たちによって埋められるようになったのである。船長は船長で、もはや貴族の地位から募集されることもなく、航海に必要な決断力に欠けていた。航海の力点は軍事的な戦術や闘争精神から秩序だった管理に移っていった。ヴェネツィアの船乗りは、北アドリア海で積み荷を略奪する海賊［トルコに征服されたボスニアやダルマティアの一部から逃れ出た避難民が海賊に転じたもので、ウスコックという］と戦うことも、抵抗することすらも止めた。一六〇二年の航海条例は西ヨーロッパで建造された船の利用を禁止したが、一六二七年には一転して、政府は海外で建造された船の購入に対して助成金を出すようになった。(74)

財　政

ヴェネツィアとフィレンツェは経済発展に負債の足かせをはめられていた。負債は戦争のときに増大し、課税、官職や称号の売却、利子の強制的な削減によって、ときに減少することもあった。負債と収入の単純な表を作ろうにも、元本の返済と利払いとが混同されているために［負債残高の推移を正確に把握することができないので］、表の各欄を埋めるのは事実上不可能であり、また危機のときに政府が強制的に借入を行ったり、利子の削減を強要したという事情があったために、そもそものような表を作成することにそれほど大きな意味があるわけではない。ヴェネツィアには旧公債、新公債、新々公債、補助公債があり、フィレンツェにも市債(communal loans)、嫁資基金〔訳注5〕、特別戦争公債(special war loans)があった。ヴェネツィアの最短期の政府借入には年二〇パーセントもの高い利子が支払われたが、それは寡頭制を牛耳る富裕なメンバーしか利用できなかった。このように、財政には複雑な諸要素がいろいろと絡んでいるのだが、それにもかかわらず、フレデリック・レインはかつて、ヴェネツィア政府が一三一三年から一七八八年にかけて行った利子と元本の返済を政府の収入と対照させる表を作成したことがあった。それを見ると、返済と収入の比率に大きな変動があったことが分かる。すなわち、最初の記載は一三四三年のもので、政府収入に対して三一パーセントの返済があったことを示し、翌年にその比率は七パーセントに落ちたが、一五〇〇年前後にはふたたび二〇パーセントに上昇し、レパントの海戦後には四〇パーセントにまで上昇している(75)。公式に設定された政府負債のうち短期負債以外の分は、重税を課すことによって、レパントの海戦後の一〇年間で、完全に清算された。しかし、この措置によって慈善的な諸団体がその収入を得るために基金として運用していた証券が繰り上げ償還されるということもあった。そのときはその代償として、利子率四パーセントの預金勘定が設けられた(76)。このときに公式の長期負債を完済するために用いられた税は、おもに消費税、外国貿易の関税、それに「ヴェネツィアが支配下に治めていたイタリア」本土の諸都市に対する税からなっていた。この頃、リスクを回避しつつあった商人は海運業から資金を引き上げて、家屋、店舗、公債にそれを投じつつあった。[77]しかし、ヴェネツィアのこうした金持ちは、支払った税を上回る収入を、その短期資産の所有から上げるような連中であった。[78]ヴェネツィアと類似した課税と借入の政策はフィレンツェでもとられたのであるが、やはりそれは貧しい者に損をさせ、資産のある者を優遇するものであった。[79]ブローデルの論ずるところによると、ジェノヴァにおける富裕な者と貧乏人との間の分裂、さらには貴族化した富裕な商人階級の内部で起きた新貴族と旧貴族との間の分裂は、概して社会的な性格をもつものであったが、それは政治的にも強い含みをもっていた。[80]すなわち、すでに言及したように、ジェノヴァの新興の貴族はおもにスペインに融資し、旧家の貴族はおもにフランスに融資したのである。

銀行家と金利生活者は国内産業にはほとんど見向きもせず、どちらかといえば外国貿易に多く貸し付けたが、しだいに［貿易からも遊離した］外国の借り手に対する融資を増やしていった。そして、フィレンツェやジェノヴァの場合のように、そうした外国の借り手の債務不履行こそが彼らの零落の元となったのである。メディチ銀行が一四九四年に破産したのは、海外の代理人に対するフィレンツェの管理が十分に行き届かずに、彼ら代理人がブリュージュ、リヨン、ロンドンで諸国の君侯たちに対する貸付を膨らませすぎたからであった。ブルゴーニュのシャルル勇胆公のような君主が相手のときには、銀行家の側が融資の見返りに徴税請負権を得たぐらいでは、融資を保護することにはならなかったと、ド・ローヴァーは言う。[81]というのも、その請負によって銀行家が得ることのできる収入を見越して行われる融資が過剰となる傾向があり、結局はそれが債務者の契約不履行を招いたからである。N・

S・B・グラースは定在商人による金融の類型を分析しているが、それによると、彼らは民間人に対する銀行業務からどうしても政府に対する融資に流れていく傾向にあった。[82]

誇示的消費――服装、田園の地所、都会の大邸宅、官職、芸術などに金を注ぎ込むこと――はこのような銀行家の零落のすべてにおいて、一つの役割を果たしている。[83] ロレンツォ・イル・マニーフィコは上流社会の優雅な生活に転ずるにあたって、メディチ銀行の諸支店に対する権限をフランチェスコ・サッセッティに委ねた。しかし、このサッセッティ、かつてはロレンツォに向かって海外支店を綿密に管理するようにと助言したことがあったというのに、このたびは自ら身をもってそうすることを怠ったのであった。それは、おそらく彼が家族礼拝堂の建築に気を取られ、ギルランダイオにその祭壇の背後の飾り絵を描くことを依頼することに、うつつを抜かしていたからであった[84]［サンタ・トリニタ教会の『牧者の礼拝』のこと］。

第5章　ポルトガル、スペイン

わたしたちはこの本の全編にわたって、ある特定の国の衰退が相対的なものであったのか、それとも絶対的なものであったのかという問題、すなわちその国の収入や富が実際に［絶対的に］ずるずると減っていったのかどうかという問題に出くわす。スペインに関してはほとんど疑いがない。これまで三人の著名な歴史学者がそれぞれ「スペインの衰退」という同じタイトルの論文を出している。(1)［彼らによると、］おそらくスペインの衰退は経済的というよりも政治的というべきものであった。というのは、スペインは新世界の征服とそこからの財貨の強奪のおかげで富裕になったのではあるが、近代初期という時代にあって、そもそも本当に経済的に発展したことは一度もなかったからである。カスティーリャ人は工業や商業に無関心であったと、ジェラルド・ブレナンは言う。(2)北部のビスケー湾の造船業と上質の毛織物の製造をのぞけば、スペインの貿易、産業、金融は大方のところ外国人の手に握られていた。そして、こうした状況は、一八世紀にスペイン人がそこそこの進歩をはたし、不十分なままに終わりはしたものの、それらを奪回するときまで続いたのである。(3)しかし、まずはポルトガルに目を向けよう。

ポルトガル

ポルトガルは一五世紀前半にその海岸線の境界を越えることによって、富裕な国へとのし上がっていく過程の第一歩を印した。そして、エンリケ航海王子が造船工廠と航海学校の助力を受けながら、金と奴隷の貿易を行うために、［一四三四年に］西アフリカのボハドル岬を回航したことによって、発見の時代が始まったのである。バルトロメオ・ディアスが喜望峰に到達したのは一四八八年、ヴァスコ・ダ・ガマがインド西岸のカリカットまで航海したのは一四九七―一四九八年のことであった。一方、コロンブスの新大陸方面への航海が成功したのち、一五〇〇年にはブラジルに対するポルトガル王の領有権が主張されるようになった。アジア各地では、インドのゴア(一五一〇年)、マラッカ(一五一一年)、ペルシャのホルムズ(一五一五年)、マカオ(一五五七年)と、交易「商館《ファクトリー》」が次々と建てられていった。スペインを出発したマゼランが、後年彼にちなんで名づけられることになる海峡を通過して西に進んだのは一五二〇年、フィリピンに到達したのは一五二一年のことであった(そこで彼は死んだ)。［すでに、一四九四年に］スペイン出身の教皇アレクサンデル六世がスペインとポルトガルの海外領土を一本の経線で分界するという措置をとっていた。その結果、ブラジルとアジアがポルトガルの領土、ブラジル以外の新世界がスペインの領土と定められていた(4)。しかし、この分界も［マゼランの西回り航路の開拓によって］長くはもたなかったということになる。

ポルトガルがペルシャ湾の入り口にあるホルムズを占拠したのは、香料と絹布のヴェネツィア・ルート——インドからペルシャまでは船を、そこからシリアのアレッポやエジプトのアレクサンドリアまではキャラヴァンを、そしてそれらの港からヴェネツィアまではガレー商船を利用するルート——を断ち切り、喜望峰周りでヨーロッパに向かう貿易を自分たちで独占することをねらったものであった。一五〇四年にレヴァントよりも早くリスボンからヴェネツィアに胡椒が送られてきたときには、このアドリア海の都市はさすがに破滅するものと考えられた。(5)しかし、そのようなことにはならなかった。キャラヴァンによる「輝かしき行商交易」はペルシャ人の保護を受け、またガレー船も帆船に切り替えられていった［輸送コストを抑制した］ので、一七世紀にいたってもなお、ヴェネツィアのキャラヴァン・ルートはポルトガルのカラック船［南欧を起源とする大型帆船］ルートに太刀打ちすることができたのである。(6)そうこうするうちに、どちらのルートとも輸入胡椒の過剰をもたらし、そのために輸入品は他種の香料や絹や木綿に切り換えられていった。

アジアにおけるポルトガル人の利害は、中国・日本・のちにインドネシアとなる島々・インドの間で局地的な交易を営む民間の定住植民者、関税と商業的な利得にそれぞれ利権を有する国王と貴族、そして異教徒を真の信仰のもとに導くことに心を砕いたカトリック教会の間で分裂していた。一説によると、異教徒を宗教的に転向させることがどれほど征服の動機となり、貿易の機会を高めることがどれほど征服の動機となったのかということは、そもそも判然と区別することのできない問題であった。(7)ともかくも、ポルトガルがヨーロッパに輸入する胡椒の市場はまずアントウェルペンに設けられ、イタリア、フランス、ドイツ、イギリスから、商人や銀行家がそこに集まるようになった。そして、アントウェルペンが一六世紀中頃から没落していくと、胡椒市場の一部はアムステルダムに移り、一部はリスボンに戻ったのであった。(8)

ほとんど一世紀半も続いたポルトガルの貿易の成功は、後からそれを振り返ってみる多くの観察者にとっては、まさに驚くべきことである。実際、小型で、軍備も限られていた中国のジャンク船を駆逐することと、(9)一六〇〇年創設のイギリス東インド会社(EIC)や一六〇二年創立のオランダ東インド会社(VOC)がこの地域に現れ、ポルトガル人と競うようになってからも、彼らが一七世紀の貿易のかなりの分け前を維持することができたということとはまったく別のことである。そもそもポルトガルの人口は二〇〇万人あるかないかというところであった。テージョ河岸にあるリスボンを別にすると、バルト海に向けて塩を出荷するセトゥバルとワインを輸出するオポルトの二つの港しかなかった。外洋経験のある船乗りも不足していた。ボクサーによると、一五〇五年には早くも、東方に航海する王立インド会社(the Casa da India)の船の乗組員が経験の浅い新米水夫か外国人によっておもに構成されるという有り様であった。指揮系統もなかなか解決することのむずかしい問題であった。というのも、ほとんど貴族の地位に近い上流階級(fidalgo)出身の海軍将校が、社会的地位には欠けるが、船にかけては玄人の船乗りの言うことに耳を貸そうとはしなかったからである。(10)病気や事故で船乗りを失うことも重大な問題であった。東アジアに向かう船よりも、ブラジルのペルナンブコ［北東部の州。ブラジル・ウッドと砂糖の産地］に向かい、そこから戻ってくる船に乗組員を配置するほうが容易であった。というのも、そのほうがずっと短い航程で済んだからである。しかし、一八世紀には、このブラジル航路の船の乗組員でさえ、大半は黒人奴隷によって構成されるようになった。[11]

ポルトガルの貿易は一六世紀初頭に繁栄し始めた。若者がリスボンに引き付けられるようになり、その動きはとくに一五一〇年代と一五二〇年代に目立った。これはある著名なポルトガル人の歴史家に依拠した事実であるが、このときリスボンにやってきた若者の多くがまだ二二歳にもなっていなかったという。彼らは一攫千金の希望に燃えながら、資産家の娘と結婚したり、一連の取引を大胆不敵に、かつツキにも恵まれながら押し進めたりしたのである。[12]そういうわけで、取引にはかなり不誠実な要素も含まれていたのだが、それは一つの投機的なブームとなり、一五五〇年にピークに達したのち、一連の破産のうちに崩壊したのであった。しかし、フレデリック・マウロは、ポルトガルが一六世紀の終わりまで「ヨーロッパという文脈における」世界経済の中心であったと考えている。[13]スペインの歴史家ハイメ・ヴィセンス・ヴィーヴェスによると、ポルトガルとスペインの連合帝国(一五八〇年のスペインのポルトガル征服によって成立した)は一六四〇年まで世界貿易の中心を維持したのであり、それまでセヴィーリャとリスボンは「植民地世界と大陸ヨーロッパとの主要な接点」であった。[14]もっとも、この説に対しては、外国勢力(スペイン)がかなりの程度にわたって貿易を営むようになった国を世界経済の中心としてとらえることがはたして適切かどうかという問題を投げかけることもできるであろう。

国王が貿易を管理し、それに課税する一方で、実際の貿易の多くは外国商人によって行われ、またこれらの貿易に対する資金の融通はユダヤ人によって行われた。彼らは一四九二年にスペインから追放されたのちに、［ポルトガルに逃れてきたユダヤ人であり、さらにこの国で］「新キリスト教徒」として洗礼させられ、強制的にキリスト教に改宗させられたユダヤ人であった。〔訳注1〕しかし、一五三六年に異端審問所がポルトガルに開設されると、カトリック教会の礼拝をほんの少しでも実践しなかったということを理由に、新キリスト教徒を告発する「偏執的な狂熱」が起きた。(15)彼らの多くは獄につながれた。一部は国外に移住し、そのなかにはセヴィーリャに向かった者もあった。この頃、セヴィーリャでは、外国貿易の経験をもっていたユダヤ人がとくに貴重な存在とされたのである。

船の数が少なく、船員の質も低劣であったという不利を抱えながらも、ポルトガル人はイギリス人とオランダ人という恐るべき対抗勢力を相手にして、一六四〇年頃までよく持ちこたえたものである。実際のところ、一六二二年にイギリスとペルシャの連合軍の襲撃によって陥落したホルムズをのぞくと、彼らはアジアの前哨基地をすべて維持し続けたのであった。(16)一説によると、ポルトガルが強国に留まることができたのは、入植がうまくいったからである。ポルトガル人は生涯にわたって海外に住み着き、現地住民に溶け込み、彼らと結婚した。それに比べて、オランダ人は六年もすれば(その間、うまく生き延びたとしたらの話であるが)東アジアから本国に帰還するような連中であった。(17)それとはやや異なる見方もあり、それによると、ポルトガルが非常に不利な立場にあったにもかかわらず、植民地をもつ強国として生き残ることができたのは、その度胸、堅忍不抜、強固な意志のおかげであった[18]。実際、たとえオランダ人のほうが、より性能のいい船、より優れた海軍の戦略、より立派な貿易組織をもち、規律がより保たれていたとしても、アジアとヨーロッパを結ぶ貿易からポルトガル人を追い出すのに六〇年もかかったのであり、ブラジルを彼らの手から奪うことには最後まで成功しなかった。[訳注2] それはもっと容易に成し遂げられてもおかしくはなかった。そもそもポルトガル人が商人に向いているとは言えなかった。スペインと同様に、貴族は汗水たらして働くことも商売することもひどく嫌った。アルブケルケ［ポルトガルの第二代インド総督］は、フィレンツェの会計事務所で訓練を受けた一人の事務員のほうが、ポルトガル国王によってインドに送られた代理商を束にしたのよりも役に立つと語ったことがある[19]。このような環境のなかで、ポルトガル人が遠隔地貿易の好機をうまくつかみ、魚やワインや塩を北ヨーロッパへ運ぶことが主体の貿易から、アフリカから金と奴隷を、さらには東方から香料をヨーロッパに運んでくる貿易へと切り換えていったのであるから、それはやはり一つの驚きなのである[20]。砂糖の栽培は中東からポルトガル領の大西洋諸島、さらにブラジルへと移され、紅海の入り口にあるモカのコーヒーはジャワやブラジルでも見事に栽培されるようになった。

アジアやブラジルからの輸入によって得られる利益は当初は大きかったが、競争によってしだい小さくなっていった。輸入品を買い付けるのに必要であれば、どれほど少額であっても、ポルトガルが輸出したのは貴金属であった。それは受け入れ先で、一部は貨幣の鋳造に利用され、一部は保蔵された。もう一つの輸出品、とりわけアフリカ向けの輸出品となったのは銅であった。それはハンガリーからアントウェルペンに輸出されたものであり、とくに真鍮［銅と亜鉛の合金］の形態で、その価値が計られた。ミスキミンによると、西アフリカから輸出される奴隷の価格が、真鍮でできた床屋用の金だらい二個から四個ないし五個に上昇したのは、一六世紀初めのことであった。[21] ご記憶の読者もいるであろうが、『ドン・キホーテ』には、主人公が床屋のもっていた真鍮の金だらいをサラセンのマンブリーノ［モーロ人の王］の黄金の兜と間違えてしまうというくだりがある。[22]

ポルトガルは一六世紀中頃に国力のピークを迎えたのちに、経済的な競争力を失っていったが、一六八〇年にブラジルで金を発見したのちにも、同じようなことが起きた。この国のこうした衰退には多くの要因がからんでいた――たとえば、一六二五年にブラジルからオランダ人を追い出すことに相当に苦労したということ、オランダ人、フランス人、イギリス人によるカリブ海での砂糖やタバコの栽培ブームにともなって、それらの価格が低下したこと、そしてとりわけても一七〇三年にポルトガルとイギリスとの間にメスエン条約が結ばれたことである。この条約によって、ポルトガルの植民地に必要であったが、ポルトガル人自身は生産することのできなかった商品をイギリスから輸入する代金として、ブラジル産の金がリスボンからロンドンへとそのまま送られていったのである。この条約こそがポルトガルをイギリスの一つの植民地に仕立て上げるための圧力をかける道具であった、とみなす向きも一部にはある。[23] さらにまた別の要因もこれまで指摘されてきた。たとえば、新キリスト教徒に対して迫害が加えられたこと、そして彼らが異端審問官によって投獄されたとき、あるいは国外への移住を余儀なくされたときに彼らの資産が押収されたことである、このようなことがなされたために、新キリスト教徒と取り引きしていたイギリス商人たちはどうにも身動きがとれなくなってしまった。つまり、彼らは、ポルトガルの新キリスト教徒が彼らに対して負うことになる新たな債務を支払いきれなくなるのではないかという心配から、新キリスト教徒に対して売り続けるのを恐れ、しかし他方では、取引を止めたとしたら彼らの債務者が返済不能に陥るであろうというリスクのために、取引停止に踏み込むことをも恐れたのである。(24)

ポルトガルの力を弱めたさらにもう一つの要因は、一五八〇年にフェリペ二世に敗れたのち、スペインに支配されたことであった。その後、ポルトガル人は最初は数こそ少なかったが、スペインの軍事的な冒険に無理やり動員させられ、貢献させられるようになった。(25)なにしろイベリア半島というのは協調精神に満ちたところではなかった。陸軍の兵士は海軍の水兵をひどく嫌い、貴族は平民を軽蔑し、ポルトガル人はこぞってスペイン人を憎んだ。また、スペイン人もポルトガル人もともに、ユダヤ人とムーア人をあしざまに罵った。このようなことがポルトガルにとって成功の秘訣であるはずもなかった。それにもかかわらず、ポルトガルは東方でしばしの間、そしてブラジルでは一九世紀まで勝利を収め続けたのである。おそらく特筆に値することは、ポルトガル帝国がアジアで一世紀、ブラジルで二世紀以上にわたって、一つにまとまり続けたということなのである。

スペイン

スペインの国力のピークは一般的にはハプスブルク家のカルロス一世とフェリペ二世が統治していた一六世紀に置かれ、その衰退は一七世紀のどこかの時点に置かれる。これに対して、一八世紀の終わりに起きた出来事［フランス革命］ののち、長い間にわたってスペインの歴史に対する関心が再び高まっていくなかで――このこと自体がすでに老化の一つの徴であるのだが――唱えられるようになったもう一つの説がある。リチャード・ヘルによると、それは民主主義的な統治に人々が急激に引き付けられていったという状況のなかから生み出された一つの奇妙な歴史解釈であった。この解釈によると、スペインは中世にもっとも偉大な時期を有したのであり、カトリック両王であるフェルナンドとイサベルの死後、ブルゴーニュ出身のハプスブルク家の皇太子がスペインの王位を継承し、絶対君主による統治に乗り出した一五一六年から、衰退し始めたという。その後、カルロス一世の息子フェリペ二世がムーア人を抑圧したり、［カスティーリャ中心主義を強化することによって］アラゴン人のプライドをつぶしたり、さらに異端審問制度を促進したりして、かくして彼こそがスペインの「退廃の始まり」となったのである。(26) この説ではさらに、一六世紀にハプスブルク家がカスティーリャ地方の資本家とその工場をつぶしたと考えられた。そして、その後、アメリカ産の銀がもたらした堕落とスペインの対外戦争が退廃の過程を仕上げたと考えられたのである。(27)

この見解は、一六世紀のスペインを、この国が負った傷がことごとく癒えた時代であったとみなす現代の歴史学者たちの理解(28)の反対を行くものであり、わたしの歴史理解を超えたところにある。そこで、この見解をこれ以上は追究しないでおこう。定説では、カスティーリャのイサベルとアラゴンのフェルナンド(アラゴンはカタルーニャとも結びついていた)が結婚した一四六九年からフェリペ二世が死んだ一五九六年までがスペインの黄金時代であったとされる。すなわち、スペインはもともと諸領域国家(provinces)の緩やかな寄せ集めであったが、[カトリック両王の結婚を機に]一つの国家として合体した。その後、ムーア人がグラナダから、そしてユダヤ人がとくにセヴィーリャの港から海外に追放された。コロンブスがアメリカを発見し、カトリック両王に属すべき帝国であるとして、その領有権を主張した。やがて、カリブ諸島で少量の金が採取された時代を経て、一五四五年にペルーのポトシ銀山が発見され、一五六〇年代にはそこで採れた地銀がスペインに流入するようになった。ポルトガルがスペインに併合されたのは一五八〇年のことである。一五八八年にアルマダ艦隊が壊滅的な敗北をこうむったが、その後スペイン艦隊はかなり急速に回復した。[29]スペインの衰退がいつ始まったのかという点については、一五八〇年を最初として、一五九八年、一六二〇年、一六四〇年、そして一六八〇年[30]と、さまざまな説がある。スペインの国力は一六二五年にピークとなったという説すらある。というのも、イギリス、オランダ、あるいはイギリス―オランダ連合軍がカディスに対してそれまで一連の攻撃を何度も仕掛けていたのであるが、この年というのはスペインがそのうちの一つを撃破し、さらにはブラジルからオランダ人を追い出したという奇跡的な年だったからである。[31]

地中海、大西洋、ビスケー湾に面しているというスペインの地理的な位置は、この国にとってプラスでもあり、マイナスでもあった。プラスであったというのは、それが海を通じてレヴァント、アメリカ植民地、北ヨーロッパにつながっていたからであり、マイナスであったというのは、なるほどこれら三つの正面で貿易し、また軍事的に攻勢に出ることができたのであるが、同時にこれら三つの正面で防衛戦も行わなければならなかったからである。スペインがレパントの海戦に参加することができたのは、西部方面が平穏だったからである。そして、この海戦に勝利したことで、こんどは大西洋戦線に集中することが可能となった。フェルナン・ブローデルは、フェリペ二世が一五八〇年に［ポルトガルを併合する戦争に］勝利したその三年後に首都をリスボンからマドリードに引き戻したこと〔訳注3〕を致命的な誤りであったとみなす。なぜなら、将来の展望は大西洋にこそ広がっていたからである(32)。たしかに、マドリードのほうがヨーロッパの各首都とはよりよく連絡されていた。しかし、そのなかでも［同じく大西洋に面した］北ヨーロッパは台頭しつつあり、地中海は落ち込みつつあったのである。もっとも、リスボンとても、大西洋に面した他の諸都市——ナントやラ・ロシェル——やカタルーニャのバルセロナと同様に、後背地をもたず、したがってその経済成長の潜在力に限界があったことも事実である(33)。一五六六年にポトシ産の銀を本格的に積み込んだ船が初めて到着し、それに続いてレパントの海戦で勝利を収めたことで、フェリペ二世は意を強くし、カトリックの対抗宗教改革の流れに沿って、ルターの教えを汲む者たちからスペイン領ネーデルラントを奪回することを試みる気になった。あるいは一説によると、フェリペ二世はハプスブルク家に対するネーデルラントの反乱をただねじ伏せようとしただけなのであって、聖戦を仕掛けようとしたのではなかった。[34] なぜならネーデルラントは、フランドル出身の〔神聖ローマ皇帝〕カール五世（スペイン国王としてはカルロス一世）が継承権をもっていた土地であり、ハプスブルク家の属領だったからである。

資源　スペインの土地は乾燥していた。カスティーリャはあまりにも乾ききっており、雨が下から上に降るほどであった。[35]〔同じ乾燥地ながら〕アラゴン、グラナダ、アンダルシアの土地は、ムーア人がそれらを征服した時代から、灌漑によって耕作されるようになった。効率的な生産のインセンティブを高めるためには私的所有権が必要であるという説とは反対に、このような土地は各共同体の集団ごとに経営管理された。[36] しかし、一六〇九—一六一四年のモリスコの追放によって〔第2章訳注4参照〕、これらの地中海縁辺の農業はひどい打撃を受け、衰退した。それは、郷士(hidalgos)（大貴族よりも身分の低いジェントリ階級）がモリスコの立ち退いた土地をむさぼり集め、不在地主となり、灌漑作用がしだいに利かなくなっていくのを放置したからである。一方、カスティーリャはカスティーリャで、その乾燥した平原は羊の移牧場となった。羊は大きな群をなして、夏には北の山地へ、冬には南の山地へ移動した。羊は耕作可能地を広く歩き回ることによって、穀物の生育を妨げ、また若い苗木を食べることによって、森林荒廃の一つの原因となった。やがて〔一三世紀末に〕、牧羊業者はメスタ(Mesta)と呼ばれる組合に組織されるようになった。そして、メスタは上質の羊毛の輸出を促進しようとする重商主義的な工夫の一環として、フェルナンドとイサベルから広範な諸権利が与えられるまでになった。カスティーリャとアラゴンの羊毛輸出の独占を守るために、メリノ種の羊そのものの輸出は禁止された。メスタは一六世紀のうちに力を失い始めたが、一八世紀［一九世紀前半］まで存続した[37]。カスティーリャの土地の多くは貴族によって所有された。彼らは、農民が黒死病によって数多く死んだときに土地を彼らから手に入れたり、またムーア人からそれを取り上げたりしたのであった。

　メスタはビルバオ［バスク地方ヴィスカヤの都市］とブルゴス［カスティーリャ地方北部の都市］に商務館を置いた。それはまた、ラ・ロシェル、ブリュージュ、ロンドン、フィレンツェに、市場を開拓するための在外「商館」を置いた。ブルゴスのすぐ近くにはメディナ・デル・カンポの定期市があった。この定期市は羊毛輸出と結び付いた為替手形を取り扱ったり[38]、アシエントス(asientos)――スペイン領ネーデルラントで戦争をしているスペイン軍の傭兵に賃金を支払うことを目的として、そこに資金を送るために振り出される特別手形――を取り扱ったりするなど、長い間スペインの金融センターであった。ジェノヴァ人の商人がメスタの管理に乗り出したのは一五四〇年代のことであった。そして、フェリペ二世が一五五二年と一五六四年にジェノヴァ人の銀行家に請け負わせるようになった羊毛の輸出税を一五七七年に引き上げたことから、さしものメスタも衰退し始めたのである。

　スペインの内陸部は経済発展にとって障害となった。道路は貧弱であり、ラバの背に荷を積んだり、牛に荷物を牽かせたりすることでは、それぞればらばらの状態の諸地方を統合することはできなかった。国内生産は船を輸送手段とする場合をのぞいては、その量においても、生産物が移動することのできる距離においても、限界が課せられていたのである。一五九〇年代の飢饉のときには、おもにハンザ同盟所有の船舶によって、またしばしばオランダ船によって、バルト海から運ばれてくる穀物に頼らなければならなかった。それは八〇年戦争のさなかのことであったから、[スペインの交戦国である]オランダの船はハンブルクやリューベックの船舶旗を掲げて偽装航海しなければならなかった。スペイン領アメリカにいる一〇万人ほどの植民者に向けた輸出にしても、フランス、そのなかでもとくにブルターニュ地方、さらにはイギリスや低地諸国から船を出して、商品を運んだほうが、スペインの山々から、あるいは暑く乾いた平原から商品を引きずり出してきて、それを運ぶよりも簡単であり、安くもあった。

カスティーリャの中心に位置したスペインの首都マドリードは、商業都市というよりも政治都市であり、スペイン中の穀物、税、地代に依拠しなければならなかった半面、スペインの内陸部にはほとんど何も刺激をもたらすことはなかった。イタリアのローマと同じように、マドリードは寄生的な都市であった。そこは王室、大貴族《グランデス》、郷士《イダルゴス》、官僚の住まうところであり、彼らは海外から奢侈品を取り寄せ、さらに国内各地の工芸職人からも準奢侈品を取り寄せ、そこで消費した。それに加えて、マドリードの貧しい者たちは貧しい者たちなりに、穀物を消費した。それらがカスティーリャを活気づけることはなかった(39)。さまざまに異なる沿岸部は、国の中心とではなく、沿岸部どうし、またそれぞれ海外の諸国と——バルセロナは地中海の東部と、セヴィーリャは諸植民地と、ビルバオはフランスや北ヨーロッパと——より密接に結び付いていた。リングローズによると、一八〇三年にセヴィーリャのもっとも大きな商会で取り扱われた数百の為替手形のうち、スペイン国内の取引に関連して振り出されたのはわずかに二五から三〇しかなく、圧倒的大多数はイギリス、フランス、低地諸国、ドイツから振り出された手形であった。(40) のちにこの比率は変動するのであるが、その原因となったのは［新大陸植民地の相次ぐ独立とそれにともなう］植民地貿易の崩壊であった。オルテガはまさにこのようなスペインという国全体を描写して、「無脊椎動物」と言い表したのである。(41)

国内商業のさらにもう一つの欠陥となったのは一連の国内関税であった。バルセロナは地中海貿易の港であったが、メスタの申し立てによって、カタルーニャ商人が［同港から］羊毛あるいは毛織物を輸出することは［禁止的な国内関税を課せられたことによって］禁じられ、彼らがカスティーリャ商人と対等の資格でメディナ・デル・カンポに出向いて取り引きすることさえも禁じられた。ブルゴスからセヴィーリャを経由して植民地に毛織物を積み出すことを不可能にしたのも関税であった。(42) さらに、国内為替手形を組むことが高利を非とする宗教的な定めによって禁止されており、そのために、セヴィーリャの商人がアメリカ植民地に向かう船隊に糧食を供給するために国内で信用を受けることは困難であった。セヴィーリャやカディスとフランスを含むスペイン北部との間の商品売買でさえ、［支払手段として］直接に金を積み出すことが必要とされた。(43) 国内における商品と金融の取引がこれほどまでに困難な状況にあったので、スペインの金融業者も外国の金融業者もその関心を銀市場、さらにはスペインの外で行われる金融取引、とりわけスペイン領ネーデルラントでの戦争資金の振替に向

けるようになったのである。(44)

海運業　バルセロナはガレー船による地中海貿易の港であり、そこそこの数のガレー船を建造したのであるが、木材とオールの漕ぎ手の供給をかなり急速に消耗させてしまい、地中海のジェノヴァかビスケー湾のヴィスカヤにそれらを依存しなければならなくなった。大西洋に面したアンダルシアのセヴィーリャは、有利な貿易風が吹くところに近く、ジブラルタル海峡から地中海へも容易に向かうことができたので、スペインのアメリカ植民地向けの主要な港となった。セヴィーリャには木材はほとんど供給されず、造船もほとんど行われなかった。しかし、北岸のヴィスカヤとは違って、この都市の背後にはグアダルキヴィル川によって灌漑され、シェリー酒の原料となるブドウ、柑橘類、穀物、羊毛を洗浄するのに使用される油をとくに作るためのオリーブの木立に恵まれた後背地が広がっていた。ところが、船がしだいに大型になり、喫水が深くなっていくにつれて、［河口の］サン・ルカルのあたりに川の浅瀬が移動したことが一六三〇年頃には一つの障害となり、海運活動は大西洋に直接に面したカディス港へと移転せざるをえなくなった。セヴィーリャに比べると、カディスは交通の便はより良かったが、外国の軍艦の攻撃にさらされやすかった。たとえば、［イギリスの私掠船を率いる］フランシス・ドレイクとジョン・ホーキンズが一五八七年にカディスを襲撃し、そこに停泊していたスペインのアルマダ艦隊に属する多くの船に、またとくにその艦隊に糧食を供給するために蓄えられていた樽詰めの備品に火を放ったことがあった。この襲撃によって、アルマダ艦隊がフランドルへの進路を遮断しようとするイギリスの船に向かって攻撃を仕掛ける出鼻がくじかれたのであった。もしスペインから追放される途中のユダヤ人を乗せた船でカディス港がいっぱいでなかったら、コロンブスは小さな漁港からではなく、カディスから北西に針路を取り、「インディアス」へ出帆することになっていた。(45) 政府が企図したように、セヴィーリャ(そしてカディス)はヨーロッパ北部とアメリカ植民地とを結ぶ中継港となった。政府はアメリカ植民地の輸出入品、とくにそこから輸出される銀を「課税のために」登録する西インド通商院(the Casa del Contratacion)を創設した。(46) しかし、アメリカ貿易から生み出される利益はあらゆる方面からねらわれた。イギリス、オランダ、フランスの「もぐり業者」は新世界に直接出帆することによって、セヴィーリャの独占を逃れようした。密輸業者は銀をセヴィーリャではなく、リスボンに運び込むことによって、あるいはアジアで商品を買うために銀を必要としていたオランダ東インド会社やイギリス東インド会社の船にカディスでそれを売り付けることによって、「西インド通商院での」輸入銀価格の五分の一という税の支払いを逃れようとした。一六二八年には、オランダの提督ピート・ヘインによって、キューバのマタンサス湾に停泊していた銀を積んだ艦隊が攻撃されるということもあった――それは「一つの艦隊が丸ごと敵に壊滅させられた、最初にして最後の出来事であった」。(47)

スペインの海運業の強さは、大部分アストゥリアスからヴィスカヤにかけての北岸に由来するものであり、その一帯にはラ・コルニャ、サンタンデル、そしてなによりもバスク地方のビルバオのような優れた港があった。ビルバオは造船業の中心地であり、もともと木材（マスト用をのぞいて）に恵まれたところであったが、それに加えて、碇・鎖・［大砲などの］武装品の原料となる鉄鉱石、そして腕ききの船乗りたちもそろっていた。(48)［テレピン油、ピッチ、タールなどの］船舶用品はフランスのジロンド川のあたりにある松林から簡単に手に入れることができたし、艤装に必要な［ロープ用の］大麻と索具、それに帆に使う亜麻布は、ビスケー湾の向かいにあるブルターニュから仕入れることができた。ヴィスカヤにはイタリアやラグーザの造船業者までが進出してきて、同地一帯の森林を枯渇させ始めたために、一五五一年には外国人がこの地方で船を建造することが禁じられた。さらに、水兵が不足するようになると、政府は一六二五年に徴兵制をこしらえ、小さな漁船の乗組員であろうとも、町ごとに、彼らを船乗りとして登録しておかなければならなくなった。(49)

造船は、価格を抑え、高品質を維持し、不正行為を防ぐために、驚くほど有能な官僚による徹底的な監督のもとで行われた。(50)しかし、私掠船や海賊による襲撃、アルマダ艦隊の海戦のような戦闘、それに平常時の損耗によって、船に大きな損失が生じたことを考えると、問題は造られる船の数にあった。たしかに、一五八八年の［アルマダ艦隊の敗北にともなう］船の損失は、造船業に回復力があったので、乗組員の損失ほどには重大な問題とはならなかった。しかし、それにもかかわらず、船はつねに問題の種であった。スペインには、フランドルの総司令官のもとに兵隊と貨幣を運ぶ大西洋小艦隊もあれば、インド諸国航路船（the Carrera de las Indias）［西インド諸島とセヴィーリャとの間の連絡網］もあれば、それが財貨を積んでセヴィーリャに帰還するのを護送する護衛艦隊(the Armada de la Guardia)もあった。だが、海上で実際にこれらの船を使用できる期間には限界があった。なぜなら、銅製の外板を張る時代になるまでは、船底から海草やフジツボなどを取り除くために船を傾けて修理しなければならなかったからである。海戦や嵐に加えて、平常時の傷みから生じるさらなる損失もあった。西インド諸島は、建造されてから廃棄されるまで大西洋をおよそ四回ほどしか往復できなかった船の墓場であった。そのうえ、まだ使用可能な船のなかにも、西インド諸島で物資を保管するためにそのまま留め置かれたり、木材に解体され、住宅を建てるために使われたりしたものもあった。また、これらの目的のために西インド諸島まで輸送される廃船もあった。

南アメリカの西岸を管轄する艦隊をさらにもう一つこしらえ、太平洋へ向かうのにわざわざ大西洋側から海峡［マゼラン海峡など］を通り抜けてこなくてもいいようにするために、同地で造船事業が着手されたときに、大西洋の船舶から高価な真鍮製と鉄製の諸備品がはぎ取られ、太平洋の船に利用された。[51]スペインの衰退の諸原因についてはのちにあらためて論じることとするが、ここでは多くの論者が、「イギリス、オランダ、フランスの私掠船による多数の貿易船の拿捕のために」一五六八年から一六〇三年の間に海運業が崩壊したこと、[52]ドレイクとホーキンズによるカディスの襲撃とアルマダ艦隊の敗北ののちに商人たちが自信を喪失したこと、「一七世紀の衰退の根本的な原因は海上貿易が外国人の手に渡ったことにあった[53]」ということなどに言及していることに注意を促しておく。もちろんこれらは、アメリカの海軍戦略家であるマハン提督の命題——国力、そしてある程度まで国の経済力は海軍力に依存するという命題――にかなった要因なのである。

スペイン銀　一五四五年にポトシ銀山が発見され、さらに［一六世紀末に］ワンカヴェリカで水銀の鉱床が発見されると、世界における銀の年平均生産量は一五二一年から一五四四年の二九〇万オンスから、次の一五年間で一〇〇〇万オンスに、さらに一七世紀最初の二〇年間で一三六〇万オンスに増大した。[54] すでに述べたように、一五六六年に莫大な量の銀がスペインに到着したことと［一五七一年の］レパントの海戦に勝利したことにすっかり気をよくしたフェリペ二世は、八〇年戦争（一五六八―一六四八年）で、フランドル［スペイン領ネーデルラント］をハプスブルク家とスペインのために奪回することに全力を挙げたのであった。[55] 戦争はスペインから数百マイルも離れたところで傭兵によって行われたが、彼らには現金を支給する必要があった。しかし、イギリスが海峡を支配し、スペインと交戦している間は、海路を通じてフランドルに銀を送ることはそれほど容易なことではなかった。この「ドーヴァー道」に代わるものとしては「スペイン道」というルートがあり、それはバルセロナからジェノヴァを通り、ラバや馬の背に銀を乗せてアルプスを越え、フランシュ・コンテへと抜けていくルートであった。[56] さらに、このような現物《フィジカル》を運搬する手段ではなくて、アシエントス(asientos)という金融的《フィナンシャル》な手段を利用することもできた。アシエントスとは、フランドルの銀行家からマドリードの宮廷宛てに振り出される手形のことであり、それはまたアントウェルペン、リヨン、フランクフルトの銀行家から、あるいはブザンソン（ビゼンツォーネ）のようなジェノヴァ人が運営する定期市からも振り出された。フランスの安全通行証を携えて、ナント、パリを通過し、フランドルへと銀を送る第三の現物を運搬する手段もあった。しかし、これは通行の途中でフランスに正貨の三分の一を落としていかなくてはならなかった。フランドルでアシエントスを対価として現金を支払った銀行家には、スペインから銀を輸出する権利が認められた。しかし、フェリペ二世とその後継者であるフェリペ三世、フェリペ四世は、銀で支払うことができないほど過剰にアシエントスを発行するということがよくあり、そのようなときには、彼らの抱えた債務を公債(juros)、つまり紙幣でのみ支払うことのできる債券に強制的に切り替えたのであった[57]。国王のこのような［事実上の］破産は、一五七六年、一五九六年、一六〇七年、一六二七年、一六四七年、一六五三年と、かなり頻繁に起き、それによってフッガー家とジェノヴァ人の銀行家は破産に追いやられた[58]。銀行家に深い傷を負わせたこのような出来事のさなかに、国王はさらにスペインからの銀の輸出許可を取り下げ、手当たりしだいに商人や銀行家をつかまえては、［新大陸からの輸入銀に課せられる］五分の一という通常の税率をも超えて、彼らの銀を押収するということをよくやった。スペインそしてヨーロッパ中の銀行家は、銀を載せた船隊がアメリカからスペインに到着するのを心待ちにしていた。銀がスペインに無事に到着しても、それは長くそこに留まることはなかった。それはさまざまな手段を通じて、東アジアやバルト海やレヴァントへと、あるいはブリュージュ、アントウェルペン、のちにはアムステルダムなどの貨幣市場へと流れ出ていった。一部はスペインに留まったが、それは［これから述べるように］むしろいろいろな点で徹底的に経済を攪乱する要因となったのである。

インフレーション、誇示的消費、「オランダ病」　シカゴ大学の経済史家であったアール・J・ハミルトンは「価格革命」に関する広範囲に及ぶ第一次資料を提示し、スペインでインフレーションが起きた原因は銀にあったと論じ、また賃金が物価と同じくらい、あるいは物価以上に早く上昇したことを理由に、スペインの経済的な後退の原因はこのインフレーションにあったと論じた。彼のこの古典的な研究[59]が出されて以来、価格革命が「ハミルトンのいうように」貨幣サイドから起きたのか、それとも供給サイドから起きたのかということをめぐり、これまでハミルトン説に対する疑問がかなり出されてきた。というのは、大量の銀が実際に到着するずいぶん前の一六世紀初めにすでに、農産物の生産量の伸びよりも急速に増大した人口が食料品価格を押し上げていたからである[60]。そのうえ、スペインの価格に関するハミルトンのデータにも、疑問が出されてきた。その根拠は、彼のデータがもっぱら都市部の価格に関するものであり、かなりの地域を除外することによって偏ったものとなっているということ、しかもそれはおもに病院の諸記録から抽出されたものであり、価格を正確に記録しようと真剣に試みているわけでもない、日常的な型にはまった仕事として書き込まれた官僚主義的な書類から引き出されたものであったという点において、現実をよく反映したデータであるとはいえないということにあった[61]。

少し脇道にそれるが、ハミルトンが測定法、それもとりわけ度量衡による測定法に丸ごと一つの章をあてたなかで、違った場所にあるたくさんの商品［の価値］を比較するための統一的な価格素材を確保することに、苦労しながらも果敢に挑んだことは、ここでしっかりと言及しておくだけの価値がある。[62] 経済的な交換を行う際の取引コストを減らすためには共通の測定標準が必要とされるのであるが、それはもちろん一つの公共財なのであって、一般的には政府によって作り出されなければならないものである。たとえば、アテネは二千年紀前の紀元前四四九年に通貨法を定め、この都市の貨幣と度量衡をギリシャ帝国［アテネを盟主とするデロス同盟のもとにある「アテネ帝国」とでも呼ぶべき体制］全体で使用することを命じた。[63] ハミルトンはスペインの度量衡を体系化しようとしたハプスブルク朝の努力だけではなく、ブルボン朝のそれについても詳しく述べ、カスティーリャの標準が最終的にこの国全体に適用されるようになった一九世紀においてさえ、ヴァレンシアがそれを免除されたことにも言及している。スペインの諸地方、そのなかでもとくに小さな町村がカスティーリャ標準を順守せずにいたことについて、コルテス［スペインの身分制議会］に不満の声が寄せられたが、そのなかには、公布された標準が適用されたところでさえ、物差しや秤そのものが正しいものであるかどうかを検査する態勢がまるでお粗末なままであることに対する告発も含まれていた。

銀の流入のためにスペインにインフレーションが起きたことは、このインフレーションそのものがそれ以前にヨーロッパ中で起きた価格の上昇と無関係ではなかったにもかかわらず、疑いようのないものである。ただし、インフレーションが価格一般よりも賃金を速く上昇させたことによって、スペインの経済的衰退を招いたというハミルトンの説は疑わしい。しかし、銀はもう一つの弊害をもたらした。それは何といっても、スペイン領アメリカで一旗揚げる機会が開けたことによって、一六世紀に(まったくの概数であるが)一〇万人ものスペイン人が新世界に移住したということである。しかも、移住者のかなりの割合を占めたのは、活力があり、創意に満ちた若者[64]、「スペインのもっとも死活に関わる要素の一部[65]」であった。比率からすると、移住者のほぼ半分がジェントリ(caballeros)、四分の一足らずが農民、一五パーセントが職人であり、その残りを役人(letrados)、商人、聖職者が占めた[66]。彼らの多くはスペイン領アメリカに留まり、富裕になり、ヨーロッパの商品を需要するようになった。なかには、スペインに戻り、その資産で官職や地所や洒脱な屋敷《ハウス》を購入する者もいた。彼らは「インディアノス」と呼ばれ、その多くはセヴィーリャに落ち着いた。ポルトガル出身の新キリスト教徒、スペインのコンベルソス[同じくカトリックに改宗したユダヤ教徒やイスラム教徒]、ジェノヴァ人の商人や銀行家とともに、インディアノスは羽振りの良い生活を送り、不動産に投資し、アメリカ貿易、アメリカ領植民地の砂糖製造業や真珠採取業などに資金を融通した。しまいには、ジェノヴァ人とコンベルソスは国王への貸付に投資するようになった[67]。

商人の息子のうちで商業の道に進む者はごくわずかしかおらず、そのことが息子たちの間に貴族趣味を浸透させることとなった。つまり、商人は子の教育に金をかけたが、そのようにして育った子は、パイクに言わせると、酒と女とギャンブルにうつつを抜かす「見下げはてた世代」となったのである。親の世代が三つの立派な邸宅に金を注ぎ込み、娘に二四万ドゥカードもの多額の嫁資金をもたせることができたとしても、その子の世代で二〇万から四〇万ドゥカードの不動産を遺す者はほとんどいなかった。(68)

セヴィーリャで栄えた産業の一つに銀細工業がある。銀細工職人は薬剤師とならんで職人のなかでは最高の地位にあり、そのなかには富裕な者もいた。(69) 新大陸から流入した銀の大半はスペインを通り越して北へ、あるいはとくに東へと流出していったのだが、かなりの量が銀皿の形態でスペインに留まった。スペイン領ネーデルラントの軍総司令官で、のちにはマドリードのフェリペ二世の宮廷で大公となったアルバ公爵は、一五八二年に死んだとき――資産家であるとの評判がとくにあったわけではなかったが――、六〇〇〇ダースもの銀皿と八〇〇〇枚もの銀の大皿を遺した、とフェルナン・ブローデルは述べている。(70)

スペインの衰退を説明する、あるいは少なくともそれを部分的に説明する諸要因としては、インフレーション、伝染病、ムーア人の追放、ギルドによる制約、諸税、国家重商主義［重金主義］、力仕事に対する嫌気などを挙げることができるのだが、それらに加えて、さらにもう一つ別の影響を銀に求めることができる。この理由にはおそらく長所があって、それは一つの経済モデルを適用することが可能であるということである。すなわち、ピーター・フォーサイスとスティーヴン・ニコラスの論じるところによると、通常の条件のもとでは、ある資源の発見はその国の経済を豊かにする。しかし、外部資源からの収入が大幅に増大すると、次のようなことが起きる。まず、貿易可能な商品（輸出財、輸入財）と貿易不可能な商品

(国内の財とサービス)［その性質、輸送や関税のコスト、法への抵触等の制約から、輸出入されず、国内でのみ生産され、消費される財とサービス］に対する支出がともに増大する。ところが、完全雇用のもとでは、貿易不可能な商品の産出の増大は、貿易可能な商品すなわち輸出財と輸入競合財の産出を減らすことによってのみ可能となる。こうして貿易不可能な商品の生産を増大させるためには、輸出財と輸入競合財の生産に必要な労働と資本をそこから切り離すことが必要となり、その産出はかならず低下することになるのである。これに似た現象は現代にもあり、それがいわゆる「オランダ病」である。オランダ病は二〇世紀に北海ガス田が発見されたことから生じた。すなわち、ガス産出がもたらす収入の増大は、国際収支調整メカニズムを通じて、ガス以外の国内生産を減少させる。このとき、貿易不可能な財とサービスに対する需要の増大は、輸出財や輸入競合財のラインへの支出を転用することになるのである(71)。この帰結そのものはインフレーションについてのハミルトン・テーゼとそれほど異なるものではない。すなわち、ハミルトンによれば、インフレーションが起きるときには、利潤よりも賃金がより急速に上昇し、かくして利潤は削減されるのであり、国際収支がどうであろうとも、製造業は圧迫されるのである。

フォーサイスとニコラスによると、本当に問題なのは、銀の流入が細っていった(彼らが言うには「停止した」)後も、製造業の産出高が回復しなかったのはなぜかということである。しかし、そのような回復は一八世紀のカルロス三世のときになって何とか起きることは起きたのである。フランス革命とナポレオン戦争に中断されたものの、新世界に向けて積み出しされるスペイン商品の比率は、全体の八分の一(一七〇〇年頃)から一七八四年には四五パーセントに、さらに一七八八年には五三パーセントに増大した。ただし、一七八九年に同比率は五〇パーセントと横ばいに転じた。(72) それが[まだ銀の流入量が十分あった]一七世紀の初めはどうかというと、ヨーロッパを販路とする原料も新世界を販路とする製造品も、スペインの輸出品はいずれも他国の商品に広く駆逐されようとしていた。たとえば、ヨーロッパ北部の市場では、アイルランドの羊毛がスペインの羊毛を駆逐しつつあった。一六二二年にサンタンデル港は一一隻の船で五〇五梱の羊毛を積み出したが、わずか半世紀前には、同港は六六隻の船で一万七〇〇〇梱の羊毛を積み出していたのである。フランスやイギリスでは、スウェーデンの鉄がビルバオの鉄と競争するようになった。その反対に、スペイン市場にはピエモンテの絹がじりじりと浸透しつつあった。(73) [しかし、銀の流入が細っていった一七世紀中頃以降になると、製造業の産出が回復する一方で、こんどは]外国人が多くの分野の仕事に進出してきた。たとえば、セゴヴィアに水力式の貨幣打造機を備え付け、操作したドイツ人の鉱山職人と技師、(74) カタルーニャの造船業を復活させたジェノヴァ人の造船工、(75) 織布業にたずさわったフランドル人の職人、ガラス製造と絹織物にたずさわったフランス人の職人などである。このうち、フランス人のスペインへの進出はブルボン朝によるスペイン国王への就位[一七〇〇年]という事情によっていっそう促進された。ただその一方で、フランス人がスペインで働き、製造業を起こしでもすると、それがフランスと競合するようになるのではないかということをルイ一四世が懸念したりもした。(76) リチャード・ヘルは一八世紀のスペインに関する論述のなかで、この国の一七世紀末以来の沈滞と人口の減少がむしろ外国から企業心に富んだ実業家と働き手を引き付けるのに役立ったと主張した[77]。スペインのアメリカ貿易についてはすでに述べたとおり、外国商人がずっと優位にあった。一六世紀、外国向けの貨物の六分の五は外国人によって供給された[78]。その後も同様で、ブルボン朝がスペイン王位を継承した後の一七〇二年には、カディスにあった八四の商館のうち、一二だけがスペイン人のもので、あとの二六はジェノヴァ人、一八はオランダ人とフランドル人、一一はフランス人、一〇はイギリス人、七はハンブルクのドイツ人の商館というありさまであった。ちなみに、一八世紀末のカディスには八七三四人の外国人が居住していたが、そのうち五〇一八人がイタリア人、二七〇一人がフランス人、二七二人がイギリス人、二七七人がドイツ人とフランドル人であった[79]。

戦争　スペインの兵士(soldiers)というのは本当にひとかどの戦士(fighters)であり、その専門的な能力を発揮する機会に十分に恵まれた。ムーア人を追放する戦争には八世紀もかかり、スペインがようやくそれに勝利したのは、一四九二年にグラナダがフェルナンドとイサベルのカスティーリャ軍によって奪回されたときであった。カルロス一世がスペインの王位に就き、さらに神聖ローマ帝国の皇帝に選出されたのちも、その領有権をずっと主張し続けたネーデルラントで、反乱が起きた。それは一五六八年から一六四八年のウェストファリア条約の締結にいたるまで八〇年も続き、しまいにスペインは消耗し、気力を挫かれたのであった。リンチの主張によると、何しろカルロス一世もフェリペ二世もその治世期間の多くはローマと不仲であったから、それは対抗宗教改革の戦争であったというよりも、彼らに属する領土を保持するための企てであった(80)。この八〇年というもの、オランダとの戦争のかたわらで、ほかにもいくつかの戦争が行われた。オスマン帝国との戦争は一五七一年のレパントの海戦で勝利に終わった。また、スペインは折りにつけオランダを助けようとしたイギリスとも、さらにはフランスとも戦った。オランダとの休戦は一二年間続いたが(一六〇九—一六二一年)、それを屈辱とみなす向きもあり、オランダが経済的に急速に進歩しつつあることが明瞭になってきたときに破棄された。その誇り高さゆえに、スペインは戦に勝ったうえで、勝者の立場としてのみ交渉に臨まなければならなかったのであり、戦に敗れたときは、屈辱を避けるために、さらに戦い続けなければならなかったのである(81)。また、スペイン人は妥協することができない性質なので、南ネーデルラント(カトリック)とネーデルラント連邦共和国(おもにプロテスタント)との間の宗教的な問題が起きたときに、戦闘を継続すれば財政上莫大な犠牲と圧迫が生じることが分かっていても、交渉の余地は初めから排除されていた(82)。これこそが、国がその能力をもってしても達成することのできない目標を掲げること、つまり過度の拡張《オーバーストレッチ》であった。

一七〇一年から一七一三年にかけてのスペイン継承戦争は、見た目は王朝の継承をめぐる争いであったが、実際はスペインのアメリカ貿易の独占を我がものにしようとするフランスの欲求に動機づけられた戦争であった(83)。実際、スペインとの友好関係を築いたフランスには、

［一七〇一年に］アメリカ植民地との［黒人奴隷］貿易を行うための特許契約《アシェント》〔訳注4〕が託されたのであるが、［戦争後のユトレヒト条約によって］それはイギリスに譲渡され、そのことがやがてイギリスで南海泡沫事件を招くこととなる。カーメンの述べるところによると、この戦争はすでに一七世紀末以来衰退の途上にあったスペイン経済の諸問題をさらに悪化させ、さらにはジブラルタルの喪失という屈辱をスペインにもたらした戦争であったが、その一方で、フランス軍やイギリス軍に資金を提供しなければならなかった銀行家を活気づける戦争であった(84)。

全般的な衰退　一五八〇年から一六二〇年という時期にスペインの経済的衰退をもたらした多数の要因については、すでにこれまでもいろいろと指摘してきた。すなわち、海上での競争力が低下したこと、兵士としての気質、労働に対する蔑視と郷士《イダルゴス》の地位へのあこがれ、ユダヤ人やムーア人に対してだけでなく「白いムーア人」(85)と呼ばれたジェノヴァ人に対しても向けられた強い憎悪、戦争、戦時財政、インフレーション、異端審問、当初は役に立ったギルドの諸制限(86)、「浮揚力と弾力性」を喪失した人口(87)、耕作可能な土地を犠牲にして進められたメスタへのてこ入れなどである。さらには、ムーア人から手に入れたり、教会から買い取ったりした土地を、死手譲渡によって維持し、それによって温々と暮らす大貴族と、伝染病のために、あるいは農地で生活することができなくなったために、都市での物乞いに追いやられていく農民との間で格差が大きく広がっていったことも、衰退の要因となった。これらの諸要因の多くが過度に強調されすぎているのではないかと、多くの歴史家がこれまで考えてきた。しかし、強調点がどこに置かれるにせよ、これら諸要因の全体がスペインの陰鬱な情景をなしているのである。

一六世紀はスペインの黄金期であり、一七世紀はその衰退期であった。この変化はフェリペ二世に続く諸国王が弱体であったことの結果であったと説明されることが多いのだが、フェリペ二世とてその強大な力を無分別に使っていただけのことである。すでに一六〇〇年には、スペインの経済学者たちが衰退と歴史の周期的な形状を議論していた[88]。また、献策者(arbitristas)と呼ばれた一七世紀の経済学者連中が、「長子相続制、死手譲渡、放浪者、森林の枯渇、聖職者の過剰、労働と技巧に対する軽侮、貧窮者への無節操な施し、貨幣の混乱、抑圧的な課税を明確に非難し」、技術教育、職人の移入、貨幣の安定、灌漑の拡張、国内水路の改良を提案した[89]。このように解説するアール・ハミルトンはそれに続けて、歴史にはかくも立派な診断が下された例も数少ないし、これほど健全な忠言がかくもきっぱりと顧みられなかった例も数少ないと語っている[90]。

一八世紀、とりわけカルロス三世治下の世紀後半になると、このような献策者の政策に沿った方向で、そしてそれ以外の方向においても積極的に、そこそこの前進が成し遂げられた。それは、教会と大学の保守的な勢力がとりわけフランスの著作物と雑誌の輸入を禁止することによって、フランスの啓蒙主義に対抗しようと努力したにもかかわらず、その啓蒙主義がスペインに浸透してくるという状況のもとでなされた前進であった。スペインへの移入者が増大する一方で、建築、医学、科学、工学を学ぶために学生が外国に留学するようになった[91]。

カタルーニャは二千年紀の初期に貿易を通じて繁栄したこともあったが、その後は資本を銀行業と土地に転換し、ほとんど二世紀にも及ぶ衰退に沈んでいた。(92) 一五世紀には、そこは「生命力を失った」地域とみなされていた。(93) しかし、一八世紀になって、スペインの東部と北部は一つのルネサンスを経験した。(94) すなわち、ヨーロッパの他の地域と同様に、重商主義的な政策がとられ、一七一八年という早い時期に、そして一七六〇年代にも、カタルーニャを支援するために綿織物に関税が適用され、またバスク地方に利益をもたらそうとして、武器類などの金属製品の輸入に制限が適用された。リチャード・ヘルの言葉を借りれば、この国は商業と製造業において「何世紀も知らずにいたやり方で」繁栄を迎えたのであった。(95) しかし、それも長くは続かなかった。

カルロス三世に支えられた商工業においてブルジョアジー的な中産階級が生まれ、またフランスから開明的な考えが到来するようになると、教会と貴族は反対勢力として結束するようになった。フランス革命は、スペインが変革に賛成する者とそれに抵抗する姿勢を固く守ろうとする者との間で引き裂かれていく過程をいっそう強めることとなった。ナポレオン軍が侵入し、さらにはフランスと交戦するイギリス軍が侵入してくると、スペインはその植民地とのつながりを絶たれ、それら植民地は一八〇八年から一八二〇年代初めにかけて本国に反旗を翻した。工場の操業停止は労働者を解き放ち、彼らは農民と一緒になって大都市へと逃れ去っていった。こうなると、スペインが多くの機会に示した回復力はこの国を安定した状態へと立ち戻らせるには不十分であったと結論づけないわけにはいかなくなるのである。

フレデリック・クランツとP・M・ホーヘンベルクは封建制から近代資本制への「移行の失敗」を主題とする著書のなかで、彼らのおもな考察対象であるイタリアやオランダと比較して、一八世紀のスペインをより良好な過程をたどった国として描いている(96)。たしかに、この国の回復を途中で切断したのはカルロス三世の死［一七八八年］であり、またそれと同様に、おそらく外国の介入である。しかし、社会に深く根を下ろした諸要因——社会的なまとまりの欠如、インフレーション、ギルド、過度の拡張、銀の激しい流入によって引き起こされた「オランダ病」など——のために、一五九〇年から一七二〇年の間に衰退は誰の目にも明瞭なものとなっており、たとえ最良の諸政策をとることができたとしても、それらを克服することはもはやできなくなっていたのである。このうち、過度の拡張について言うと、スペインはとりわけオランダと、しかしまたイギリスやフランスやイタリアの諸領域国家と、さらにオスマン帝国とも戦いを繰り広げることによって、その深みにはまったということである。スペインとポルトガルはフェリペ二世のもとで、世界経済の首位の座を維持することができたと言っていいかもしれない。しかし、両国とも、数多くの原因、その一つ一つは衰退の十分条件ではなく、またおそらくその大半は衰退の必要条件でもなかった原因のために、その座を長く持ちこたえることはできなかったのである。

第6章　低地諸国

北ヨーロッパ

一三世紀以前、そしてそれ以後もしばらくの間は、北海とバルト海は、地中海とは別個の、そしてほとんどそれとは別種の、一つの貿易システムをなしていた。この地域を一つに結び付けていた主要なネットワークは、リューベック、ハンブルク、ケルン、ロストクといったおもにドイツ諸都市の緩やかな集合体であるハンザ同盟であった。ハンザ同盟の商人はブリュージュからノヴゴロドの間で貿易を行っていたが、ロシアから黒海へ向かうこともたまにあり、北に向けてはたえずノルウェーのベルゲンにおもむき、ごくまれに大西洋とビスケー湾を経由してイベリア半島から地中海へと出ていくこともあった。スカニア［スウェーデン最南部］からニシンが、ベルゲンからタラが、ロシアから蜂蜜と毛皮が、ハンブルクから麦芽醸造酒が、リューネブルク［ドイツ・ニーダーザクセン州。岩塩の山地］から塩が、ダンツィヒとケーニヒスベルクから穀物と木材が、それぞれ船積みされて西に向かい、ブリュージュの商館(Kontors)やロンドンのスティールヤード［ハンザ商人の本拠地］に運ばれた。ハンザのコグ船が東に戻るときは、とくにポルトガルやフランスからニシンとタラを保蔵処理するための塩を、ブリュージュから毛織物を、ロンドンから金属製品を運んで帰った。

ハンザ商人の貿易のやり方は素朴であった。北イタリアの都市国家から振り出された為替手形は拒絶された。港に入る船はその地方の通貨を対価として物を売り、こんどはその通貨で買える物を買うというぐあいであった。そして、その差額は正貨で支払われるのが常であった。また、ハンザ同盟はその緩やかな政治組織に特徴があり、責任は広く分散されていた。アルフレッド・マーシャルによると、「ハンザ連合の勢力は分散していたために、集中的な貿易の持つ潜在的な経済性を十分に展開できなかった」(1)。リューベック、ハンブルク、それに他の二、三の都市だけが分担金を完全に支払い、同盟の残りの諸都市はそれにただ乗りするだけであった。その分権化の程度は貿易のライバルであったオランダのそれをはるかにしのいでいた(2)。ハンザ同盟の周辺に位置していたスウェーデンは当初はリューベックを通じて銅を市場に出していた。しかし、その後、ハンザ同盟への依存から脱却する試みの一環として、交渉相手をアムステルダムに切り替えた。アムステルダムも、スウェーデンが「カルマル戦争後の」一六一三年のクネレド条約にもとづいてデンマークに賠償金を支払わなければならなかったときに、その支払金を貸すという便宜を図った(3)。

ブリュージュ

西方面におけるハンザ同盟の主要な貿易港であるブリュージュは、中世末の商業と金融の最先端を行くフランドルの中心地として登場し、一方でイギリスとシャンパーニュの定期市を中継し、他方で地中海とヨーロッパ北部を中継する機能をはたした。イギリス国王は、ドルドレヒト、アントウェルペン、ブリュージュというように、(羊毛の)指定市場〔訳注1〕を転々と移していったが、しまいにはそれをカレーに定め、そこは一三六三年から一五五八年まで指定市場として留まった。しかし、フランドルの紡毛業者と織元に売りさばくために、羊毛はカレーからブリュージュへと再輸出された。そうした状況はイギリス人が国内で毛織物を製造するために最終的に羊毛の輸出を停止するまで続いたが、このことがフランドルの毛織物産業に損失を与えることとなったのである。これと同じようなやり方で、ハンザ同盟はその商館をブリュージュから(ドイツの河川交通システムに位置する)ドルドレヒトに移し、またブリュージュに戻し、再度ドルドレヒトに移し、さらにブラバントのアントウェルペン、ユトレヒトに、そしてもう一度ブリュージュに移したりした。それは、課税や貸付や独占権をめぐっていさかいが生じたからであって、いさかいが起きたり、解決したり、再発したりするたびに、商館が次々と移転していったのである。

イタリアからは、イタリア産の絹、ビロード、それにレヴァントからの物産としてギリシャのワイン、東方の絹、香料など、ほとんどが奢侈品からなる商品を積んだヴェネツィアとジェノヴァのガレー船がブリュージュにやってきた。スペインの貿易品はほとんどが羊毛と獣皮であり、前者はしだいに先細りしつつあったイギリスからの供給を代替するために必要とされた。それに加えて、バスクの鉄、スペイン南部とポルトガルの果物、オリーブ、米、ワインも輸出された。一六世紀前半には、リスボンがアジアの島嶼から手に入れた香料、そのなかでもとくに胡椒を運び込んだ。ブリュージュから北海とバルト海に輸出されたのは、フランドル産の亜麻布や毛織物であり、それに加えて、バルト海周域の富裕階級がお目当てにしていたフランス産ワインのような贅沢品などもあった。

ジェノヴァ「居留民《ネイション》」については多くのことが知られている。ブリュージュでもっとも最後に――一三九五年に――特権が与えられたのが彼らであった。もっとも、ブリュージュにはイタリア人やイベリア人よりもドイツ人(ハンザ商人)のほうが数多く滞在していた。フランス人は「形式上フランス王権に臣属していたブルゴーニュ公の領地である」フランドルをフランスの一部と考えていたから、そもそも居留民を形成しなかった。フィリップ善良公が一四四〇年にブリュージュの町に入ったときにパレードが行われ、それにはドイツ人一三六人、スペイン人四八人、ヴェネツィア人四〇人、ミラノ人四〇人、ジェノヴァ人三六人、フィレンツェ人二二人、ルッカ出身のマーチャント・バンカー一二人、それに数は分からないが、ポルトガル人とカタルーニャ人が加わった。[4] 一四六八年にブルゴーニュのシャルル勇胆公が結婚したときにも、これと同じような祝賀の行進がなされた。そのときの記述によると、外国大使と高位聖職者の後に続いたのは、騎乗した一〇人のヴェネツィア人、徒歩で現れた六〇人のフィレンツェ人、ふたたび騎乗した二四人のスペイン人、一〇八人のジェノヴァ人、一〇八人の東方人(ハンザ商人)であった。これらの居留民は皆、明るい色の衣装で輝いており、それぞれ使用人を随行させていた。そして、このときもイギリス人とフランス人の姿は見あたらなかった。[5] ファン・ハウテは一四四〇年のパレードにイギリス人が参加しなかったことに驚きを隠さず、祝祭が行われたのはイギリス［の毛織物］に対する通商停止の措置がとられていたときのことであったかもしれないと推測している。そして、彼は次のように続ける。当時のブリュージュは中世の世界貿易の結節点の役割を果たしていた。それは世界市場とは言わないまでも、一大市場、おそらく一四世紀のキリスト教世界のなかで最大の市場であった。(6) 外国人(ブリュージュ生まれではない人々)が他の外国人と取り引きすることはたいがいは認められていた。しかし、争いごとのほとんどが外国人とブリュージュ人との間に起きたという事実から、大半の取引においてブリュージュ生まれの者が外国人の売り手と買い手との間を仲介していたのではなかったかということが推測される。

貿易はしだいに金融へと進化していった。ブリュージュには三つの金融業者のグループがあった。すなわち、担保物件に対して金を貸す質屋、やがて銀行の原型となり、振替可能な預金を取り扱うようになる両替業者、そして為替手形を通じて多地点間の資金移動を手がけるマーチャント・バンカーである。貨幣市場は取引所《ブールス》(the Bourse)で開かれた。この名は、ファン・デル・ブルス(Burse)という名前の商人が所有する邸宅で貨幣市場が開かれるようになったので、それにちなんで付けられたものであった［一四世紀のこと］。為替レートはヴェネツィア、ジェノヴァ、フィレンツェ、バルセロナ、ロンドン、パリに対して値を付けられた。ブルゴーニュがフランスと交戦状態にあったときは、首都のパリに手形を振り出そうと思えば、まずジュネーヴに手形を振り出し、そこから再度リヨンに手形を振り出すという手順がとられた。(7) 為替手形を利用しなかったリューベック、ハンブルク、その他のハンザ諸都市に対しては、為替レートの値は付けられなかった。ハンザ商人がドイツ北部、ポーランド、スカンディナヴィアからローマに送金することが必要となったときには、彼らはこれらの土地で商品を買い付け、それをブリュージュに船で運び、そこでその地方の通貨を対価としてそれを売ったのちに、イタリア人の銀行家からローマ宛の手形を買うというのが常であった。

フィレンツェの大銀行家コジモ・デ・メディチはブリュージュとロンドン――メディチにとって一五世紀のロンドンはブリュージュの衛星都市であった――での貸付で、困難な事態に陥った。それは、メディチ銀行の支店がフィレンツェからの指示を守らずに、ロンドンのエドワード四世とブルゴーニュ公［シャルル勇胆公］に、いずれもブリュージュから、あまりに多額の金を貸し付けるようになったからであった。そもそも一五世紀初め、メディチ銀行はブリュージュに支店ではなく、代理人を置いていた。それが支店になったのは一四三九年のことであり、このときロンドンにはそれを補助する事務所が置かれた。ロンドン事務所も支店に格上げされたのは一四五一年のことである。〔訳注2〕とくにバルセロナに対して未回収の貸金を抱えるなど、すでにブリュージュ支店の経営は一四五〇年までに思わしくなくなっていた。［このような状況のなかで、イギリスとブルゴーニュの両国王への貸付が膨らんでいったのである。コジモの死後は、ロンドン支店も貸付を行うようになった。］ロンドンとブリュージュの支店が抱え込んだ債権にはバルセロナ向けの他にも、［関税を免除された］羊毛輸出の割当を見返りとしてエドワード四世に貸し付けた八五〇〇〇ポンド、その他の諸担保にもとづいて同国王に貸し付けた二〇〇〇ポンド、シャルル勇胆公(ブルゴーニュ公)に対する巨額の貸付――一四七七年に同公が死んだ時点でそれは九五〇〇ポンドにのぼった――、さらにはギニア海岸の探検に乗り出そうとするポルトガルのジョアン二世に対する貸付が含まれていた。[その他、ビジネスに関する多くの項目も集めると、一四七九年時点で]ブリュージュ支店とロンドン支店の損失は総額一万九〇〇〇ポンドとなった。これは当時としてはまさに「空想の域に属する額」であった。(8)

ブリュージュの衰退

一四九四年のメディチ銀行の倒産とともにフィレンツェの銀行業は衰退にさしかかっていったのだが、このことはブリュージュに衰退をもたらした多くの原因の一つにすぎず、その第一の原因というわけでもなかった。この都市が世界経済の首位の座を主張することが可能であった時代は一四世紀前半までさかのぼる。そして、これまでのところ、衰退の端緒も一三五〇年までさかのぼると考えられてきた。そのペースは一五世紀になると速まっていった。ファン・ハウテは、そこに上昇から下降へという明確な転換点があったわけではなかったと言い、またブリュージュが下降線をたどるようになったことについては、それを多くの原因に帰することができると言う。そのなかでも、ブリュージュ人の貿易業者や銀行家がしだいに保守的になっていったというようなことは内的な原因であった。それに対して、ブリュージュ人の商人と外国商人とくにハンザ商館に滞在する商人との間でいさかいが頻繁に起きたというようなことは外的な原因であった。まず間違いないことであるが、ここに挙げた二種類の原因とも、ブリュージュ人の商人がしだいにリスクを負うことを嫌がるようになっていったということと無関係なことではない。オランダの諸州と諸地方(states and provinces)は一六世紀のうちにブリュージュで借り入れるのを止めてしまった。というのも、もし借りた金の利子を支払えないということにでもなると、自分たちの商品がスロイスで差し押さえられるのではないかということを、オランダ人が恐れたからである。そして、これは一五三〇年に実際に起きたことなのである(9)。

衰退をもたらした一つの重要な要因はツヴィン川に沈泥が生じたことである。そのために、大型船は北海を臨む前哨港にあたるスロイスで積み荷を降ろさなければならなくなったのである。ところが、こんどはスロイスにも沈泥が生じた。そこで運河が造られるようになったのだが、運河の掘削と浚渫は金のかかる事業であり、そのわりに効果は限定的であった。というのも、大型船は[運河を遡航することができずに]ヴァルヘレン島の湾内に停泊し、そこからブリュージュの市場まで商品をはしけで運搬しなければならなかったからである。こうして、アントウェルペンの前哨港であるベルヘン・オップ・ゾームのほうが操船がしやすくなった。一五三〇年の高潮でこの港は破壊されたが、アントウェルペン自身へのアクセスはそれによってかえって高まった。

もう一つの問題は、フランドルの毛織物の競争力が部分的にはブラバントの毛織物に対して、しかし何といってもイギリスの「新毛織物」に対して衰えていったことである。新毛織物は、より軽く、より安い毛織物を創り出そうとする一七世紀初期のイギリスにおける技術革新であった。しかし、ファン・ハウテによると、［新毛織物を待つまでもなく］イギリスは一三五〇年にはわずかに五〇〇〇反の毛織物しか輸出していなかったが、すでにその二世紀後に輸出量は一五万反にまで増えた。しかも、その多くは［フランドルではなく、ブラバントの］アントウェルペンやマリーン［現在のメヘレン］で染色された(10)。

しかし、ブリュージュの衰退の背後ではたらいた真の力は、ブリュージュ自身が競争に立ち向かうことができなくなり、都市の独占的な立場を守ることができなくなったということである。フランドル毛織物のコストは増大していった。ブラバント公がブリュージュから羊毛の指定市場の座を奪い取ることを企てるようになると、商人のなかには、それにあわせてアントウェルペンに拠点を移す者も現れた。さらに、一四九六年にアントウェルペンの二つの定期市がベルヘン・オップ・ゾームの二つの金融取引の定期市と結合し、年に四回の開催となったとき、イタリアの商人たちはそれに加わるために、季節的にブリュージュからアントウェルペンに移り始めた。ポルトガルの商館もその数年後にはブリュージュからアントウェルペンに移転した(11)。ケルンからやってくるドイツ人のワイン商人も、中央ヨーロッパから川を下って北海まで銅を運んでくる銅商人も、アントウェルペンで足を止め、そこでポルトガル商人と会うようになった。その頃、船の規模が大きくなりすぎて、リューベックの港はしだいに手狭になりつつあり、それにともなってハンザ同盟はどう見ても勢力を後退させつつあったのだが、そのハンザ同盟もついにブリュージュを去った。こうして、一六世紀初頭には、ブリュージュに残る者はほとんどいなくなってしまったのである。

ハンザ同盟は一四四二年と一四四七年にリューベックで会合を開き、低地諸国からの毛織物の買付をブリュージュに制限しようと試みたこともあったが、失敗に終わった。ブリュージュ自身、アントウェルペンの貿易を阻止するために砦を建てたり(結局はうまくいかなかったが)、外国人に対して、年に四回開かれるアントウェルペンの定期市の間をのぞいて、ブリュージュに留まるように命ずる布告を出すなど、その独占の維持を懸命に試みた。しかし、これらの定期市が恒常的に年中開催されるようになると、このような試みは放棄された。フェルナンドとイサベルはスペインによるグラナダ再征服を記念して、ブリュージュにアンダルシア「居留民」をわざわざ作ったのだが、それも一五〇〇年にはミデルブルフへ移った。フィレンツェ人の銀行家フレスコバルディとグァルテロッティがアントウェルペンに移転したのは一四八八年よりのちのことであり、ヴェネツィア人も完全にブリュージュから撤退した。[12] ポルトガル人は一六世紀初めにアントウェルペンに移った――胡椒を積んだ彼らの船が初めてそこに積荷を降ろしたのは一五〇一年のことであった。一五一六年頃、金融に優れていたジェノヴァとルッカの居留民がブリュージュからの大量移動に合流した。一方、ブルゴーニュ公と神聖ローマ皇帝マクシミリアンに対する不良債権で身動きがとれなくなったブリュージュ「の銀行家」は、新規の貸付能力を失ってしまった。イタリアの銀行家は一度しばらくの間ブリュージュに戻ったが、それはおそらくブリュージュが金融センターとして清算状態に入ったからではないかと、ヘルマン・ファン・デル・ヴェーは言う。[13] そこに留まったのはスペインの羊毛市場だけとなった。ブリュージュに居留するハンザ商人の数は一五一一年の一二人からさらに少なくなっていき、一五四〇年には三人となり、一五五四年には一人が死んで、とうとう二人となってしまった。[14]

アントウェルペン

ブリュージュと同様に、アントウェルペンも海運業のほうではそれほど力があるわけでもなかったのだが、世界的な市場となった。両都市とも、おもにハンザ同盟、イタリアの諸都市国家、イベリア半島の船舶に依存したのである。ブリュージュに滞在していた外国人の商人と銀行家がアウクスブルクやニュールンベルクからやってくるドイツ人とアントウェルペンで出会うようになったのは一五世紀末のことであるが、この都市はこのときに建設された新しい町というわけではなかった。砂糖が蜂蜜に、絹が毛皮に、麦芽醸造酒が蜂蜜酒に取って代わるというぐあいに、北方産の商品が南方産の商品に押されていく間に、さらに亜麻がフランドルやゼーラントに普及していく間に、アントウェルペンの貿易はそれまでもブリュージュの貿易をずっと追い上げてきていたのである。[15]ドイツで生産された銀とハンガリーやティロルで産出された銅は、もはや南下してヴェネツィアに向かうのではなく、北上してアントウェルペンに向かうようになった。そして、それは一五六〇年以降に増大するスペイン領アメリカ産の銀の流通ルートに先鞭をつけるものであった。イギリスの毛織物も初めのうちはアントウェルペンで染色された。ブリュージュが中継港として機能すると同時に、その地方の生産物と輸入商品との取引を行ったのに対して、アントウェルペンは生産には基本的にそれほど深くかかわることのない市場であった。そこで取り引きされる主要な商品はイギリス産の毛織物、ドイツの鉱物、そしてポルトガルの香料であった[16]。これらの商品に加えて、アントウェルペンは穀物貿易においても一定の地歩を有するようになり、このことがオランダ人の神経を逆なでにした[17]。このようにして、「ある程度まとまった種類の商品が大量に一か所にそろえられ、そこで取り引きされるようになったという意味で、歴史上初めて一つの世界市場(が出現した)」のである[18]。リチャード・エーレンベルクはもっと進んで、次のような大げさな言い方をしている。「一四四六年からの四〇年間というもの、アントウェルペンは世界がかつて見たことがなかったような、そしてその後も見たことがないような貿易の中心地に発展したのであった[19]」。商人と銀行家がブリュージュからアントウェルペンに移ってくるにつれて、アントウェルペンの人口は一四四四年の二万人から一五〇〇年頃の五万人、そして一五六〇年には一〇万人にまで増大した。これはセヴィーリャの人口に匹敵し、ヨーロッパでそれを上回るのはナポリ、ミラノ、ヴェネツィア、そしてパリだけであった[20]。

たしかに、[一五世紀中頃以降の]四〇年間にわたる貿易の発展は一つのすばらしい出来事であった。しかし、一六世紀までに、通過貿易(transit trade)の規模と重要性は減少した。そして、それに代わって勃興したのが金融であった。この変化は部分的にイタリア人の銀行家の流入によって説明することができるかもしれない。しかし、それにはもっと深い理由があった。フェルナン・ブローデルが論じるところによると、一世紀以上にわたって成功を持続させたヴェネツィアやアムステルダムとは対照的に、一五〇〇年から一五六五年のアントウェルペンは一連の浮き沈みを経験し、「安定した巡航速力を見出すまでにはいたらず、持続の長い平衡を身につけるまでにはいたらなかった」[21]。しかし、そこにこそ経済の新しい地平が切り開かれようとしていたと述べるのはジャン・ベルジエである。彼によると、一四五〇年のイタリア人はそのマーチャント・バンカーの諸技術に満足しきっていた。競争は最小限にとどまり、彼らは快適な日常の仕事に没していた。「彼らの事業の諸形式は円滑に機能する資本主義のあらゆる兆候を示していたのだが、資本主義の精神が不足していた」のである[22]。さて、ベルジエは、このようなイタリア人の銀行家の降りた地位がどうしてフランス人によって、たとえばリヨンで埋められなかったのかと問う。リヨンにはアントウェルペンと同様に、イタリア人の銀行家が数多く住んでいたのである。彼の結論はこうである。その空白は、ニュールンベルクのみならず、リヨン、マドリード、そしてとりわけアントウェルペンで活動していた南ドイツの銀行家によって埋められた。なぜなら、彼らには「何としてでも大市場を勝ち取って、国際貿易と国際金融を支配したい――つまりは成功したい――という強い意志があった」からである[23]。フッガー、ヴェルザー、ホッホシュテッター、ザイラー、クレベルク、トゥーヒャーといったドイツ人の銀行家は、すでにヴェネツィアとの貿易、鉱物［南ドイツの銀、ハンガリーの銅］の生産、神聖ローマ帝国の諸選帝侯への貸付によって富を築きつつあった。そして、彼らはその富をもって、おりしも東アジアからの香料がポルトガル船に載せられ、ヨーロッパに到着しつつあったときに、ヨーロッパ全体への進出を開始しようとしていたのである。イタリア商人はアントウェルペンではなく、リスボンで活動の地盤を固めるという誤りを犯したと、ベルジエは論じる。たしかに香料が最初に到着したのはリスボンであったが、それはアントウェルペンからヨーロッパ全体へと流通したのである。[24]

貿易の定期市が年二回から四回となり、さらに年中開催される恒常的な市場へと発展したことについては、すでに触れておいた。アントウェルペンが次に進めたことはまず、このような商品取引を信用取引に固く結び付けることであった。それからこんどは、純粋に資金の融通のみの機能をもつ為替手形の開発が進められた。それは三か月で二、三パーセント、年率にして八から一二パーセントの利率で、定期市から定期市へと流通する為替手形であった。一五三〇年にはもっとも富裕な連中はもはや商品を取り扱わなくなったと、エーレンベルクは論じる。その取扱はあまりにも難儀であったし、リスクも大きすぎた。それよりも為替手形を取り扱うほうが楽だったのである。[25] こうして、ドイツ人の銀行家、そしてしだいにその勢力を後退させつつもイタリア人の銀行家がたがいに資金を貸し借りする一方で、かなりの数の商人たちが、さらにはイギリス、スペイン、フランスの国王代理人がますます、資金を借りる方に回った。ところで、ロンドン［のイギリス王室］は、以前からイタリア人に金を貸してもらい、そのあげくに返済不能に陥ってきたのであるが、このような憎たらしいイタリア人をついに国外に追放した。その後は、テューダー朝の代理人スティーヴン・ヴォーンがアントウェルペンで王室財政の決済を行うようになった。しかし、彼は早くも一五四五年に、国王のための借入を始めた。彼の後任者［ウィリアム・ダンセル］は無能力のゆえに任を解かれ、一五五二年にその後任となったのが、銀行家ではなく、ロンドン商人のトーマス・グレシャムであった。このように、テューダー朝はイタリア人を追放したのはいいが、その後は海外で金を借りることを余儀なくされたのであり、それは当時の高利禁止法がイギリス国民どうしによる貸借取引を禁止していたからであると、エーレンベルクは解説する(26)〔訳注3〕。

戦争、とくに傭兵によって戦われる戦争は、戦費の借入需要を増大させはしたが、かといって戦争のさなかに傭兵に対する報酬がきちんと支払われたわけでもなかった。アントウェルペンを見舞った危難の大半は、賃金の未払いに腹を立てたこのような［スペイン軍の］傭兵の反乱によって引き起こされたものであった。さらに、彼らは一五七六年に［アントウェルペンが独立反乱勢力の側に寝返ったときも］この都市を劫略し、六〇〇〇人を殺した。それはゼーラントのプロテスタント［亡命貴族］が結成した「海の乞食団」(Sea Beggars)による一五七二年のブリーレ［ハーグの近く］の破壊的な襲撃に続く惨事であり、ここにアントウェルペンからの大脱出が始まったのであった。アントウェルペンの人口減少を決定的なものにしたのは一五八四―一五八五年のスペイン軍による攻囲であった。人口は一五六六年の九万人から一五八五年の六万人にまで落ち込んだ。一五八五年のスヘルデ川の封鎖後にブラバントとフランドルを去った者は合わせて一〇万人にのぼったが、その大部分は商人と熟練職人であった。彼らは自分たちの資本と産業技術のうち身に付けることができる分をたずさえて、去っていったのである。彼らは北ネーデルラント［オランダ］をめざしただけではなく、ドイツ、イギリス、スウェーデン、イタリア、中央ヨーロッパ、そして新世界をもめざした。もっとも多くの人が向かったのはネーデルラント連邦共和国と近隣のラインラントの諸都市であったが、ロンドンにも一万もの人が移住した[27]。これほど大勢の人がアントウェルペンを去っていったにもかかわらず、商人のなかには、商業から完全に足を洗い、地方貴族の仲間入りを果たすために、その資産を土地に投資し、ポルトガルのリスボン近郊やのちのイングランドでも見られたような農業の改良家になる者もいたということである[28]。ただし、ポルトガル人の研究者のこの論文からは、こうした農業への転換の刺激が経済的な動機と社会的な野心のいずれに由来するものなのかということははっきりとは分からない。

オランダ

ホラント州が優位に立った北ネーデルラント七州の連邦共和国は、アントウェルペンの陥った困難から逆にきわめて大きな刺激を受けた。アントウェルペンの受けた打撃の仕上げとなったのが一五八五年のスヘルデ川の封鎖であった。一五九〇年から一六二〇年まで続いたオランダの急成長は経済的な奇跡と呼ばれた[29]。しかし、その根源はずっと過去にさかのぼる。オランダに有利にはたらいた諸要因のいくつかは立地に関するものであった。すなわち、ブリュージュやアントウェルペンと同様に大西洋、北海、バルト海へのアクセスが簡単であったこと、豊かな後背地があり、そこから一連の幅の広い川が幾筋も注ぎ込んできたこと(アルフレッド・マーシャルは、オランダとは異なり、イギリスでは川はそれぞれ別の方向に流れていると指摘した[30])、森林がなくても燃料として役立つ泥炭を利用することができたということなどである。他にも構造的な要因があった。まず、強力な封建貴族がいなかったことである。低木の茂った荒れ地とその下の泥炭土がわずかに堤防によって海から隔てられているヨーロッパ北岸では、その堤防の手入れが必要であり、そのために市民、貴族、芸術家、思想家に余分な時間が与えられることはほとんどなかった。強力な封建貴族の不在というのもこうした事情から生まれた要因なのである。(31) 強力な教会がなかったことも構造的な要因の一つであった。不完全であったにしろ、宗教改革が起きたことがこの要因を生んだのである。さらに、ヨーロッパの多くの国にはなくて、ネーデルラント連邦共和国にあったもう一つの特徴がある。それは教育が広く普及していたことである。すでに中世末期、ネーデルラントの西部と北部では、各村に一つの学校があり、［一七世紀には］貨幣経済に必要な算数が広く教えられていた。(32) こうした構造的な諸要因に加えて、一連の偶然もはたらいた。一つには、ヨーロッパをリードする強国が弱くなり、ネーデルラント連邦共和国が徐々に先頭に出る余地が生まれたことである。(33) 一五八八年にスペインのアルマダ艦隊がイギリスに敗れたが、その結果、両国の海軍とも［しばらくの間］弱体化し、それがオランダの海運業の発展に道を開いたということが、それにあたる。一四世紀にニシンがバルト海から北海へと移動したことも、偶然的な要因の一つとして挙げることができる。これによってオランダの漁師はハンザの漁師に対して優位に立つようになったのであり、さらにその後の投資に必要な資本の「本源的蓄積」が提供され、ニシンの骨を土台にアムステルダムという都市を建設することが可能となったのである。(34) 一六二〇年代の著作のなかで、トーマス・マンは次のように言った。「かくも多数の船舶と工芸と人口に建造と仕事と生計の資を与えるのは、土地ではなく、就業なのであり、やせたオランダではなく、盛大なる漁業なのである」[35]。こう語るマンがとくに異を唱えたのは、オランダのニシン、リング［タラ科の食用魚］、タラの漁業が「われらが陛下の海上」で行われているということであった[36]。他にも、才能ある人物や資本が流入し、新しい経済生活を創出する起動因となったという偶然もはたらいた。

オランダ商業の偉大さについて、その立地上の諸原因、もしくは構造的、偶然的な諸原因をこのように詳説したところで、その市民を駆り立てた心性を正当に評価することはできない。アルフレッド・マーシャルは「オランダ人は、彼らの生徒であるイギリス人と同様に、発明においては遅鈍であった」と書いた[37]。マーシャルのこの指摘は次のような諸点を考慮に入れるならば、両国にとっていささか寛大さに欠ける評価のように思われる。ここではオランダ人に関してのみ言っておくが、その諸点とは、排水と土地改良、船舶の設計と建造、穀物を製粉したり、造船用材を挽くための風車の利用などに見られる彼らの組織的な手法、［曳船道の上から］馬が牽引する客船に商工業者や役人を乗せて町から町へと運ぶトレックファールト(trekvaart)の発明——これは三世紀後に時間通りに列車を走らせることにも匹敵する離れ業であった[38]——、オランダ東インド会社(VOC)の創設、小型の商船隊を効率的に護衛するシステムの創出、多種多彩な金融手段の開発、その他多くの技術革新などである。しかし、マーシャルは次のようにも言っているのである。「オランダ人の気質の強靱さは余人をしのぐものがあった。彼らは非凡な自制心をもち、他のいかなる富裕な民族が彼ら以前になしえたよりも、多くの世代にわたって節倹と根気を保ち続けたのである」[39]。これまでの各国別研究と同様に、ここでもやはり、たとえばヴェネツィア人を引き合いに出して、オランダ人の節制がヴェネツィア人の節制よりも徹底していたのかどうかと問うことができるであろう。オランダ人の謹厳さがしだいに崩れ、一つの暗い側面を帯びるようになったと強調するのは、サイモン・シャーマである。「これまでもよく言われたように、オランダの繁栄の基礎を一から築き上げた、つましく、控えめな性質は、一六六〇年代には世俗の虚栄と贅沢の見せびらかしのうちに失われようとしていた」。そして、彼はこうも付け加えた。「ローマ時代のストア学派の人たちは、共和国の徳性がシュバリス人のような遊惰な腐敗に堕ちていったことを嘆き悲しんだ［イタリア半島南部の古代ギリシャ植民市シュバリスは通商で栄え、市民は遊惰にふけったとされる］。これはその最新版にすぎなかった」[40]。

オランダの初期のダイナミズムがその分権的な性格にどの程度由来するのかということが、オランダ史における中心的な問題の一つとなっている。たしかに、ホラント州はその経済的な中心であるアムステルダムとともに、オランダ共和国を指導する州であったが、それを統治していたわけではなかった。各州とも、当初は商人から、のちにはその子孫から選ばれた都市貴族《レヘント》の寡頭制によって治められていた。全体的な税の負担は、七つの州を代表する連邦議会によって決定されたうえで、各州に割り当てられた。そしてこんどは、各州がその分担を下部単位である市や村に割り当てていったのである。このようなシステムはクゥエーカー教徒の集会というのは、クゥエーカー教徒の集会とかなり似たようなはたらきをしていた。

トップからの指令も完全に下からのイニシアティブもないままに、「集会の意見の大勢」にしたがって結論に到達したのである。イマニュエル・ウォーラースティンは、世界の「中核」が「周辺」や「半周辺」との貿易の諸条件を規定し、その余剰を我がものとして獲得するという経済的なヘゲモニーに関する彼の理論を連邦共和国に適用したが[41]、これはペーテル・クレインからの反論を受けた。クレインはヘゲモニー理論は強力な国民国家を必要とするが、これはオランダにはあてはまらないと主張したのである[42]。しかし、ホラントが七州の指導者であったことに違いはない。そして、ホラント州は政治学理論における指導者のように、全体のコストの比例分以上の分担を引き受けることによって、指導権を発揮し、威信というかたちでその返礼を受け取るという特権の代価を支払わなければならなかったのである[43]。一七世紀というオランダの黄金時代の間は、分権的な体質という問題がそれほどやっかいなものとなることはなかった。しかし、一八世紀にオランダが衰退していったときに、この問題が重くのしかかることとなった。それは、とくに一七八九年以降、まずフランス革命が起き、続いてナポレオンによる占領がこの国に重い賠償金を課したという状況のもとにあって、ホラント州が陸海における軍事的な作戦のためのさらに多くの資金を集めることが必要になったからである[44]。この問題についてはのちに立ち戻ることとする。

貿易　伝統的な説明では、オランダは一六世紀末にハンザ同盟と熾烈な競争を繰り広げ、そしてそれを打ち負かしたのち、おもに「母なる貿易」［バルト海貿易］から利益を得たとされる。オランダはカテガット海峡とスカゲラク海峡を経由して、バルト海から穀物、造船用材、船舶用品を輸入し、その代価には、ライデンで染色されたイギリス産とフランドル産の毛織物、シュレジエンの亜麻を原料にしてハールレムで織られた亜麻布、ビスケー湾とイベリア半島から運ばれた塩やワインを充て、さらに収支の帳尻合わせのために銀を支払った。このような伝統的な説明は、たとえばブローデルの三巻本『物質文明・経済・資本主義、一五世紀―一八世紀』などでも詳しくなされているのだが、それを強く批判するのがジョナサン・イズレールである。ブローデルの歴史解釈の多くに反発してみせるイズレールだが、ここではオランダの真の優位は東アジアとスペイン領アメリカとの「奢侈品貿易」にあったのだと主張する。[45] 一七世紀中頃のハーグにイギリス政府の閣僚［オランダ大使］として駐在したサー・ジョージ・ダウニングも、同様に、それほどかさ高ではないが、相当にリスクの高い商品を取り扱う地中海や東アジアとの「高価な貿易」と、オランダ人がバルト海で、また［グリーンランドや北海の］漁業でイギリス人を打ち負かした［イギリス人にとっての］「失われた貿易」とを区別していた。[46] バルト海は一年のうち七か月も凍結し、さらに大西洋の暴風が晩秋から冬にかけて南北にそこを縦断する航海の危険を高めた。しかし、この期間にこそ、オランダ人は北に向かう高価な商品とスペインに向かって南下する途中のかさ高の商品を蓄え、保管し、一大倉庫を築き上げたのであった。商品は「第一の商人《ファースト・ハンド》」によってアムステルダムに搬入され、そこから搬出された。さらに、それは「第二の商人《セカンド・ハンド》」によって仕分けされ、格付けされ、（たとえば地中海の暑い空の下で穀物が自然発火するのを防ぐために）梱包しなおされ、保管された。さらに、比較的少量だが、そのうちの一部が「第三の商人《サード・ハンド》」によってローカルな流通に回された。P・W・クレインは「かなり大胆な推量」とことわったうえで、すくなくとも国内総資本形成の二五パーセントから三〇パーセントが商品保管に対する投資から成り立っており、それは加工業に対する投資よりも重要であったと述べている(47)。

すでに森林が枯渇していたオランダに運ばれる材木品が、すべてノルウェーやバルト海からやってきたというわけではなかった。ライン川とその支流を縁取る森林からも、かなりの量の材木品が運ばれたのである。そのような森林はフランスの岸辺にもドイツの岸辺にもあった。くい材、マスト用の樅、厚板用の樫は巨大ないかだに組まれて、ライン川を流れ下った。いかだは二万四〇〇〇本もの丸太を何とかまとめた代物であり、それを操ったのは川沿いの町の住民が結成した集団であった。六〇〇〇人から一〇〇〇〇人もの職工が不格好ながらもいかだ船を組み立て、五〇〇から六〇〇人の男たちがめいめい食糧をたずさえて、それに乗り、三〇日かそこらで川下りさせたのである(48)。

外国商品の集積地として機能したことに加えて、政府が国内産の商品の規格を定め、それが厳守されるように目を光らせたという点においても、オランダは貿易の分野で強みを発揮した(この事実はたしかに、オランダが中央集権的な国であったとする説の証拠となり、多元的な国であったとする説の反証となるものである)。オランダ政府が規格を定めていたことは、イギリスでも、サー・ジョサイア・チャイルドの注目するところとなった。すなわち、彼は一六六八年に『貿易と貨幣利子に関する小論』を出版し、「国内外の貿易と海運業の質量とにおけるオランダ人のめざましい伸長」を説明するために、同書のなかに一五の所説を列挙したのであるが、その三番目は、「国内産の商品がすべて正確に作り出されていること……、これらの商品の海外での評判がいつもきまって良く、取引に入るとすぐに買い手がそれらをマルク貨で買い付けるということ」に、説明が求められているのである(49)。

世界貿易の首位の座にあった頃のオランダを研究するジョナサン・イズレールは、その時代が一五八五年から一七四〇年まで続いたとして、この一世紀半の期間を七つの部分に区分けする。その第一期は一五九〇年から一六〇九年までであり、この間、オランダはイギリスとともに一五九〇年に地中海貿易に参入したことに始まり、オランダ東インド会社(VOC)を創設し、一五九〇年代にその量が増大しつつあったセヴィーリャに到着するスペイン銀を間接的ながらも入手できるようになり、また貿易金融を迅速に進めるためにアムステルダム銀行を創設するなどして、世界貿易の主導的な地位に躍進した(50)。一六〇九年にスペインとの間に休戦が成立したことによって、スペインが科していた禁輸が停止され、オランダの船が北ヨーロッパの商品を載せてセヴィーリャやカディスの港に入り、そこでスペイン領アメリカに向けて積み替えられるようになったので、オランダ貿易はさらに急増していった。その数は年に四〇〇隻から五〇〇隻にのぼった(51)。それに加えて、オランダはバルト海の制海権をデンマークとスウェーデンから奪った。一六二一年から一六四七年にかけての第三期は、それほどうまくはいかなかった。スペインとの戦争が再開され、スペインとの貿易を維持することができたとしても、そのすべてをハンブルクの船に切り替えなければならなかったのである。もう一つの後退要因は一六二五年にブラジルから追い出され、西インド諸島に拠点を移したことであった。もっとも、それは東西両インドとの貿易が以前とは異なるやり方［西方の銀と東方の香料を主体とする貿易から西方の砂糖と東方の茶を主体とする貿易への転換］で繁栄を迎えようとしていた頃でもあった。一六四七年にスペインの禁輸がふたたび解除されたことをもって、この第三期は終わった。

一七世紀の後半は、一六五一年のイギリス航海条例、三度にわたるイギリス―オランダ戦争――その二度目の戦争でオランダはイギリスにニュー・アムステルダムを奪われる――、コルベールのもとで重商主義政策をとったフランスとの関税をめぐる戦争――一六七二年のフランスのオランダ侵入でその頂点に達する――というぐあいに、オランダに対する一連の挑戦と戦争が起きた時代であった。しかし、フランスとの関税をめぐる戦争は、ダイナミックな発展を遂げつつある経済ならではという輸入代替が行われた一つの例を提供する戦争でもあった。すなわち、フランスがオランダの造船業を妨害することをもくろんで、帆に使うブルターニュ産のカンバスの輸出を差し止めたことがあった。ところが、あっという間に、ハールレムとエンフイゼンがオランダの国内需要を満たすだけではなく、イギリスやスペインの市場でフランス産に取って代わることができるほどの亜麻布の帆布を生産するようになったのである。(52) また、この時期はオランダの植民地物産の輸入が伸びた時期でもあった。砂糖、タバコ、茶、コーヒー、染料、そして限られた量ではあるが、国内需要と輸出のためにオランダで加工されたいくつかの原料がそれにあたる。

世紀の端境期〔第五期〕にさしかかると、貿易の競争は激しさを増し、イギリス、フランス、オランダはヨーロッパとアメリカ植民地との貿易におけるスペインの独占の打破を試みるようになった。その手段となったのが無認可業者の貿易、すなわちカディスを通さない直接取引である。スペイン継承戦争のとき〔第六期〕には、フランスとイギリスは成果を挙げた。それは、ブルボン家がハプスブルク家に代わってスペインの王位に就くことができたからであり、マドリード政府がイギリスに（ブエノス・アイレス経由でペルーと取り引きする）南海貿易の特許契約《アシエント》を認可したからである。ここにいたって、オランダとイギリスの競争がことのほか熾烈なものとなった。この頃、イギリスでは次のような戯れ唄《ジングル》が流行った。「オランダ人と戦って、スペイン人と仲良くすれば、金も仕事も戻ってくるさ」(53)〔訳注4〕。

〔以上、イズレールの言う第六期まで見てきたが〕ジョサイア・チャイルドは一六六八年の著書のなかで、次のように問題を投げかけた。「国内外の貿易と海運業の質量とにおけるオランダ人のめざましい伸長は現在のわれわれの羨望の的であり、将来のあらゆる世代にとっては一つの驚嘆となるかもしれない」(54)。一七世紀の最後三分の一の間にオランダがイギリスに優越していたことについて、チャイルドが列挙した一五の理由は、オランダの高貯蓄率と低利子率をとくに強調したものとなっていた(55)。しかし、彼には見落としたことがあった。それは、オランダの貿易が基本的には中継機能に依拠しており、貿易の中心地において利益がどのようにして上げられているのか、梱包と再梱包のコストがどのようになっているのかという知識が広まっていくにつれて、その独占的地位が否応なく後退する運命にあったということである。アダム・スミスは「チャイルドとは逆に、アムステルダムの機能を軽視し」、オランダ人の商人がその商品をアムステルダムに運び込んだのは、彼らが自分の資本から離れていることが不安でたまらず、それを自分の目でしっかりと見ておきたかったからではなかったかという考えを示したが、これは彼がめったに犯さなかった誤りのうちの一つである。[56] アムステルダムをこのように理解してしまえば、商品を格付けし、梱包し、保管するという貨物集散地としての機能も、その市場がより広範囲になることによって規模の経済が発揮されるということも、見落とされてしまうのである。しかし、いずれにしろ、一説にあるとおり、オランダの中継貿易が必然的に一時的なものにすぎなかったことは間違いない。商品の量、質、価格に関する知識が広く伝わり、また貿易量が増大するにつれて、直接貿易のほうがより経済的になるのであり、したがって中継貿易の拠点は素通りされるようになるのである。[57]

直接貿易の増大には、商品に関する知識以上のものがかかわっていた。海賊の危険性は低下し、船はより大型となり、国家はそれぞれ自前の商船隊をもつことに力を注ぐようになったのである。[58] こうして、一八世紀にかたやイギリスとドイツの間で、かたやイギリスとスペインの間で、アムステルダムを中継する貿易に代わって直接貿易が行われるようになった例を、ウィルソンは次々と列挙する。[59] フランスからオランダへのワインの輸出は一七世紀から一八世紀初めにピークに達し、たとえば一七一七年には全体の六七パーセントを占めていたが、一七八九年にはそれは一〇パーセントにまで低下した。反対に、フランスからハンブルクがその大部を占める「北方《ノール》」へのワインの輸出が全体の一三パーセントから四六パーセントにまで増大した(60)。あるイギリス人の商人は一七一四年にオランダ人の同業者に次のように説明した。「商品をその産地で買い付けることによって、不必要な代価を全部省いてしまうことが必要なのです。そのために、多くの商人たちがハンブルクやブレーメンで直接ドイツの亜麻布を仕入れています。そうすることによって、かなりの費用を節約できるというわけです(61)」。ウィルソンは貿易から金融への移動が生じた動機の多くを、このようにしてアムステルダムが貿易の中継地としての役割を失ったことに求めている。

産業　オランダの貿易は他の国々や植民地の産物だけを取り扱ったのではない。輸出品のなかには、海を干拓して造成された農村の農場で生産されたバターやチーズもあった。そうした地域は、それはそれで、人間の食糧に供せられる穀物を輸入に依存していた。輸出品としては他にも、北海で五〇〇隻ものバス［ニシン漁船］によって漁獲されるニシンがあった。バスは漁獲物をオランダの諸港に積んで帰り、そこでニシンは塩漬けその他の加工のために、魚買い取り船に積み替えられた。しかし、オランダの主要産業といえば、それは造船業であった。東西両インドへの長期にわたる大洋航海には大型船が必要であった。それは長期航海に必要な食糧、海外の「商館」に居留する人員、武装した護衛艦なしに単独で航海するときに海賊や私掠船から身を守るために必要な大砲と砲手を運ぶことができるほど、十分に大きくなければならなかった。このような東西両インド貿易では、イギリス人はオランダ人と何とか接戦を演じることができた。しかし、ことバルト海貿易に関しては、イギリス人はまるで競争力がなかった。木材、樅材、〔ロープ用〕大麻、亜麻、ピッチのイギリスの輸入価格は、バルト海からオランダのザーンダムに運ばれるこれら物資の輸入価格よりも高かった。それは一部にはイギリスの関税が高かったせいでもあり、また一部には船舶用品の輸入をイギリスの船に限定した航海条例のせいでもあった。[62] オランダのフリュート船（平底船）〔沿岸や運河を航行する快速の平底船。船倉の底が広く、少ない乗組員で済んだ〕は、もしイギリスで造られたら一三〇〇ポンドはかかったであろうが、本国ではわずかに八〇〇ポンドで済んだ。もっと大きな船になると、この差は一四〇〇ポンドから二四〇〇ポンドにまで広がった。フランス人もイギリス人も、オランダのフリュート船を薄っぺらで、貧弱に造られた船とみなして、いくらか軽蔑していた。しかし、同じ大きさのイギリス船であれば三〇人の乗組員を必要とするところ、わずかに九人から一〇人の水夫を乗り組ませれば十分であったので――ウィルソンに言わせると、オランダ人の乗組員一八人で他の国の乗組員二六人から三〇人に匹敵した[63]――、オランダの貨物料金は他国に比べて三分の一は安かった。さらに、安価な貨物料金をもたらした一つの要因として、オランダ船が乗組員の食糧の多くをアイルランドで仕入れたということがある。そこではイギリスから締め出しを食らっていた牛肉やバターがことのほか割安だったのである。[訳注5] 公的な費用を使って、よりいっそう私的経済を推進しようとする試みもなされた。それは商人たちが自分たちの船を私掠船や海賊から保護してもらうために、オランダの海軍省に護衛艦の出動を求めたことである。もっとも、東西両インドに向かうオランダ船は自分たち自身で武装することができるほど大きかったし、大半は単独で航海した。それに対して、イギリス船はどのような大きさのものであっても、商品と大砲を両方積まなければならなかったのであった。

造船業に関する最後の話題として、すでに述べたことであるが、あるオランダ人が一六七一年に造船業に関する論文を書いたことを取り上げよう。この著者は、外国人がオランダのやり方を勉強したところで、異国の環境で異国の職人を使ってやる限りは、オランダ人の真似をすることに成功するはずがないと主張したのであった。「外国の熟練工に欠けていたのは、無駄がなく、器用であるというオランダ人の性質である」[64]。船乗り、沖仲仕、農民もそうであったが、オランダの熟練工は「ヨーロッパでもっとも訓練を積み、元気に満ち、気の置けない熟練工であった」[65]。イギリスの海軍将校団《ネイビー・コミッショナーズ》がオランダ人の造船工に「造船資材についての」意見を求めたこともあったし、フランスのコルベールがオランダ人の造船工を四〇人も雇い入れ、自国の造船技師に技術を教示してもらおうと力を尽くしたこともあった[66]。しかし、バーバーはさらに考察を進め、大型製材機と造船所備え付けの起重機というオランダの先進的な技術がフランスにはなかったことから、オランダ人の造船工のなかにはせっかくのフランスの誘いを断る者もいたのではなかったかと推測している[67]。それからおよそ一世紀経って、連邦議会は海外の諸国から引く手あまたであった熟練労働者の移住、とくに大型製材機の技師、ロープ職人、織物仕上げ職人の移住を禁じた。もっとも、こうした制限は容易にくぐり抜けられた[68]。

造船業、織物の仕上げ、植民地物産の加工のほかにも、オランダ人はビールの醸造、ジンとブランデーの蒸留、砂糖と塩の精製、石鹸製造、植物性種子の搾油、ダイヤモンドの研磨などの諸産業を手がけた。ダイヤモンドの研磨業は他の諸産業と同じように、おもにアントウェルペンから移植された。のちにオランダは一八八〇年頃まで近代的な産業への移行に失敗する。そして、その原因が石炭の不足に広く求められたのであるが――製鋼に必要な石炭がルール地方からはしけを使って簡単に輸入されるようになったのは二〇世紀に入ってからである――、初期の諸産業、とくに醸造、蒸留、ファヤンス焼き〔彩色を施した陶器〕、レンガ製造の各産業に必要なエネルギーを、オランダ人は泥炭を使って供給することができた。泥炭は国内の〔沼沢地などの湿地の〕水面に、あるいは水面下にも層をなして豊富に存在し、運河による輸送によってそれを入手することが可能であった。オランダ共和国は早くに森林を伐採してしまったにもかかわらず、泥炭が「安価な燃料」を供給してくれたのである。[69] さらに、泥炭の一部は、西はアントウェルペンやその他フランドルの諸都市に、東はエムデン、ブレーメン、ハンブルクに輸出さえされた。そしてそれと同時に、少量ながら、石炭がイギリスやスコットランドから輸入された。[70] 一七世紀を過ぎると、泥炭はしだいに適当な水位のところからは入手できなくなっていき、その結果しだいに高価なものとなっていった。J・W・デ・ゼーウの計算によると、オランダ人は風車と泥炭の利用によって八〇万ヘクタールもの森林に相当するエネルギーを産出することができたのであり、もし泥炭に代わって馬力を利用するとしたならば、その馬の飼料を生産するのに一〇〇万ヘクタールもの耕地が必要とされたということである。[71]

しかしながら、一五九〇年から半世紀も経つと、オランダには、貿易、海運、漁業を別にすれば、企業家精神に富んだ活力がそれほど見られなくなった。一七世紀の最初の四〇年間には技術革新が激増し――かなり低いレベルの技術ではあったが――、一五九〇年から一七九〇年までに出された全特許の半数がこの時期のものであった。しかし、一六四〇年以後、発明のペースは落ちていった。[72]

船員の賃金が上昇していったにもかかわらず、オランダの海運業は一七八〇年の第四次イギリス―オランダ戦争の頃まで、収益性の高い産業であり続けた。しかし、貿易はそれよりずっと早いうちに衰え始め、オランダの優位は金融へと移り始めていた。一八世紀のイギリス―オランダ貿易の研究者であるC・H・ウィルソンの主張によると、オランダの貿易は一七三〇年頃まで成長を持続させた。[73]彼は一七世紀の最後の四分の一あるいは三分の一の間に貿易がすでに衰退し始めたという説に触れてはいるものの、「最近の研究」によってこの説は修正されたと論じた。[74]しかし、それよりもさらに新しく、より詳細な研究がジョナサン・イズレールによってなされた。それによると、貿易の衰退はもっと早くに生じた。なぜなら、一六八〇年代以降オランダとフランスの敵対関係が強まり、さらにオランダ・イギリス対フランス・スペインの戦争が立て続けに起きたことによって、オランダの貿易、とくにカディスとの貿易やカディスを経由した新世界貿易に深刻な損失が与えられたからである。それは無認可業者の貿易ぐらいでは十分に埋め合わせることのできない損失であった。[75]イズレールによると、他の研究者たちはかさ高のバルト海貿易に焦点を当て、それが何とか維持されたことを重視するのだが、彼らは［オランダ貿易にとってより重要であった］東アジアや西インドとの奢侈品貿易を視野に入れず、したがってこの奢侈品貿易が一七世紀末からそれまでの実績を維持できなくなっていったことを強調しなかった点において、誤っていた。[76] むしろ現在の論争の中心となってきたのは、一七世紀から一八世紀にかけての端境期におけるオランダの衰退が相対的なものであったか絶対的なものであったかという問題である。

金融　西暦一七〇〇年の前後に勃発した九年戦争とスペイン継承戦争の頃までには、オランダの金融はすでにずいぶんと進歩を遂げていた。オランダの諸州が一六世紀中頃にマーチャント・バンカーからの借入を止めて、富裕な人々に長期国債(rentes)を直接売り出すことに切り替えたことを、ジェームズ・トレイシーは一つの「財政革命」としてとらえようとする。[77] この「目新しい方便」は、名誉革命でオランダのオラニエ公ウィレムとメアリがステュアート朝の後を継いだのちに、ロンドンで実現されたもう一つの財政革命に先行するものであった。[78] また、それはフィラデルフィアの銀行家であるジェイ・クックの金融技術に三世紀先立つものであった。クックの金融技術というのは、南北戦争のときに大銀行を通してではなく、北部の貯蓄者に向けて直接に北部連邦債を売り出したことをいい、彼はそれによって名声を高めたのである。[79]

一五八五年にアントウェルペンの難を逃れて、アムステルダムその他の都市に移り住んでいったマーチャント・バンカーは、貿易と金融を密接に結合させるというイタリア、フランドル、ブラバントの技術をそれらの都市に伝播することとなった。その一方で、一五九〇年から一六〇九年にかけて地中海、東アジア、バルト海に躍進したことから貿易のブームが発生したこと、そしてとくに一六〇九年から一六二一年までの一二年におよぶスペインとの休戦の間に貿易の独占的な利益を上げたことから、もともと倹約を好む質であったオランダ人は莫大な貯蓄のプールをこしらえることとなった。その貯蓄高は、船舶の所有、アムステルダムの倉庫に収められた商品在庫の保有、農業用地としてのポルダーの造成、等々に必要な分を超えるほどであった。堤防で囲われた農地で商品作物を生産する農民の利潤までもが、ニシン漁に用いられるバスやフリュート船への融資に注ぎ込まれるようになった。彼らの持ち株は半分割する方式が採られ、その最小単位は二五六分の一であった。[80] こうして、オランダの資本市場はあっという間に成長したのであった。対外貸付についていうと、それはスウェーデン国王とデンマーク国王に三〇年戦争（一六一八―一六四八年）に参加する資金を貸し付けることから始まった。クレインの見解によると、このような貿易から金融への転換の原因は、投機への精神が芽生えたために、そしてそれと同程度に怠惰がはびこるようになったために、オランダ人の心性に変化が生じたことに求められるのである。[81]

オランダ人はスペイン領ネーデルラントから金融技術を借用するとともに、アントウェルペンのギャンブル好きをも受け継いだ。[82] 倹約とギャンブルというのは、シャーマがこの時代のオランダ人の特徴として見出した多くの変則、矛盾、逆説の一つを形づくった。[83] そして、その初期のクライマックスこそが一六三六年のチューリップ投機であった。それについては多くの歴史家が詳述している。[84] アントウェルペンとアムステルダムは「政府が収入増をもくろんで発行する」富くじを好み、またとりわけても一八世紀の終わり頃のアムステルダムは、フランスの財務総監ジャック・ネッケルが「フランス財政のてこ入れのために」終身年金の口数を多くして売り出したときに、それにのめり込んだのであった。[85]

商品、株式、政府債券にそれぞれ先物市場とオプション市場まで設けられ、そこで投機がなされていたという状況は、ギャンブルの精神からするとさほど印象深いものではないものの、金融の技術としてはかなりの印象を与えるものであった。何しろそれは漁獲されないうちにニシンが売買されるという程度にまで達していた。[86] スペインとポルトガルから追放されたユダヤ人はとりわけ革新的であり、先物取引やオプション取引に精通していた。これらの取引は「空中の取引」(Windhandel)と呼ばれた。なぜなら、買い手も売り手も実際に商品の実物を目にすることなく、それらの取引を行ったからである。バーバーの解説によると、このような純粋な金融投機は一七世紀前半の早いうちに始まり、世紀後半には外国貿易よりも選好されるようになった。[87] 商人たちはまた、イタリア産の絹、大理石、砂糖、香水の成分、硝石、銅の買い占めを試みるようになった。オランダ人の投機家はかなり機転が利く連中であり、フランスのミシシッピ会社の倒産やイギリスの南海泡沫事件に巻き込まれてひどい打撃を被るというようなことはなかった。[88][訳注6] しかし、南海泡沫事件ののち、多くの投機家がこんどはアムステルダムに拠点を移して、新しく設立されたいくつかの保険会社の株式に投機を仕掛けるようになったのだが、そのうち生き残ったのはロッテルダム保険会社［一七二〇年に

設立された「ロッテルダム市の出資に基づく保険・割引会社」だけという結果に終わった。(89)

一七世紀の金融の発達の一側面をなすのが、ヴェネツィア銀行を手本とする一六〇九年のアムステルダム銀行の創立であった。アムステルダム銀行は金属貨幣の預金を受け取り、その重量と品位を検査したのち、それに対して〔帳簿上の〕「銀行貨幣」を発行した。銀行貨幣は価値が保証されていたので、金属貨幣に対して一般にプレミアムを有していた。アムステルダム銀行の成功によって、オランダの他の諸州やドイツでも類似の銀行が創設されることとなった。アムステルダム市は、六〇〇フローリンを超える為替手形の支払いについては、ウィッセルバンク(為替銀行)として知られていたアムステルダム銀行〔における銀行貨幣の振替〕を利用すべしという命令を出した。また、アムステルダムの銀行は、借り手が流動性を確保できるようにとのはからいから、正貨の預金に対して、しばしばレイクスダールデル〔第3章訳注3参照〕で貸付を行った。これらの手段によって、アムステルダムは為替手形と金銀取引におけるヨーロッパの中心へと発展していったのである。

一六五〇年にイギリス議会に提出したある報告書のなかで、〔ロンドンの金匠〕トーマス・ヴァイオレットは次のように記した。

> スペインと取引している商人は皆、彼らの金銀の少なくとも三分の一がけっして登録されることがないということをよく知っています。つまり、彼らはどれほどの金銀がサン・ルカルの浅瀬に入るまえに、国王の課税を逃れようとして、特定の商人に委託され

るのかをよく知っているということです(そして、今では一般に、それらはオランダに送られるのです)[90]。

アルトゥール・アットマンが言うには、重商主義の時代にあって、オランダの連邦議会が貴金属の自由な輸出入を認めたということは他では見られなかった事実であり、それがむしろオランダの「富の創造に一役買った」のであった[91]。オランダの政策が他に類を見ない《ユニーク》ものであったということはヤン・ド・フリースによっても確証される。「他にも非常に多くの理由があって、その存在が顕著に目立ったオランダ共和国であるが、ミダス王のコンプレックス［偏執的な貴金属保有願望］から自らを解放していたように見えたのもこの国だけであった[92]」。貴金属市場は一つの公共の利益［公共財］としてはたらいた。［イギリス］東インド会社はインドでの商品の買付に必要とされる金属貨幣をアムステルダムで購入することによって、自国の金属貨幣の輸出を制限しようとするイギリス議会のやり方を克服することができたのである。

一六八八年に名誉革命が成就したこととオラニエ公ウィレムがイギリス王位に就いたことにともなって、オランダとイギリスの間で、金融が密接に結び付く新しい時代が始まった。それ以前はどうだったかというと、同世紀初めのスカンディナヴィアへの貸付に続いて行われたのは、ドイツ諸都市への貸付であった。しかし、チャールズ・ウィルソンに言わせると、この頃にイギリスに対する貸付が行われなかったのは、航海条例のせいでもなく、三度に及んだイギリス―オランダ戦争のせいでもなかった。彼はこの戦争を「海軍の乱闘」と呼んだくらいである。実際、土地の水はけ計画に対して、そしておそらく不動産抵当貸付に対して、いくらかの投資が行われた。しかし、もっとも重要な突破口を開いたのは、やはりオラニエ公ウィレムの国王就位とイギリス財政革命であった。(93) オランダ人の金融業者のなかには、自らロンドンに拠点を移し、彼ら自身の為替手形(orders)と本国にいる顧客の為替手形とを取り扱う者も出てきた。イギリス・オランダとフランス・スペインの間で交わされた九年戦争(一六八九―一六九七年)の間、大陸でのイギリス政府の支出を融資するためにイングランド銀行によって引き受けられた手形のなかには、途中で支払いを拒絶されるものも出てきたが、オランダ人の銀行家はその支払いに応じることによって、イングランド銀行を支援した。オランダ人の名前はイングランド銀行、東インド会社、南海会社の株の出資者の間では突出していた。その後、オランダの金融はしだいしだいに狂騒の度を高めながら繁栄し、ついに一七六三年、七年戦争の終わりにさしかかって、金融危機を招いた。このとき、商品投機とドイツへの貸付がヨーゼフ・アーレント(ユダヤ人商会)の倒産と、それに連鎖したヌフヴィル家の倒産を引き起こし、イングランド銀行からの支援が要請されるにいたったのである。さらに一七七二年、オランダ東インド会社の株に投機を仕掛けていたクリフォード・アンド・カンパニーがスコットランドのエア銀行とともども倒産した。しかし、それらよりも影響が長期間にわたり、またオランダに深手を負わせることとなった出来事が第四次イギリス―オランダ戦争［一七八一―一七八四年］のときに起きた。すなわち、この戦争にともなって、オランダ人はロンドンでの貸付を中止し、その資本をフランスに移転したのだが、フランス革命と革命戦争が起き、さらにナポレオンがオランダ共和国を打ち負かし、それに重い賠償金を課したときに、オランダはフランスに移転した以上の資本を失う羽目となったのである。なお、一七六三年の危機は、このときにイギリス人がアムステルダムを通してではなく、直接にサンクト・ペテルブルクと外国為替の取引を開始したことによって、オランダの衰退の一段階を画すものとなった。

教育　経済成長には、輸入することも可能である労働、資本、技術に加えて、社会的素質というものが必要であり、社会的素質の大まかではあるが、手ごろな近似値となるのが教育年数であるというアブラモヴィッツの考えには、ある程度の注意が払われてしかるべきである。オランダ人はプロテスタンティズムが到来するずいぶん前から、教育に専心してきたのであり、それは実際に遠く中世にまでさかのぼる。先に述べたように、一七世紀になると、オランダの西部や北部のすべての村に学校ができた。そこには学校長がいて、貨幣経済にとって決定的に重要となる算数がとくに教えられていた(94)。

経済がちょうど急成長期にさしかかった頃に、オランダは五つの大学を創設した。そのなかでももっとも傑出していたのがライデン大学(一五七五年創立)であった(95)。アムステルダムにも、大勢の印刷業者、哲学者、歴史家、科学者が集まった(96)。また、専門的知識を学び取ろうとする外国の若い商人を引き付けたのもアムステルダムであった(97)。一五七五年から一七〇〇年にかけて、ライデン大学には二万一五二八人のオランダ人の学生とならんで、一万六五五七人の外国人の学生がいた、とホイジンガは言う[98]。ところで、シャーマは一二ページを費やして、ホーヘル[訳注7]が、経済を回復させるプランの一部として、新しい税法を作り、ギルドを廃止したのちに、一八世紀末に取り組んだ初等教育改革の試みを記述している[99]。教育に対するフランス人の関心が技術者、軍の将校、官僚を育成することに置かれた［第7章］のとは対照的に、ここで力点が置かれたのは一般教育であった[100]。このときの改革が高等教育の実践的な諸側面を拡充する方向に向かったようには見えない。［大学では］一八四六年になっても依然として、教授の就任演説や学位論文にはラテン語が用いられていた[101]。変化はちょうどこの一八四〇年代末に起きた。というのも、(ただ一人の)正真正銘の「スミス派経済学者」であった教授の就任後のはじめての講義が一八四二年にラテン語で行われたものの、一八四六年にはそれがオランダ語で公刊されたからである[102]。以上のことすべてが、最近オランダ語で出されたある研究書とかならずしも趣が一致するわけではない。この研究書については、私は英語による概要を読むことができるだけであるが、それによると、一八〇〇年以前に生まれた男性の二五パーセント、女性の四〇パーセントもの人が読み書きを習ったことがなかったというのである。識字率が完全に達したのは、その一〇〇年後のことであった[103]。

移住　マラーノとモリスコを追放したスペインとは対照的に、オランダ共和国はどのような種類の民族であっても、それに庇護を提供し、寛容に接したということで、あまねく知られた国であった。すでに述べたように、第一に、フランドルとブラバントの戦争の荒廃を逃れてきた商人、銀行家、産業労働者の大量移動があった。第二に、ユダヤ人と［キリスト教徒のなかでもカトリック教会に批判的な］知識人が迎え入れられた。第三に、一七世紀のオランダの繁栄の絶頂期には、フリージア諸島やドイツ、それも東は遠くハノーヴァーから、季節的な移住者がやってきた。彼らのなかには、力仕事に就く者もいれば、オランダ東インド会社の兵士や船員として働く者もいた。一六五〇年以前だと、七月から一二月にかけてはニシン漁のバスや商船の乗組員としての仕事、三月から五月にかけてはオランダ南部での干し草づくりや草刈りの仕事もあった。ニシン漁の漁民のなかには、漁期が終わると、干拓地で泥炭塊の切削やレンガ製造の仕事に従事する者もいた。オランダ東インド会社の仕事はオランダでもっとも魅力のない仕事とみなされた。それは、労働者が故国から長い間離れていなければならず、航海の途中あるいは異国の地で死んでしまう可能性も高かったからである。[104]それでも、VOC（オランダ東インド会社）はできるだけオランダ人を雇い入れようとし、オランダの景気が悪くなったときには、うまい具合にそうすることができた。このように会社が何とかして雇用しようとしたオランダ人は、そのほとんどがホラント州やフリースラント州といった海洋的な地方の出身者であった。それに対して、会社が雇ったドイツ人は農村出身の少年、「ドイツのなかでも徹底的に無教養な田舎者」であり、彼らはイギリス東インド会社の従業員よりも能力の点で劣っていた。[105]第四に、ナントの勅令の廃止［一六八五年］を招き、さらにその廃止に続いて起きた諸事件で、ユグノーがその資本と技能をたずさえて、ロンドン、ジュネーヴ、ハンブルクに向かったのと同様に、アムステルダムにも向かった。
経済的衰退が始まると、熟練労働者は向きを変えて、海外に出ていくようになった。一方、海外からの移住者はますます熟練を要しない仕事を満たすようになり、オランダ人の「一般」労働者はというと、ライデン、ハールレム、その他の工業諸都市を去り、海外に移住していくか、国内に留まり、慈善にあずかるようになった。熟練労働者の国外移住の制限が試みられたが、成功しなかったことについては先に言及しておいた。一七六七年、オランダには二万七〇〇〇人のドイツ人がいて、草刈り、泥炭塊の切削、漁業、捕鯨などの仕事に従事していたが、(ドイツの産業が活況を呈しつつあった)一八六〇年には、その数は四〇〇〇人ないしは五〇〇〇人に減少したと、あるドイツ人の歴史家が述べている。一九〇〇年にはオランダ人はルール地方に働きに出かけるようになり、オーバーハウゼンにはオランダ人の居住区があっただけではなく、オランダ人の「労働斡旋所」(worker borse)があった。(106)

高賃金、課税、負債　非常に多くの歴史家がオランダの衰退の原因を高賃金に求めている。高賃金それ自体は住宅、衣料、食料のような生活費の諸項目に課せられる税によって引き起こされた。税は誰かから徴収されなければならなかったが、オランダのブルジョアはそれぞれの州ごとに課せられる所得税を支払うことに抵抗したし、自分たちの海運業の妨げになりかねなかった輸出入税を支払うことにも抵抗した。イギリスで政府自身が徴税するようになったのちも、オランダでは徴税請負制度が続けられた。それは一八世紀の中頃になってようやく廃れたのだが、それまでは取り立てて非難されるというほどのものではなかったと、エーレンベルクは論じる。[107] クレインはこれとは異なる見方を取っており、徴税請負制度は民衆の公然たる反抗を引き起こすような、秩序を欠いた制度であったと指摘する。徴税請負人は実際に徴収した額の六〇パーセントしか政府に納めず、残りを自分の手元に留め、私腹を肥やしていたのである。[108]

オランダが一九世紀末まで貿易から本物の工業(substantial industry)へ移行することができなかったのは高賃金のせいであった、と主張する歴史家たちの名前をリストにすれば、それはかなり長くなるであろう。そこには、アダム・スミス、[109] チャールズ・ウィルソン、[110] ジョエル・モキャー、[111] H・R・C・ライト、[112] その他大勢の名前が連なるであろう。しかし、モキャーがその後の論文で指摘しているように、賃金というものは、企業家が既存の価格構造の内部で利潤を最大化しようとする静態的なモデルにあるときと、企業家が動態的な反応を示し、ハンディキャップを克服しようと努力するときとでは、異なる効果をもつのである。[113]「高賃金が新たな技術革新をもたらす可能性もあったということ」。H・J・ハバカクも、人口に膾炙したある本のなかで、アメリカの発明が高賃金のゆえに労働節約的なものとなったのに対して、イギリスの発明は、不足し、価格も高かった資源を節約するものとなったと、すこし自信がなさそうな口ぶりながら、「動態的な反応の例を」述べたことがある。[114] そもそも、無制限の労働供給(それゆえに低賃金のままにとどまる)をともなうW・アーサー・ルイスの成長モデルと、労働不足が労働節約的な技術革新を刺激するという新古典派的なモデルとは、状況設定のうえで相容れるものではない。このことから肝に銘じておかなければならないことは、あらかじめ十分に注意を払うことなしに、単一のモデルから結論を引き出すことに対してはよくよく慎重でなければならないということである。

オランダが、商人や銀行家や限られた数の製造業者に対してではなく、勤労者階級に課税したという事実は、戦争にあたって資金を即座に集めることができずに、借入に頼らなければならなかったということを意味する。低利子率は短期的にはこの借入に有利にはたらいたが、負債が累増してしまえば、長期的にはやはりより多くの課税が求められることとなった。しかし、課税を中央集権的なものにして、戦争と債務返済の負担に対処すべきかどうか、もしそうすべきだとすれば、どのようにして中央集権化すればよいのかという問題をめぐっては、意見の一致は見られなかった。財政危機が引き起こされたのはこのときであった。

衰退のタイミング　経済学には、台頭と衰退のいずれについても、そのタイミングに関する多くの論争がある。オランダに関していうと、台頭期は明瞭に一五八五年以降とすることができる。このときにマーチャント・バンカーが国外から流入してきたことが、オランダの他民族庇護の伝統と相まって、避難地を求める国外追放者――スペインからマラーノ、ポルトガルからユダヤ教徒と新キリスト教徒、やがてフランスからユグノー――をさらに多く引き寄せることとなったのであり、これらの移住者はそれぞれオランダ経済の技術力を高め、その経済成長の起動因となったのである。それに対して、衰退のタイミングに関する議論はそれほどはっきりと決着を見ているわけではなく、論者が違えば、焦点を当てる経済の部門や部分も違っている。「一六五〇年まで、世界の中心はちっぽけなオランダ、というよりもむしろアムステルダムにあった[115]」。しかし、ジョナサン・イズレールの分類では、一六四七年から一六七二年までが世界貿易におけるオランダの経済的首位の絶頂期であった。たしかに、バルト海貿易は一六五〇年から衰退過程に入ったが、地中海や東西両インドとの貿易はその後も繁栄を続けたのであって、転換点として一六五〇年を強調することは母なる貿易［バルト海貿易］に過度の重要性を付すことになると、著者は説明する[116]。イズレールのタイミングを支持する意見は多くある。なかでも、黄金時代は一五八〇年から一六七〇年まで続いたとする説[117]、衰退の始まりは一七世紀の最後三分の一の間のどこかに定められるとする説[118]、あるいはもっと絞って、衰退は一六七五年、つまり一七世紀最後の四半期の間に始まったとする説[119]などがある。この時期のなかでも、より精密に一六七二年という年がしばしば引き合いに出される。それはフランス軍がオランダを占領した年であり、ちなみにいうと、その一世紀後［フランス革命戦争のとき］に同じ事態が起きる。しかし、衰退はもっと早い時期あるいはもっと遅い時期に始まったのではないかと思わせるような証拠もある。たとえば、よく引用される評言であるが、オランダ人の歴史家であるアイツェマは一六五二年にアムステルダムで次のような不満が語られたのを記録している。「都市貴族は商人ではなかった。彼らは海上でのリスクを負おうとはせずに、収入を家屋敷《ハウス》や土地や証券(長期国債《レンテン》)から引き出したのであって、そのため海は失われるがままとなったのである[120]」。ただし、これは政治的な含みをもった主張であり、事実関係を確認しようとする思慮を欠いたものであったと、バークは解説する。彼はさらに二人の社会学者の研究をもとにして、一つの表(表6-1)を再製した。それは、都市貴族のうち職業をもたない者——それによって活動的な企業家あるいは金融業者ではなく、金利生活者としての都市貴族が示唆されている——と、田園に家屋敷を所有する者の比率の推移を示したものである。

これらの数字を見ると、最初の二つの時期区分の間に、職業をもたない都市貴族の比率が二倍になり、田園に家屋敷を所有する都市貴族の比率が四倍になっており、このことはこの早い時期に衰退が始まったという説を裏づけているようだが、バークは、海上から陸上への移動は全体的に徐々になされたのであり、集中度から言うと、一六五〇年頃よりも一七〇〇年頃のほうがむしろまさっていたのではないかと考えている。もしそうだとすると、この表はなぜオランダの衰退に関する多くの歴史記述の間に食い違いが見られるのかということを説明するのに役立つ。[海上から陸上への移動が全体的に徐々になされたものであったことから]一説によると、官職も土地もオランダの都市貴族を引き付けることはなかったとされる(ついでに言っておくと、[ドイツの]ハンブルクのような都市の商人ブルジョアジーには、貴族の地位そのものが魅力的ではなかった[121])。「社会的地位のために

表6-1　オランダの都市貴族

期間(年)	職業をもたない都市貴族	田園に家屋敷を所有する都市貴族
1618-1650	33%	10%
1650-1672	66	41
1672-1702	53	30
1702-1748	73	81

出所）Burke, 1974, p. 106.

何が何でも土地を所有しようとする衝動はさほど感じられなかったのである」[122]。これはおそらく昔からある史料解釈を反映したものである。しかし、［長期的には移動が進んだことから］それとは別の次のような評価も出てくる。

……富裕の度合いを高めていった商人は土地の大規模な購入を行った。それは彼らを惹き付ける一つの投資でもあった。なぜなら、土地というものは社会的な地位、貴族のような諸権利、肩書をともなうものだからである[123]。

ジョン・ホープ［オランダ東インド会社の理事――訳者注］は貴族化の過程に入りつつあり、そのことが彼を企業の日常的な諸業務からしだいに遠ざけるようになった。彼は一七六七年にフルーネンダールの地所を購入した。一七八四年にはボスベークの土地も購入し、所有地に加えた。その間、一七七四年にネーデルホルスト・デン・ベルフの城を手に入れた。一七七二年にホープ家の中心的な住まいとなる家(family house)の占有権を引き継いだが、一七八二年には転居し、こんどはヘレンハフト河畔の家に移った……さらにはハーグ近郊のコルテ・フォールホウトの北部にある家に転居した。彼の所有地は広く分散し、彼はその間を移動して回る旅の人生を送るようになった[124]。

チャールズ・ボクサーは、昔ながらの、厳格で、質素な商人の生活様式が一七世紀最後の四半期の間に廃れてしまい、贅沢な様式、田園の家屋敷、大領主のような生活に変わっていったと述べ、このような時代的な雰囲気のなかで、一六六二年に出された一つのパンフレットを引き合いに出す(125)。ジョン・ホープの事例は、彼がオランダ人ではなく、スコットランド人だったということで説明してしまえば、それで済むかもしれない。しかし、アリス・クレア・カーターは一七二九年にモンテスキューが次のように語ったのを引用する。すなわち、アムステルダムでは人々が商業から自分たちの金を引き上げ、建造物(pierres)にそれを投下している。「わたしには、それがヴェネツィアにあるような華麗な御殿を造り出していくものとなり、艦隊や王国を造り出していくものとはならないだろうということが分かるのです(126)」。

衰退は異なるペースで進んだのであり、一七六三年と一七七二年に金融危機が起きたにもかかわらず、金融の分野では緩慢に進み、［イギリスからの］毛織物の仕上げ品の輸入がライデンやハールレムにおける同種の仕事を掘り崩したことなどもあって、工業の分野ではより急速に進んだ。漁業と海運業の衰退のペースはその中間にあって、競争、他よりも高い賃金、漁業従事者の国外移住、外国の輸入制限、そしておそらく魚を嫌い、肉を好む食事の嗜好の変化によって打撃を受けた(127)。一七〇一年から一七一三年の戦争では、フランスの私掠船もまたオランダのニシン漁に打撃を与えたが、捕鯨業においては、オランダ人が昔ながらの手法にこだわっている間に、新しい技術を駆使するイギリス人やドイツ人に追い抜かれてしまった(128)。

オランダ共和国の一八世紀後半における衰退を、才気あふれる筆致で、細部にいたるまで詳しく描き出しているのは、サイモン・シャーマの『愛国者と解放者――オランダの革命、一七六〇年―一八一三年』[129]という本である。それは彼がその歴史家としての経歴の初期の頃に書いたもので、最近増刷された。その第二章は一七四七年から一七六〇年にかけてのオランダの「耄碌《もうろく》」に注目し、その(相対的な)経済的衰退の原因としてよく指摘される問題点を列挙したものである。海上での活動から離れていったこと、アムステルダムを経由しない直接貿易の増大、ギルド、時代遅れの造船術、熟練労働者の海外移住、貿易と工業から金融への移行――それは商人と製造業者が銀行家と同じ規模で財を成すことができないかぎり、両者のあいだに分裂をもたらす効果をともなう――、一握りの個人の富と一般大衆の貧窮との格差の広がり、それにともなう誇示的消費と貧困化の同時進行、工業都市の衰退と物乞いや浮浪者の蔓延、官職をその家族のなかで保有し続けるために措置された元都市貴族の未亡人への、はてはその乳幼児への官職の授与、第四次イギリス―オランダ戦争のときのオランダ東インド会社の破産、それによってアムステルダム銀行が困難な問題に巻き込まれ、アムステルダム市がほとんど破産に追い込まれたこと、等々である。とどめの一撃を加えたのは、[一八世紀末から一九世紀初めにかけて]フランスに打ち負かされ、占領され、併合されたことである。乏しくはあったが、積極的な側面も見られた。効率的な農業の繁栄、優れた慈善制度[130]、大陸制度[ナポレオン一世によるイギリスに対するヨーロッパ大陸封鎖政策]をくぐり抜けての紅茶、タバコ、ラム酒のイギリスへの密輸[131]などである。また、老朽化しつつある社会では一般的なことだが、黄金時代に対する強い郷愁があった[132]。シャーマの本の中心的なテーマはオランダが政治的なまとまりを喪失してしまったという点に置かれている。一八世紀の終わりには、ほんのわずかの政治家、それもそのほとんどが主流からはみ出したような政治家だけが、国を一つにまとめようと心を砕き、国が直面していた諸問題、そのなかでもとくに、ナポレオンの率いるフランスが［領有の主張を撤回し、］存続を認めた二、三の地域に対して課した賠償金にどのように対処したらいいのかという問題に真剣に取り組んだのである。

そのような改革者のなかでもっとも興味深い者の一人がイサク・ヤン・アレクサンデル・ホーヘルである。彼は最上級の手形振出人でもなく、都市貴族階級に属する者でもなく、第二の商人《セカンド・ハンド》であった。(133) ホーヘルはルトヘル・ヤン・スヒンメルペンニンク〔訳注8〕にしたがいながら、各州に積極的な権限をほどこした、あるいはそこまでは言えないとしても、少なくとも各州に拒否権を与えた既存の連邦システムを変革し、山積する政治的経済的諸問題にもっとうまく対処することのできる中央集権化されたシステムをつくろうと奮闘した。連邦主義は黄金の世紀には驚くほどうまく作用したが、諸状況が変化した今となっては不十分なものとなってしまったのである。しかし、民衆に電撃的な衝撃を与え、行動へと駆り立てるバスティーユ襲撃のような非常に劇的な事件がオランダ人には最後まで起きないままであったと、シャーマは述べる。(134)「でっぷりと太った老共和国から脂肪を取り除いて、その形を整えるためには(135)」、スヒンメルペンニンクが喝破したように、何か新しい種類のシステムを作ることが必要であった。しかし、それはおそらく必要なことなのであろうが、達成するのは困難であった。こうして、オランダはイギリス、ベルギー、フランス、ドイツで進行中の工業化の過程を見習うことができないうちに、ほとんど一〇〇年の歳月が過ぎ、ようやく一九世紀末に近代化への移行にたどり着くこととなるのである。

一七世紀の繁栄の時代こそが一つの奇跡だったのであり、その衰退はたかだか人口二〇〇万の小さなオランダ共和国がヨーロッパのなかでそれにふさわしい地位に逆戻りしたことをたんに意味するにすぎない、とする説もあれば[136]、一五七〇年あるいは一五八五年以降のオランダ共和国の台頭とは、世界が提供してくれた機会を、その独創性と生命力によってつかみ取ることができた一つの社会の当然の帰結であったとする意見もある。後者の説にしたがうと、オランダ人は一覧表にすると長くなるほどの創造の才をもっていたが、それらが前後の差はあれ一六七〇年代にほぼ同時に死に絶え、もはや取り返しの付かないものとなったあとから、衰退が始まったということになる。いずれにしろ、独創性は失われた[137]。オランダ人は保守主義に転じ、尊大にも近かったその自信を失ったのである[138]。

衰退の原因は外部的か内部的か

オランダに衰退をもたらした多くの「原因」のうち、戦争、外国の重商主義[139]、オランダの技術の外国における模倣、ヨーロッパがまず貿易で、つづいて金融でアムステルダムを中継市場として利用しなくなったこと、フランスに貸し付けていた資本がフランス革命で失われたこと、フランスによる賠償金の課徴などは外部的な原因とみなすこともでき、実際オランダの歴史家はこれらの原因こそがオランダを衰退させたと指摘するのである[140]。しかし、貿易と工業から金融への後退、ロンドンからパリへの貸付先の切り換え、賃金の引き上げをもたらした高い消費税、求心的な方向性の強化に対する州の抵抗、とりわけ課税をめぐってこうした抵抗が起きたこと、ギルドの強固な存続、熟練労働者の喪失、誇示的消費、歪められた所得分配、さらにもっとあるが、これらは内部的な原因である。外部的な要因と内部的な要因の中間には、漁業と捕鯨業におけるイギリスやドイツとの激しい競争――オランダ人は結局それについていくことができなかった――、熟練労働者とくに船員の外地への流出といった要因がある。わたしにはこの最後の要因が問題のカギを握っているように思われる。すなわち、生命力とエネルギーに満ちた若い国こそが、古びた独占的な国に挑戦するのであり、年老いた国にはその挑戦に革新的な反応をもって対処する能力が欠けているのである。

第7章　フランス——永遠の挑戦者

反例

ヴェネツィア、フィレンツェ、ジェノヴァ、スペイン、低地諸国というぐあいに、経済的かつ/あるいは軍事的な首位の座に着いた国々というのは時計回りの円を描き、最後のイギリスになってこの円の外側に出たのであるが、フランスはこの時計回りの円の内側にあって、それらにぐるりと接した国である。しかし、フランスがこのような首位の国々の継承から排除されたからといって、もとよりそれは「円に内接していたという」デザイン上の問題ではない。というのも、フランスは軍事的な優位を得ようとして、たえず奮闘した国だったからである。フェルナン・ブローデルはおそらく皮肉を込めながら、一一三〇年から一一六〇年にかけてのシャンパーニュの定期市の時代をのぞくと、フランスが経済的なヘゲモニーを獲得したことはけっしてなかったと述べている。この時代こそ、フランスの領土がヨーロッパ経済の中心をなし、また、その中心と周辺との間に位置する中間地帯を含み込んだ時代だったのである。(1) ブローデルは、フランスが——一四九四年のシャルル八世によるイタリア攻撃や一六七二年のルイ一四世によるオランダ攻撃など——早くから他国の成功のたんなる傍観者の役割を脱しようと試みてきたことを記述する。しかし、これらはいずれも目標を達成することができなかった。[2] 一六八八年から一七八〇年まで打ち続いた戦争も同様に、おおむね侵略的なものにとどまった。「フランスはほんのひとときでさえ第一級の経済大国に、すなわちヨーロッパの中心になることができなかった。……そこには中心国となるための必須の諸要素、すなわち経済的な大量生産、豊富な信用、ビジネスの繁栄、大量の海上貿易が欠けていたのである[3]」。

しかし、国家はライフ・サイクルのなかにあって成長からやがて衰退にたどり着くというわたしたちの複雑なモデルに関しても、フランスはその例外となる国であった。フランスは世界の優位に立つことができなかっただけではなく(一九二四年のドーズ・プランに関するシューカーの研究書[4]の題名『ヨーロッパにおけるフランスの優勢の終焉』がそのようなことを示唆しているにもかかわらず)、ヨーロッパの他の国々とは異なり、衰退が止まることなく長期化するという事態を経験したこともなかったのである。そのかわりにフランスが経験したのは、ジャック・A・ゴールドストーンが編み出したモデルのなかで説明されているように、政府の崩壊と刷新の繰り返しであった[5]。そうすることによって、マンサー・オルソンの言葉にしたがうと、フランスは新規まき直しの機会を繰りかえし与えられたのである[6]。

ゴールドストーンは、さまざまな国で起きる反乱や革命に見られる国家の病理学に関心をもつ社会経済史家である。とくに彼が関心をもっているのは、[多くの国家の反乱や革命においては」たんなる類似というにはあまりにも似通っている、しかしまた「社会的―政治的法則」

を構成するというには十分に食い違っているパターンを通じて、いかにさまざまな諸要素が結合し合っているかということである。まず、国家の病理は人口の増大から始まる。それまで高死亡率の原因となっていた何らかの伝染病の侵入に対して抵抗力を持つ抗体が人々の間で増強していったことから人口の増大が生じるというマクニール型のパターンでないとすれば、それはどちらかというと外発的なものである。都市においても、また地代が現物で支払われる農村においても、人口は農業生産を上回る速度で増大し、それが価格の上昇、インフレーション、ひいては飢餓をもたらす。不作ともなると、こうした困難な状況はさらに悪化する。また、エリートの間では、人口の増大にともなって、地位を求める競争が激化する。貴族、金持ちの商人、法曹界の専門家、公証人、医師、等々の子弟はこの競争で挫折を味わい、その多くが法服貴族［ブルジョアジー出身で、売官制にもとづいて高級官職を手に入れ、貴族身分に上昇することができた者］の地位を得るという期待を満たすことができなくなる。戦争でも起きれば、立身出世の機会が増える一方で、出世を望む候補者のほうもいく分かは減るかもしれない。しかし、戦争というものは、もし君主とその政策的な助言者がその費用を税金でまかなおうとしたり、めぼしい税収を得ることができないからといって、借金を行い、その利払いに税金を充てようとしたりすれば、それはそれで厄介な事態の元凶となる。「反乱や革命が発生するのに」これら四つの要素――人口増、インフレーション、飢餓、立身出世競争の激化――がすべてそろっていなければならないのかどうか、あるいは政府の負債と課税をめぐって諸部門間の衝突が起きるだけで「反乱や革命が発生するのに」ほとんど十分なのかどうかということは、完全に明らかになっているわけではない。ともかくも政府が繰り返し崩壊局面に見舞われるときには、これらの諸要素がたがいに異なる比重で結び付いているのである。反乱はこれらの諸事情の組み合わせによって引き起こされるのであるが、一七世紀中頃のフロンドの乱のときのように、その後政府のコントロールが回復することもあれば、フランス革命のときのように、その後それがまったく失われることもある。いずれの場合であっても、大混乱が旧くからある利害集団の支配力を打ち破るか、それを緩めるかして、新参者《ニュー・メン》の登場に道を開くということがしばしば起きるのである。

フロンドの乱

人口の増大、三〇年戦争のさなかのインフレーション、そしてルイ一三世の死後に新王の摂政［アンヌ・ドートリシュ］によって行われた税率の固定化という状況を受けて、まず枢機卿リシュリューが、つづいて枢機卿マザランが試みなければならなかったのは、すでに官職を買い取った保有官僚(officiers)や政府金融業者(financiers)［のなかで財務官僚になった者］に対して、その官職の世襲的な保有を認めるかわりに、彼らからさらに多くの金を引き出すことによって、また新たに五万もの官職を設けることによって、政府のもとに資金をかき集めることであった。〔訳注1〕［このような売官制度とともに横行した民間の政府金融業者による］徴税請負制度というのは、政府の官吏の数が限られた時代にこそ、国王にとって収入を増やす一つの効率的な手段となった。したがって、それはイギリスで行われたように、請負業務が短期契約でリースされ、競売を通じて繰り返し売却されたときに、もっとも効率的に作用する制度となる。それに対して、請負業務がとめどなく供与されたときには、この制度はそれほど効率的に作用せず、フランスの請負業務はしだいに私有財産に転化していったのである。最初はパリで、つづいてもっと広い地域にわたって、［保有官僚の牙城であった］高等法院の上級官僚(parlementaires)のなかから反乱が起きたのは、保有官僚の富と地位が脅かされるようになったからである。〔訳注2〕それは一六四〇年代末のことであり、多くの不利な影響を被ってきた［封建的な帯剣］貴族、農民、パリ市民もこの反乱に合流した。フロンドとは「投石器［反乱］」(slingshot)を意味するフランス語に由来するものであり、摂政アンヌとその助言者マザランに対する攻撃を表していた。フロンドの乱は一六四〇年にイギリスで起きたクロムウェルの乱という先例にも鼓舞された。しかし、一六四八年の三〇年戦争の終結で国王軍の制約が解かれると、摂政が、続いて一六六一年に親政を開始したルイ一四世が、フロンドの乱の抑え込みに全力を注ぎ込むことができるようになった。さらには、一六四九年にイギリスでチャールズ一世が斬首されるという事件の衝撃が反乱の鎮圧に一役買った。

重商主義とナントの勅令の撤廃

一五六二年［のユグノー戦争の開始］から一五九八年のナントの勅令にいたるフランスの宗教戦争は、わたしたちが関心をもつこの国の経済成長の時代よりも早く起きた出来事であった。めざましい経済成長が起きたのは一七世紀であった。それはフロンドの乱が終わってからのことであり、とくにジャン＝バティスト・コルベールの重商主義政策のもとでのことであった。コルベールはマザランの財政顧問から身を起こし、一六六五年に財務総監となり、一六六九年には海軍管掌の国務卿となった。彼は戦争で不当に暴利を得た者を裁く不正摘発法廷（聴聞裁判所の一形態）〔訳注3〕を開き、政府が負わされていたかなりの債務をその法廷の場で帳消しにし、また成果を上げることができなかったものの、課税改革を試みようとした。彼が最大の業績を成し遂げたのは、助成金や関税をテコにして産業の成長を促進し、フランスにオランダ人の造船工、スウェーデン人の鉱山職人、イタリア人のガラス職人、フランドル人のレース職人を呼び寄せ、さらに毛織物業の分野でイギリスやオランダにとくに対抗しようとするなど、今日では産業政策と呼ばれる領域においてであった[7]。海事の分野では、彼は船舶の建造と港湾の建設を推進し、とくに後者では、大西洋沿岸で、ナントのほかにもブレスト、ロリアン、ロシュフォールのような港湾都市を計画的に整備する一方で、地中海ではレヴァント貿易のためにセートを整備した[8]。ブローデルは、コルベールが商船と軍船の建造計画をあまりにも性急に進めようとしたと語るマルエ「大革命期の政治家」の言葉を引用している[9]。彼は貿易用の船の建造に取りかかるが早いか、軍船の建設にも着手したというのである。フランスには地理的に大きな負担を強いられているという面もあり、地中海艦隊と大西洋・北海艦隊の二つの艦隊をもたなければならないという事情もあった。しかし、ルイ一四世はこのような海事の重要性を何ら理解しておらず、軍事的に動員可能な人員をどのように配備し、いずれに主導権を持たせるかということをめぐっていさかいが生じたときには、彼の下にいた好戦的な貴族たちはきまって誤った判断(陸軍)のほうに傾いたのであった。[10] コルベールはフランスの商船が小型なのはこの国の個人主義のせいであると非難したこともある。それは次のように引用されている。「連中ときたら、オランダ人のように、大きな船を所有するために、他のアルマトゥール(船主かつ/あるいは艤装業者)と手を結ぶといったようなことはせずに、自分自身の小さい帆船をもちたいと望んでいるだけなのだ[11]」。

フランスの住民のなかにも、海事におけるフランスの力を強化することができたかもしれない一つの要素があった。それがユグノーである。彼らは銀行業、商業、工業――そのなかでもとくにガラス、絹、製紙――で成功し、それに加えて、大西洋岸の諸港、とくにラ・ロシェルとナントから私掠船を繰り出し、それを巧みに操り、ビスケー湾を航行するスペインの船を襲撃したりもしたのである。しかし、一七世紀の第1から第3四半期の間、摂政と国王を取り巻くカトリック勢力が、プロテスタントに対して諸制限を課すように摂政と国王に強く働きかけ続け、さまざまな手段を講じてユグノーを執拗に困らせた。そのなかには彼らの住宅に兵士を宿営させるという嫌がらせまであった。一六七九年には、政府の官僚たちがカトリックに改宗しようとしない者たちに対して差別的な課税を行うことを国王に提言した。ギルドや専門職の諸集団も、プロテスタントが就いている現在の地位から彼らを放逐することを政府に求めた。しかし、ルイ一四世とコルベールはそのような政策に踏み出すことに乗り気ではなく、とくに貿易と海運業から彼らを追い出すことについてはそうであった[12]。

一六八三年にコルベールが死ぬと、プロテスタントの信仰を捨てようとはしない者たちの窮状はさらにひどくなった。そしてついに、彼らのうちのかなりの部分が、正貨と技術をたずさえて、国外に移住するようになったのである。ウォーレン・スコヴィルの推定によると、フランスのユグノーの総数は一五〇万から二〇〇万といったところであり、その一〇分の一が一六八五年のナントの勅令の撤廃直前から、それにつづく数年の間に国外に退去したという[13]。コルベールが死んだ頃のフランスは「おそらく西ヨーロッパでもっとも豊かで、もっとも人口が多く、もっとも力の強い国家であった」が、その経済は一六八四年から一七一七年まで(ジョン・ローのもとでインフレーションによる経済の刺激が行われるまで[14])停滞した。もっとも、スコヴィルはこの停滞の主因をユグノーの国外移住に求めることにはあまり積極的ではなく、どちらかというとそれに続いて起きた二つの戦争、つまり一六八八年から一六九七年のアウクスブルク同盟戦争(イギリスでは九年戦争という)と一七〇一年から一七一三年のスペイン継承戦争(イギリスではアン女王の戦争)を強調する。ユグノーの国外移住については、むしろそのおかげで、一八世紀のフランスを特徴づける貿易の拡大が実際に促進されたと考えることもできる。というのも、カトリックに改宗した(その大部分は心からのものではなかった)のち、国内に留まったユグノーの圧倒的大多数はかつての同信徒の間に急速に張り巡らされたネットワークを手に入れたからである。このネットワークは海外に離散していったユグノーの間につくられたものであり、国内にとどまった者たちはそれを通じて彼らとの間で取引を行うことができたのである[15]。

ミシシッピ・バブル

一七一三年にスペイン継承戦争が終わり、一七一五年にルイ一四世が死去すると、ルイ一五世の摂政［オルレアン公フィリップ三世］は、近年の戦争に紛れて生み出された、あるいは先王の統治時代に蓄えられた不当な利得を没収するために、不正摘発法廷を開催した。この没収は査証Ⅰ（Visa Ⅰ）として知られるようになった。これと同様の措置が査証Ⅱ（Visa Ⅱ）として繰り返された。それはジョン・ローに敵対していた政府金融業者のたっての要請によって着手されたものであり、ミシシッピ・バブルのさなかに、王立銀行券、西方会社［別名ミシシッピ会社］の株、国家債券（billets d'état）に投機を仕掛けた連中が（他人を食い物にして）不適切な手段で財を成していったのを問題にしたものであった。わたしはこのミシシッピ・バブルについてはほかのところで論じたことがあるので[16]、ここでこの問題を再度取り上げることはしないでおくが、次のことは言っておきたい。それは、［査証による］資本課徴、そして［その査証の対象となった］インサイダーが手に入れた多額の利益、さらには市場にあまりにも遅れて参加したり、そこに長く留まりすぎたりした者たちがこうむった投機的な損失――これらのことを通じて、富のかなりの再分配が生じたということである。そして、このことこそが、一七二〇年あたりから一七八九年にかけてフランスの商工業が急激に成長した要因の一つとなったかもしれないのである。ロンドンの南海泡沫事件を研究したある歴史家によると、このときのバブル、そして投機をあおった者たちの資産の没収、さらには会社法人を新しく起こすには議会の特許状が必要であるとした一七二四年のバブル会社禁止法によって、イギリスの産業革命の到来は四〇年から五〇年も遅れたという。[17] このような推論が幅広い支持を得ているのかどうかということは、わたしにはよく分からない。ただ、フランスについて言うならば、査証が繰り返し行われたということは、ゴールドストーンのモデルのように、［慢性的な負債を抱える政府の収入増をめぐって諸部門間の衝突が起きることによって］政府が崩壊したということを意味するものではなく、経済成長を導く効果的な行動がとられたということを意味したのである。もとより、ジョン・ローが個人銀行［王立銀行の前身］を起こし、タバコ事業の独占に乗り出し、財務総監になったときに、このようなことを心に描いていたわけではない。彼自身が企図していたのは、その後、彼以外の数人の外国人［ネッケルら］と、それに加えてほんの一握りのフランス人［テュルゴー、カロンヌら］が試みようとしたことと同様に、フランスの政府金融業者のシステムを改革することであった。しかし、パリス兄弟［当時のもっとも有力な政府金融業者］に率いられた政府金融業者の一団が彼を敗北に追いやったのである。だが、そのような事態の推移にもかかわらず、［査証による］富の再分配、とくにそれによって［バブルで荒稼ぎした連中に］多額の資本損失が発生したということが、自分たちの資産の立て直しを図ろうとする多くの人たちのやる気を刺激したということなのである。事実、フランスの経済は一六八〇年から一七一七年あるいは一七二〇年にかけて減速したのち、速度を上げることとなった。

グレゴリー・キング［イギリスの統計家］が一六八八年に国民一人あたり所得を算定したところによると、オランダ八ポンド一シリング四ペンス、イギリス七ポンド一八シリング、フランス六ポンド三シリングであった。[18]このことを踏まえたうえで、Ｗ・Ａ・コールとフィリス・ディーンは、イギリスとフランスの格差が一八世紀の間にさらに広がったと論じる。それに対して、パトリック・オブライエンとカーグラー・ケイダーは、コールとディーンよりも後に行われたものの、完全に納得のいくものであるとはいいがたい調査に基づいて、多少の差はあれ、両国の一人あたり所得は一七八九年までにほぼ一致するようになったと主張する。[19]彼らは「おそらく」とか「たぶん」とか「妥当と思われる」とか「無理のない」といった限定句を多用することによって、自分たちの評価に防御を張り巡らそうとしている。また、彼らはフランスがイギリスとは異なる発展の経路をたどったとも主張する。だから、「一五パーセントの格差があるといっても、それはそれほど大きいものではなく、フランスの相対的な遅れは明らかであるとはいいがたい[20]」とされるのである。また、同時代の旅行者の証言は状況の表面だけを見たものとして、しりぞけられる。[21]

フランス革命の時代にフランスの一人あたりの経済力がイギリスのそれと肩を並べるレベルに達したというのは、なかなか受け入れがたい考えである。たしかに、総体的にはフランスの経済力が上回っていたが、それは人口がはるかに多かったからである。一八〇一年のイギリスの人口が一一〇〇万人であったのに対して、フランスのそれは二七〇〇万人を超えていた。[22]しかし、産業や金融の質的な面にもとづくと、イギリスのほうがより進んだ発展段階に到達していた。そのなかで、フランスが一八世紀に最大の進歩を遂げたのは貿易の分野であった。

一六〇〇年以前、イギリスは大陸から技術を輸入する国であり、たとえばドイツから鉱山職人を、オランダから排水の専門技師を、フランスから土木技師や建築家を雇い入れるなどした。[一七世紀末には]アンブローズ・クローリーがサザーランドにある彼の工場にスペイン領ネーデルラントのリエージュから釘製造技師を招いた。(23) ナントの勅令が廃止されると、たしかに経済的理由というよりも宗教的な理由からではあるが、企業家や職人、それもほとんどはガラスや絹や時計のような高品質の奢侈品をつくる、あるいは金融業にたずさわる人々が、フランスからイギリスへと洪水のように押し寄せてきた。また、すでに述べたように、[一八世紀初め]サー・トーマス・ロムは彼の弟がボローニャ[ピエモンテ]から盗み出した図面をもとにして、ダービーで撚糸工場を稼動させた。しかし、すでに一七世紀と一八世紀の端境期にさしかかったあたりから、技術の流れは逆方向に向かい始めたのである。これ以降、イギリスでなされた発明や技術革新のなかには、ノッティンガムの靴下編機、ニューコメンによる蒸気機関、コートによる鉄鋼のパドル法などがある。イギリス政府は産業上の知識の独占を維持するために、機械の輸出と熟練職人の国外移住を禁止する措置の立法化に力を入れるようになった。一七一九年に綿布の生産と染色で技術革新をはたし、インドのモスリンとキャラコに対抗することができるようになると、政府は大陸への労働者の移住を再度禁止した。しかし、一八世紀の半ばを過ぎると、イギリスと大陸との間のバランスはますます崩れていき、フランスへの技術の移動は、それを押し止めようとするいろいろな試みがなされたにもかかわらず、テンポを上げていった。飛び杼の発明者であるジョン・ケイは、フランスに渡り、梳綿と織布の技術を工場で教授してくれるようにとの誘いをフランス政府から受けた。ジャコバイト〔名誉革命後の国王派〕であったジョン・ホーカーも、フランス政府の助力のもとで建設される予定の一連の綿布製造工場の第一号を設立するようにと説き伏せられた。また、製鉄業者であり、機械製造業者でもあったウィリアム・ウィルキンソンはフランスに引き抜かれ、ル・クルーゾの製鉄工場の設立を支援した。(24)

一七六〇年代、一七七〇年代に産業革命の時代が到来すると(それについては次章で論じる)、フランス政府は人々がイギリスを旅行し、そこで工業の手法を研究することに対して、財政的な援助を行うようになった。ガブリエル・ジャールは一七六五―一七六六年に、とくに製鉄所と炭坑を研究するためにイギリスに派遣された。それに続いて、パリで機械工場を経営していたド・ラ・ウリエールとコンスタンタン・ペリエが一七七五年と一七七七年にそれぞれ渡英した。(25) フランス革命とその後の戦争のために、フランス人によるイギリスからの技術の借用は中断されたが、それがまったくなくなったわけではなかった。戦争にもかかわらず、たとえば、織機、蒸気機関、そしてそれらを動かす職人がイギリスからひそかにハンブルク経由でヘントに渡っていったのであった。(26)

一八世紀におけるフランスの成長の主要な源泉は技術でもなく、人口の伸びに追い付くか追い付かないかといった程度の増産しかできなかった農業でもなく、貿易であった。オーストリア継承戦争、七年戦争、アメリカ独立戦争と戦争が三度も起き、船舶が重大な損害を受けたにもかかわらず、貿易は急成長を遂げた。利益を上げたのはおもに、西インド諸島の砂糖・タバコ・インディゴの貿易、そしてアメリカ植民地の綿花・米・タバコ・材木・小麦・小麦粉の貿易であった。ボルドー、ナント、ラ・ロシェルは大西洋の西側の縁とヨーロッパ大陸の多くの部分とをつなぐ植民地物産の中継港として機能した。サン・マロはおもにノヴァ・スコシア［カナダ南東部の州］沖とニュー・ファウンドランド沖の漁業にたずさわり、大西洋貿易の中継港としてはそれほど機能しなかった。

それに加えて、フランスの海運業はオランダの海運業にかなりの程度取って代わるようになり、フランス人の荷主は中継港としてのアムステルダムに依拠するのではなく、船荷を直接［ヨーロッパ北部に］輸送するようになった。一七一七年にはボルドーから輸出されるワインの六七パーセントがオランダに向かい、ブレーメン、ハンブルク、ダンツィヒといったおもにハンザ諸都市を意味する「北方(Nord)」に直接輸出されるワインはわずかに一三パーセントであった。それが一七八七年には、数字はそれぞれ一〇パーセント、四六パーセントに変化した[27]。ボルドーと並ぶ一八世紀のフランスのもう一つの大きな港である［地中海に面した］マルセイユは、ボルドーほどには西インド諸島との貿易にかかわらなかった。一七八九年、マルセイユの総輸出入額二億三〇〇〇万リーヴル（沿岸貿易はのぞく）のうち、カリブ海地域との取引は五四〇〇万リーヴルであったが、それとは対照的に、ボルドーの総輸出入額二億五〇〇〇万リーヴルのうち、同取引は一億一二〇〇万リーヴルにも上った。比率にすると、前者は総額のおよそ二五パーセント、後者は四四パーセントである。マルセイユは一八世紀の貿易の伸び率の点でも低く、ボルドーが実質で年四・一パーセントを示したのに対して、一・六パーセントに留まった。(28) フランスが一七〇〇年から一八一五年のうちの六〇年間をイギリスとの交戦に費やしたという事実に照らしてみても、大西洋貿易のこのような成長には注目しておかなければならない。

金融制度が経済成長の伸び率を規定する決定的に重要な要因であるかどうかという点にはかなりの疑問もあろうが、フランスとイギリスの成長の伸び率とその水準を比較するにあたっては、前者が後者に対して、紙幣、銀行、中央銀行、手形交換所、保険会社、証券市場(長期国債(rentes)をのぞく)の発展において、一世紀ほど遅れていたということはおそらく重要な意味をもつ。わたしは別の機会に、一九世紀まで時代を広げながら、イギリスとフランスからリストアップした九つの金融制度を——それらを相互に比較することのできる諸データを付したうえで——、示したことがある。(29) それをここに再掲する必要はないであろうが、フランスの金融制度がイギリスのそれに一世紀ほど遅れていたことの例証として、次の点を挙げておく。すなわち、イングランド銀行の創設が一六九四年であったのに対して、フランス銀行の創設が一八〇〇年であったということ、イギリスでは一八世紀に銀行券が広範に使用されていたのに対して、フランスでは一八六七年にもなって依然として、『金属貨幣と信用貨幣の流通を統御する原理と一般的事実に関する調査』(30) のなかで、銀行券の効用についての議論が交わされていたということである。おそらくわたしは最初に作成した一覧表に、イギリスが一七九七年に所得税を徴収するようになったのに対して、フランスが一九一七年までそれに取りかかろうとはしなかったということを付け加えておくべきであった。フランスはようやくこの年に、第一次大戦後に発効することになる所得税を制定したのであった。ついでにここに記しておいてもいいであろうが、一七九七年という年は、イギリスで所得税が施行され、フランスで徴兵制が施行されたという点において、歴史上もっとも陰気で、悲痛な年の一つとして後世に名を残すことになるであろうとフランソワ・クルーゼは述べている。(31)

農業・漁業・林業に従事する労働力の比率は、荒削りではあるが、発展の程度をさらに踏み込んで測定する一つの手段となる。それが荒削りな測定手段であるというのは、労働力の移出入によって、また、女性や子供の労働力を計算に入れるか入れないのかという選択によって、さらには、比率に差異をもたらすその他の諸要素によって調整されなければならないからである。しかし、一八世紀の終わり頃、おそらくイギリスの労働力の四〇パーセントに満たない部分がこれらの第一次産業に従事していたのに対して、フランスでは一八五六年になっても依然として労働力人口の半分以上がこれらの職業に従事していたという事実は、フランスがイギリスに後れを取っていたという主張を支持するものとなる。(32)(33)

たしかに、フランスは一八世紀の大部分の間、イギリスよりも急速に成長したかもしれない。しかし、そうだとしても、フランスの一七八九年の一人あたり所得が海峡の向こう側の国の一人あたり所得に匹敵するものとなったというオブライエンとケイダーの結論を受け入れることは困難である。技術と金融の発展という先に述べた質的な指標、またフランスにおける農業から工業への労働力人口の限られた移動という点に加えて、ゴールドストーンが出したデータを再掲したものもまた、フランスの成長速度が相対的に大きく、イギリスに迫るものであった半面、両国の絶対的な格差はむしろ広がっていったということを示している。ただし、表7-1に出てくる数字はおおざっぱなものである。というのも、それはオブライエンとケイダーのデータと同じように、やはり(貿易をのぞく)サービスを除外しているし、便宜的に一ポンド＝二五リーヴルという大まかなレートで、リーヴルをポンド・スターリングに換算しているからである。

　この表から分かることは、一七〇〇年頃にはイギリスの一人あたり所得がフランスのそれを二・九ポンド上回っていたのに対して、フランス革命の頃にはその差が四・二五ポンドに広がったということである。これは、もともと小さかった数値が相対的にやや大きい比率で伸びていったとしても、もともと大きかった数値が相対的に小さい比率で伸びていったものに、絶対的に追い付くことがなかったということである。フランスの工業における進歩のうち、そのいくらかは一連の戦争のときに敵の海軍と私掠船の攻撃によって失わ

表 7-1　1700 年頃と 1789 年頃のイギリス(英)とフランス(仏)の(ポンド・スターリングで表示した)1 人あたり所得

	全体		農業		商工業	
	英	仏	英	仏	英	仏
1700 年頃	7.28	4.38	3.98	3.27	3.28	1.18
1789 年頃	11.95	7.7	5.31	5.29	6.51	2.42
増加率	65%	76%	34%	61%	99%	120%

出所）Derived from Goldstone, J., *Revolution and Rebellion in the Early Modern World*, Berkeley: University of California Press, 1991. Copyright © The Regents of University of California.

れた数千もの船を造り替えることによって得られたものかもしれない。他方、七年戦争の後に締結された一七六三年のパリ条約でイギリスにカナダを譲渡したことは資本損失を計上し、フランスの将来の所得を減じることとなった。また、フランスのカリブ海貿易も一七九一年にサン・ドマング(のちのハイチ)で起きた奴隷蜂起によって大きな痛手をこうむった。この蜂起はその二年前に勃発したフランス革命に共鳴して発生したものであった。

一八世紀のフランスにおける生産力の伸びも、財政分野の失敗によって決定づけられた経済の後退を相殺するまでにはいたらなかった。財政システムを改革する試みは一八世紀の間、三人の外国人――スコットランド人のジョン・ロー、スイス人のイザク・パンショー〔訳注4〕とジャック・ネッケル――によって、とくにネッケルは二度にわたって、さらに二人のフランス人、一七七六年のテュルゴーと一七八五年のカロンヌによって、次々となされはした。しかし、これらの試みはすべて[徴税請負や政府債等の利権を有する]政府金融業者の激しい抵抗のまえに挫折した。[税収増が改革の基本であったが]貴族は税を支払おうとはしなかった。彼らの国家に対する貢献とは戦場に命を懸けることであった。一八世紀の戦争は陸上よりも海上で戦われるものとなり、交戦の形態は労働集約的というよりも資本集約的なものとなっていった[その分、フランスの貴族は戦争の直接の担い手ではなくなっていった]。そうした変化に応じながら、フランスの貴族がアメリカ独立戦争後になると、国家に対して何らかの義務を負うじっと落ち着いた存在になったということはありうることである。しかし、何世紀も税を支払っていなかったことがもたらす慣性のゆえに、彼らは自らに納税義務があると感じるまでにはいたらなかったのである。結局、財政改革はフランス革命のときに断行されたのであり、このとき三五人の保有官僚と政府金融業者が逮捕され、二八人が断頭台の露と消えたのである。

富の分配に関する同盟関係(distributional coalition)というのがあって──それは主要には課税を逃れた貴族のことであり、そのことを問題視する声もほとんど上がらなかった──、それがいくつかの戦争の間に支払われずにそのままになっていた税負担を完済することに抵抗したのは事実である。しかし、このことが原因となって、一七八〇年代までの成長がその後唐突に衰退に転じたとみなし、そのことを強調することによって、一八世紀のフランスを第2章で論じたモデル［国家がそのライフ・サイクルにおいてS曲線を描くこと］に押し込めようとしても、それはほとんど無理というものであろう。それに対して、［国家の崩壊と刷新の繰り返しを重視する］ゴールドストーンの分析はもっと複雑なのであって、そこでは、富の分配に関する同盟関係の他にも多くの要因があって、それらがもとで政府が崩壊したということが強調される。農民は、土地にかかる税の主要な部分を負担し、また一七八〇年代の不作のしわ寄せをもっとも多く背負い込んだことから、こっぴどく痛めつけられた。この時代に生じた人口増のために、通常ならばエリート階級の間を順調に出世することをあてにできた人たちの層が分厚くなった［その分、彼らの出世の望みは小さくなった］。ゴールドストーンの研究よりも前にジョルジュ・リューデが論じたところによると、一七六〇年以後、中産階級は世襲官職を買い取る道から閉め出されるようになり、貴族の諸特権を目の当たりにして、屈辱と抜きがたい欲求不満の感情に苦しめられるようになったというのだが(34)、これもゴールドストーンの分析を裏付けるものである。フランス革命の第一原因(causa causans)は、農民やサン・キュロットや中産階級の側に求められるべきなのか(彼らは［革命前に不満をうっ積し］革命から利益を得た者たちであった)、それともカロンヌの失敗後に財政問題の解決のために招集された全国三部会の名士たちの側［革命前の課税システムから利益を得ていた者たち］に求められるべきなのかどうかという問題に対しては、わたしは答えを出さないでおくこととする。ともかくも、三人の改革者［テュルゴー、ネッケル、カロンヌ］の試みは高等法院の上級官僚、高位聖職者、貴族のブロックに阻止された。しかし、これらの特権的な諸階級は皆、一八世紀の戦争を生き延びることはできたが、フランス革命を生き延びることはできなかったのである。

ルイ一六世のもとで財政システムを破綻に追いやった要因の一つは、ネッケルが年金受領者の年齢を考慮せずに［受領期間が相当に長くなる可能性を想定せずに］、かつ数口の設定も可能であるとした終身年金を売り出して、それによって債務を背負うという誤りを犯したことにあった。このときにオランダ人がイギリスの証券からフランスの証券に切り換えたのは、フランスへの投資のほうが明らかに魅力的であるという動機が一部にはたらいていたからであった。[35] しかし、［財政難の解消をはやるあまりに］ネッケルは古典的な誤りを犯したのであり、それによって国の負債は増大したのである。

ゴールドストーンは彼の研究書の終わりのほうで、ナポレオンやアドルフ・ヒトラーの名前を持ち出すことなく、次のように書いている。

歴史が示すことは、国家の崩壊というものがほとんど一様な傾向をもつということである。すなわち、国家はポピュリスト的な、たいがいは軍事的な独裁、恐怖、無秩序、軍人による支配の強化のうちに、その崩壊過程の最高潮に達するということである。国家の崩壊過程のなかでこのように立て直された軍隊というのは、エネルギーと理想には満ちているが、民主主義には我慢がならないのである(36)。

大陸制度

フランス革命、革命戦争、ナポレオン戦争の間、フランスの産業はいくらかの経済成長をとげはしたものの、それは産業革命が進展しつつあったイギリスの経済成長とはほとんど比べものにならなかった。フランスの成長は、それまで外国から買っていた多くの商品――時計、光学器具、火薬、塗料、化粧石鹸など――の輸入が「大陸制度のために」絶たれてしまったという事情によって刺激された(37)。化学者であり、内務大臣を務めたこともあるシャプタル伯爵は当然にもフランスにおける化学の進歩に特別な関心をもっていた。「今日のフランスは製造業にかけては最高のランクに入る国であり、とくに化学の技術に関しては向かうところ敵なしである(38)」。「……周囲との関係をすべて阻まれたフランスは、それまで輸入していた商品について、自らを頼みとしなければならなくなった。……このときフランスは、偉大な、啓蒙された国家が、その独立が攻撃されたときになし得ることを、いまひとたびヨーロッパの諸外国に示し、彼らを驚嘆させたのであった(39)」。

化学におけるフランスの傑出した強さは革命戦争後から一八三〇年頃まで続いた。パリはドイツ人の化学者のメッカであった。彼らは、当時のドイツの大学が有していた抽象的な観念論よりも大きな成果を上げることのできる実験中心的なアプローチをそこに見出したのである。(40)しかし、ドイツ化学史の研究者が指摘するところによると、フランスはアルザス・ロレーヌがドイツに割譲された一八七一年に多くの化学者を失ったのであり、それに、もともとフランス人というのは化学の探究に必要とされた単調な骨折り仕事は得意ではなく、実際の実験手順よりも観念を組み立てることのほうが好きだったのである。(41)

シャプタルは、フランスの化学工業がこのように発展したにもかかわらず、「フランスにはイギリスと同じくらい多くの機械があるとは依然としてとても言えるような状況にはない」ということを認めた。(42)彼は、［イギリス人の］ウィリアム・フォックスとコーンウォリス卿がアミアンの和約（一八〇二年）の後に、彼に案内されてルーヴル美術館を見て回ったときに、そこに展示されている品々の美しさや豪華さを賛嘆したのはいいが、それらのなかに一般の人々にも利用できるものは何かあるのでしょうかと質問してきたという話を語るときにも、どこか決まり悪そうなところを見せる。そのとき彼は、あまり高価ではない部類の刃物類や時計を彼らに見せることによって、フランス産業の優秀さを弁明したのである。(43)しかし、彼はのちに磁器について論じるときに、これと同じ問題に立ち返って、次のようにも述べている。つまり、ディール、ゲラール両氏の工場［一八世紀末から一九世紀初めのパリで操業した］はセーヴルの王立工場の磁器に匹敵する質の商品を生み出しながらも、それは奢侈品という

よりも、幅広い消費者向けの商品であった。(44)

フランスの技術教育

近代になると、フランスは戦争をするごとに、より進んだ教育、それもたいがいは科学的、工学的、あるいは実践的な教育を行う学校を発足させるという反応を繰り返し示すようになった。橋梁土木局とそれに付属する橋梁土木学校は、オーストリア継承戦争の終結間際の一七四七年に、フランスの道路の改良を目的として設立された。鉱山学校もそれと同時に建てられた［実際は一七八三年の設立］。フランス革命と革命戦争が起きると、科学界の第一人者たちは科学者や技師の訓練、それも多くは軍事的な訓練を目的として、一七九四年に理工科学校《ポリテクニーク》を発足させた。もっとも、理工科学校の卒業生の相当数は橋梁土木学校か鉱山学校に進み、さらに進んだ研究に取りかかった。一八一六年に鉱山学校はパリの理論部門と［リヨン南西の］サンテティエンヌの炭坑近くの応用部門とに再編された。これらの「高等専門学校(grandes écoles)」の周囲には、より規模の小さい諸学校、すなわち、陸軍、海軍、その他専門的な諸目的のために建てられた諸学校、さらにそれらよりは(格式の点で)劣るが、実践的な教育を行う諸学校がグループをなしていた［これらも多くは高等専門学校となった］。すなわち、フランス革命のときに創立された工芸院、実際の事業に役立つ技術者の質とその供給を高め、職人を訓練することを目的として、一部の産業資本家によって一八二九年に最初は私立学校として設立された中央工芸学校、そしてもとはラ・ロシュフーコー＝リアンクール公［一八世紀末から一九世紀初めの政治家］が彼の軍隊［竜騎兵］の子弟のために創立した学校であったが、フランス革命の直前に改編された工芸学校などである。プロイセン―フランス戦争の末期には、物理科学ではなく、社会科学を教える政治学学校が登場し、一九四五年には国立行政学院も創設された。これらの学校はすべて、たとえ意図的ではなかったとしても、新参者《ニュー・メン》を育成し、フランスの新規やり直しの道を創出するという効果を発揮したのである。

わたしはかなり前にフランスの技術教育について書いたことがあるので、そこで論じた説をここで繰り返すのは控えておく。(45) しかし、そのうちの一、二点についてはここで繰り返しておくだけの価値がある。第一に、フランスの高等教育の力点は実践的ではなく、おおむねデカルト主義的で演繹的なところに置かれ、数学と純粋科学が重視され、とくに理工科学校では数学のうちでも図形幾何学が重視されるということである。この力点の起源はもちろん一八世紀の啓蒙主義にある。第二に、教育にたずさわる人たちがこのことと同様に強く心がけていたのが威信というものであり、とりわけ理工科学校を論じるときには、「栄誉」(gloire)の二文字がその議論をずっと貫いているということである。(46) かくして、高等専門学校《グラン・ゼコール》の卒業生たちは、ある章句のなかで「世界が羨望する、われらのあの称賛すべき技術者集団」と呼ばれるような存在となったのである。(47) 二〇世紀になると、理工科学校、（学究生活を送る者たちのための）高等師範学校、国立行政学院は、もっとも優秀な志願者と最高の教育機関であるという社会的評価とを得ようとして、たがいに激しく競合しあうライバルとなった。

第三に、当初は理工科学校の卒業生は軍隊に入隊する組と橋梁土木学校や鉱山学校などに進学する組とに分かれるのが普通であったのだが、やがて産業界に入っていく者が頻繁に現れるようになったということである。第二次世界大戦後に設立された国立行政学院も、その卒業生のほとんどはまず政府に入るということが普通であり、とくに威信に満ちた監督権限をもつ会計官庁である財務監督局を入り口にして政府に入ることが好まれるのであるが、そこから政府の高官の地位を昇っていく者もあれば、政界、産業界、あるいは銀行業界に転身する者もいる。

しかし、それよりも重要な点は、一九世紀のフランスの高等教育がイングランドのそれとは歴然たる違いを有し──ただし、スコットランドの高等教育とはそれと同程度の差があったわけではまったくなかった──、人文科学とは区別された科学、とくに数学に力点を置いていたということである。他方、それはドイツのホッホシューレン〔学位授与権をもつ大学〕よりも抽象的であり、それほど実践的ではなかった。このように三つの国を比べてみただけでも、各国の教育の様式がその力点の置き方において、そしておそらく経済成長に対する貢献のあり方において相当に異なったものとなりうることがわかるのであり、たとえ「社会的素質」が経済成長の潜在的な能力を測るのに有効な概念であったとしても、その近似値としてアブラモヴィッツが教育の年数を利用しようとすることに対しては、疑問が湧いてくるのである。このことに加えて、ローズクランスの次のような懸念にも留意しておいたほうがいいであろう。彼が論じるところによると、人口が増大し、そのために教育訓練を受けたエリートがそれにふさわしい勤め先を見出すことができなくなってしまうならば、よりいっそう教育を充実させても、それは経済成長を促進する役には立たないかもしれないのである(48)。

工場視察

ナポレオン戦争が終結した頃のフランスとイギリスの間の技術をめぐる関係という話題に戻ろう。この戦争が終わると、(観光客を除外しても)学者、製造業者、技師、職人といったあらゆるレベルで、フランス人の見学者が洪水のごとくイギリスに押し寄せたのであった(49)。そうした技術者のなかに、鉱山局のド・ガロワがいた。彼は帰国後、[北東イングランド炭田の]坑口から[製鉄所が林立する]タイン河口の波止場まで石炭を運ぶ木製の線路を図に書いて説明したのだが、それが[フランスの]アンザンなどの鉱山で働く荷馬車の業者の間に失業をもたらすのではないかという恐れを引き起こし、結局アンザンでは一八三〇年まで線路が敷設されることはなかった。そのほかにも、技術者のなかには橋梁土木局のデュタン、視察を何度も繰り返し、イギリス産業に関する六巻の大著を記した工芸学校のデュパン男爵などがいた。

イギリス式の手法にとりわけ関心を抱いたフランスの産業が鉄鋼業であった。鉄鋼業についてフランス人がとても知りたがったのは、鉄を鍛造するために炭素分を加熱除去するパドル法と石炭による木炭の代替の二つであった。フランスには木炭をつくるための森林が豊富にあり、鉄工所主(maîtres des forges)が仕事をするのも大概はそこであったから、当時フランスで木炭から石炭へ切り換えることが本当に経済的であったのかどうかという問題をめぐって、今日まで歴史家の間でかなりの議論が続けられている。しかし、フランスは輸入石炭に対する関税を他の場所よりも製鉄所に近接する港において高く設定するなど、同商品に対して複合的な関税を敷いていたのであり、石炭の費用が高かったといっても、そこには人為的なところもあり、純粋に資源の要素賦存の問題とはいかなかったのである。石炭が経済的であったという結論は、一八二五年に石炭を利用していた炉の半分がイギリス人によって所有されていたという事実によっても補強されることである。(50) 比較的規模の大きいプラントの所有者はイギリスに足を伸ばし、鉄工所を視察して回った。なかには一八四九年という遅い時期になっても、視察旅行に出かける者もいた。そのうちの一人ブノワは出色であり、一八三九年から一八四九年の間に七回も海峡を渡り、あるときなどは一度の視察で七つも工場を見学している。(51) また、視察者のなかにはイギリスから職人を連れて帰ってくる者もいたが、そうした視察者の一人がイングランドとウェールズを訪問したのちに、イギリス国内に留まる職人のほうがフランスに渡ってきたはみ出し者よりもはるかにパドリング［銑鉄の攪錬］技術に優れているという不満を漏らした。(52)

この時代のフランスの製造業者とイギリスの製造業者の間には、一つの意味深い対照点があった。それは、フランスの成功した製鉄業者や機械工場主が多くの場合、高等専門学校の卒業生であり、またそうでなくても、自分の息子たちをそこに入学させようとしたのに対して、イギリスの同業者が概して独学で身をなし、またその息子たちをオックスフォード大学やケンブリッジ大学に入れて、軍人、聖職者、その他の知的職業に就くための訓練を受けさせようとしたということである。［こうしたフランス人にとって］外国を訪れることは高等専門学校での抽象的な教育を補完するのに役に立った。（アメリカに向かう途中の）ミシェル・シュヴァリエ［理工科学校・鉱山学校出身の鉱山技師。のちに政治家となり、英仏通商条約を締結］の最初の手紙は、パリからロンドンへの鉄道の旅の合間に書かれたものであった。(53)

パリでは鉄道について語られていますが、ロンドンでは人々は実際に鉄道をつくっています。(54) イギリスはビジネスの才気とそれに付いて回る徳性、つまり冷静沈着、節倹、精密、組織力、堅忍の徳性で輝いています。一方、フランスに根っからあるものといえば、それは風流の才と芸術です……。

……一方に分別があるとすれば、他方には想像力があり、こちらにエネルギーがあるとすれば、そちらには並ぶものなき知的な活動があり……。(55) われらが隣人には、抜け目のない、野心に満ちた誇り、経世家と商人の誇りというものがあり、それは権力と富によってのみ報酬を得るのです……。一方、わたしたちに備わっているものといえば、それは虚勢に駆られた無形の誇りです。それは観念的な何かを我がものとし、喝采を浴びることを渇望し、国の栄光を一身に浴びることを味わいたがっている誇りであり、またもしフランスが人々の称賛を得られるならば、それでよしと満足してしまうような誇りなのです……。(56)

……労働と生産に関していうと、わたしたちはイギリス人に多くのことを負っています……。たとえばそれは、管理運営のセンス……、しっかりとした基礎をもつ信用……、社会的な連帯の精神(spirit of association)……などです(57)。
……わたしたちは、自国の農業、交通、学校の現状を恥じつつ、また商工業の狭小さに自尊心を傷つけられながら、イギリスから帰国するのです……。しかし、いまや橋梁土木局が少しずつではありますが、定期的に技師をイギリスに派遣していることからして、パリからロンドンへ向かうこの列車は……とりわけ製造業者と労働者のための教育の一手段となるでしょう(58)。

イギリスの視察が重要な意味をもつということを示す好個の一例がエルネスト・グーアンであった。彼はまず理工科学校の生徒として、つぎに橋梁土木学校の学生として、イギリスの見学ツアー、とくにマンチェスターにあるシャープ社の機関車工場を見学することによって、その教育を仕上げたという経歴を持つ。そして、彼はバティニョールに自分の機関車工場を建てる前に、シャープ社にパリとオルレアンの間の鉄道に使う機関車を注文したのであった(59)。

発明がすべて一方通行だったわけではない。たとえば、亜麻布を織るためには、その準備工程として、亜麻を柔らかくし、［亜麻繊維を取り出し、それを］櫛梳《くしけず》ることが必要であるが、その機械を発明したのはフランス人のフィリップ・ド・ジラールであった。しかし、ジョン・マーシャルが［一九世紀初めにイギリスの］リーズでそれを使い始め、成功するまでは、フランス人のなかにそれを利用する者は出てこなかった。ヴォーカンソンは複雑なパターンで絹布を織り上げる織機を発明したが、それもまたフランスでは実用にはいたらず、長い間忘れ去られてしまった。ようやく一八〇〇年に、ジョゼフ＝マリー・ジャッカールがそれと類似の機械を発明し、工芸院の倉庫にその他の機械と一緒に入れられていたヴォーカンソン・モデルを分解し、これら二つの機械の最大の特長を組み合わせた機械［ジャカード織機］を作り出したのである。(60)

ミシンを発明したのは一介の貧しい縫製工ティモニエであった。一八三一年には八〇台のミシンが工場に備え付けられるまでになったが、この年に彼の仲間の縫製工がそれらを打ち壊してしまったのであった。また、彼は一台のミシンをロンドンの万国博覧会に出展したのだが、到着が遅れ、登録の締め切りに間に合わなかった。その後まもなく、この発明はアメリカのハウ・アンド・シンガー社の手に渡った。(61) その他の分野でも、もちろん発明は成功した。たとえば、化学（キュルマン、シャルドネ）、ガラス・板ガラス・鏡（サン・ゴバン）、自動車（ボレー、パナール、ルヴァソール、ベルリエ）等々である。もっとも、それらの大半はもっとあと［一九世紀中頃以降］になって現れたものであった。

機械類は一八四三年になってもイギリスからフランスへ依然として密輸されていたが、この年、イギリスからフランスへの機械と設計図の輸出禁止の措置が解除された。だが、この解除によって競争力を脅かされたのはフランスの機械工業のほうであった。(62) かつて一七八六年に、フランスに輸入される繊維の関税を低くすることを盛り込んだイーデン条約がイギリスとフランスの間で締結され、これと同じような打撃がノルマンディの繊維産業に加えられたことがあった。しかし、このときの打撃はイギリスから遠く離れたアルザスまでは及ばなかったのであり、いずれにしろ、同条約はフランス革命までしか続かなかった〔一七九三年に廃止〕。

サン・シモン主義者

一九三〇年代のアメリカで起きた「テクノクラシー」と呼ばれる動きは、経済的社会的な諸問題に工学的な解決方法を応用しようとするものであった。しかし、その人気は芳しくなく、そのうちにそれは公の場から消えていった。このテクノクラシーには、程度に差があるとはいうものの、一世紀前のフランスで起きたサン・シモン主義という先行者があった。一七八八年、サン・シモン公クロード・アンリ・ド・ルヴロワ(有名な『回想録』の著者である一八世紀のサン・シモン公〔ルイ・ド・ルヴロワ〕の大甥にあたる)は二八歳でスペインを訪れ、そのときに公共事業・銀行業・教育・「社会的な連帯の精神」(spirit of association)を通じて成し遂げられる経済発展に関心を抱くようになった。彼は革命の間、国有財産(教会や貴族から接収された資産)の投機的な売買に手を出し、一財産をこしらえた。そして、彼はその後の社会運動の実験でそれを使い果たしたのだが、一八二五年に死ぬまで、多くの指導的な知識人を彼の教えの元に引き付けたのであった。彼の仕事はプロスペル・アンファンタンに引き継がれた。彼は一種の宗教的なセクトを結成するような人物であった〔訳注5〕が、その一方で、スエズ運河、パナマ運河、シベリア横断鉄道、イギリス海峡トンネルを、それらが実際に建設されるよりもかなり先に構想するような人物でもあった。サン・シモンの運動を継承しながら経済発展をめざそうとする人たちの関心は、彼らの間に不可避的に生じた個人的な関係の亀裂を乗り越えて、命脈を保ち続けた。サン・シモン主義の影響を受けた人たちのなかには、ロンドン経由でアメリカに渡り、一八三三年から一八三四年にかけて公共事業を研究したミシェル・シュヴァリエ、産業に刺激を与えると同時にそれを管理することのできる銀行の分野でサン・シモンの教えを推し進めようとしたエミールとイザクのペレール兄弟がいた。(63) ペレール兄弟は同じくサン・シモン主義に熱中していたナポレオン三世と懇意になり、彼から長期投資銀行を設立する認可を得た。これが有名なクレディ・モビリエである。ロンド・キャメロンは、一八五一年一二月のナポレオンのクーデターに続く一八五〇年代のフランスの好況を引き起こした原因の多くはこの銀行にあったと論じる。彼の説によると、この銀行は「ユニバーサル・バンク」[短・長期の商業貸付、証券、信託の広範な業務を兼営する銀行]としてヨーロッパで広く知られるようになる金融方式の一つの見本ともなった。(64) 実際、クレディ・モビリエとの競争が刺激となって、たとえばロスチャイルドによる鉄道建設投資のように、他の諸銀行による貸付も増大した。それまではどうであったかというと、橋梁土木局のル・グランが中央政府の指導にもとづいた鉄道建設の推進というプランを一八三二年に出したのだが、銀行間のもめ事もあって、その後の鉄道建設はゆっくりとしたペースにとどまっていたのである。鉄道投資にさらに一層刺激を加えたのがフランス銀行であった。この銀行は理事たちの真剣な議論を経たのち、鉄道債を担保として市中の諸銀行に融資するようになったのである。[65] ちなみに、鉄道建設に対するこのような支援に加えて、フランス銀行は当時オスマン男爵のもとで大通りを切り開くなどの改造に着手していたパリ市への融資にも乗り出したが、マルセイユやボルドーに対する同種の貸付を引き受けることは拒否した。[66]

一八五〇年代初めの好況によってフランスの国際収支は赤字となり、正貨が流出するようになった。フランス銀行の理事たちは、金《ゴールド》による支払いの中止といわゆる「強制流通」の措置を取らなければならなくなる事態を真剣に想定した。フランス銀行は割引率を六パーセントに引き上げた。しかし、とうとう一八五六年一〇月初旬にパリで恐慌が起き、預金を金で引き出そうとする預金者の列が長蛇をなした。皇帝、大蔵省高官、フランス銀行高官による会合が開かれたのはそのときであった。この会合にはまた、公共事業相のピエール・マーニュ、一八五四年までクレディ・モビリエの総裁を務めたアシール・フールド、そしてエミール・ペレールが参加した。彼らは皆そろって、皇帝に正貨支払いを中止しないように進言したのだが、その最大の理由というのが、もし正貨支払いを中止でもしたら、それによってフランスが国際金融取引の中心地となるせっかくの機会がつぶされてしまうであろうということであった。[67]

わたしは、一八五〇年代と六〇年代の好況、［対プロイセン戦争の敗北によって］賠償金を支払わなければならなかった一八七〇年代のデフレーション、一八八〇年代の大不況、等々といった、一九世紀から第一次世界大戦にかけてのフランスの経済成長の軌跡をここでたどる

	輸出ブーム(3) ＊1892年のメリーヌ関税(3)		
1919-1930年 活力はあるが，無秩序な拡大期	政府の再建(1) 資本逃避とその後の通貨下落にともなう輸出増(2)	[1924年から]1926年までの資本逃避(3) [1926年に低位で平価に復帰した]外国為替政策(3)	社会的な亀裂 インフレーション 戦争による人的資源の喪失 貴族的な価値観 家族経営の企業
1930-1939年 経済的衰退期	＊[デフレ圧力を緩和する]賃金コストの上昇(3)	フラン価値の防衛をめざした政策とそれにともなうデフレ(3) 世界不況(1) ＊社会的な亀裂(1) ＊独占(3) 家族企業(2)	技術能力
1945-1950年+ 経済的回復期	経済成長が必要であるということの合意が戦時中になされたこと(1) 政府の規模の拡大と主導性の発揮(1) ＊所得再分配(2) [政府と国有企業による]技術能力の発揮(1) ＊人口増(2) 農業の生産性の拡大(3) 競争による小企業の数の減少(2)	インフレーション(2) 社会的な摩擦，とくにアルジェリア問題をめぐって(2) ＊限られた資源(3) ＊戦時中の破壊(3)	[旧植民地への影響力保持のための]資源投入と[アメリカからの]援助によるその一部補塡

出所）Reprinted by permission of the publishers from *Economic Growth in France and Britain, 1851-1950* by Charles Kindleberger, Cambridge, Mass.: Harvard University Press. Copyright © 1964 by the President and Fellows of Harvard College.

注a）(1)強い要因，(2)穏やかな要因，(3)弱い要因.

注b）＊は異なる条件のもとに置かれたら，反対方向に作用したかもしれない要因を示す.

表 7-2　フランスの成長を促進した諸力と阻害した諸力，1851-1950 年 ①

時期区分	成長を促進した諸力	成長を阻害した諸力と摩擦	目立った効果は発揮しなかったが，潜在的に重要な諸力
1851-1875 年 活力ある拡大期	都市と交通の整備に向けた政府支出(1) a 鉄道投資(1) 興業銀行(1) 国内市場の拡大(1) ＊輸出拡大(2) ＊輸入品との競合(2)	b＊資源の制約：石炭の不足，［運河・河川・港湾等の］自然条件を利用した交通手段の未発達(2) 非流動的な農業労働力(3) 経済から対外的な冒険［ルイ・ナポレオンのメキシコ政策，対プロイセン戦争など］への政府の関心の逸脱(1) ［鉄道投資をめぐる］銀行間の対立(3)	貴族的な価値観 家族経営の企業 社会的な分裂 科学技術の適性 緩慢な人口成長
1875-1896 年 停滞期 (とくに 1882-1894 年)	［鉄鋼，自動車，化学等の］技術進歩(3) 1881 年の小麦関税(2)	＊輸入小麦価格の低落(1) ブドウノコブムシ(3) ＊［階級間，産業部門間の］社会的な亀裂(3) 1881 年の［証券市場の］過剰投機(3) ＊資源の制約(3) ＊緩慢な人口成長(3)	アルザス・ロレーヌの喪失 フレシネー計画〔訳注 6〕
1896-1913 年 穏やかな成長期	＊アルザス・ロレーヌの喪失(3)〔訳注 7〕 ［Briey における］鉄鉱石の発見(2) ［化学，電機，自動車などの］新産業の勃興(2) 地方銀行による資金供給(3) ＊資本輸出にともなう	家族経営の企業(3) ＊資源の制約：石炭の不足(3) ＊社会的な亀裂(3)	資本輸出 緩慢な人口成長 ［政府の力が弱く］経済に対する政府の関心が低下したこと

ことはしない。わたしはこの軌跡をたどろうとして、別の機会にかなりの力を注ぎ込んだことがある。それは成長と停滞の時期区分を明確に示し、さらにそれぞれの時期区分のなかに、成長を促した諸力、成長を阻害した諸力と摩擦、そして成長と停滞のいずれの方向にも経済を向かわせることのできる潜在的な重要性をもった諸力を示すという試みであった[68]（表7-2）。本書ですでに論じたように、たとえばこの第三の諸力の一例となるのがギルドである。それは産業の初期段階にあっては、訓練の実施や規格の設定を通じて、成長に貢献するのであるが、その後、独占的な制限を押し付け、技術的な変革に抵抗するようになると、成長を阻害するようになるのである。先のわたしの著書は一八五一年から一九五〇年までを対象とするものであったから、そこでギルドが引き合いに出されることはなかったのであるが、この時代の適切な例を挙げるならば、それは輸出の増大ということになるであろう。すなわち、輸出の増大は新しい産業の成長を刺激することもあれば、旧い時代遅れの商品の輸出拡大をも含むようなときは、むしろ国の経済の活力を出口のない袋小路へと追いやっていくのである。

それに並行して進められたもう一つのわたしの試みは、第二次世界大戦後のフランスの輝かしい成長――一九四五年から一九七五年までの成長はのちに栄光の三〇年と呼ばれるようになる――に焦点を当てたものである。そして、そこでわたしが経済成長の理由として指摘したのは、計画化やサン・シモン主義の復活ということよりもむしろ、戦時中にドイツに占領されたことの帰結として生じた心性すなわち社会的価値観の変化、そして戦後の「新参者」の登場であった[69]。

しかし、この問題に取りかかる前に、一九世紀の農業に若干の注意を払っておかなければならない。オブライエンとケイダーによると、フランスの農業が落ち着いたペースで発展し、農業から商工業への労働力の移動が緩慢であったのは、イギリスの工業化とは異なる経済発展の経路をたどろうとする選択にもとづいた、多かれ少なかれ意図された結果であったのであり、それはおそらく経済的な根拠にもとづいては正当化できないまでも、社会的な根拠にもとづいては正当化できるものであった[70]。W・アーサー・ルイス、アレクサンダー・ガーシェンクロン、ウィリアム・ニコルズ、W・W・ロストウといった彼ら以前の研究者は、農業からの労働力の放出が緩慢であったことを均分相続の帰結とみなす一方で、それがフランスの成長の総体的な遅れの原因ともなったと分析した[71]。たしかに、パリのような大都市に近接した農業地域は、都市がその近隣の若者を引き寄せるにつれて、労働力不足と高賃金が進んだので、無理にでも農業経営を合理化しなければならなかった。都市近郊地域の他にもかなりの発展を遂げた地域としては、酪農業に特化したノルマンディ、低地諸国の効率的な農業経営に隣接したノールがある。しかし、全体的に見れば、フランスの［一人あたり］農業生産性の伸びは若年層の「偽装失業」［生産に従事しない者を雇用すること］のために低下した。彼らは農地に留まり、［均分相続制度のもとで］土地の相続を待ったのである。彼らは消費するほどは生産しなかったが、家族の一員として何とか食っていかなければならなかったので、彼らのわずかな限界的生産物でも総収入に加えられた。かつて一八世紀には、新しい作物の導入にともなって、農業の生産性が急上昇するということもあった。その一つがジャガイモである。それは一七四〇年から一七七〇年の間に導入され、それまで周期的に訪れていた飢饉を終わらせることとなった。その他にも、一七七〇年から一七九〇年の間に導入されたクローヴァーをはじめとする飼い葉やインディアン・コーン(とうもろこし)、さらには大陸封鎖の時代に導入されたテンサイなどがあった。ただし、一八世紀のこのような農業生産性の伸びは、一七八〇年代の不作という事情もあって、[フランス革命の原因の一つとなった]農民の騒擾の機先を制するほどのものではなかった。それに、このような農業の変革も一九世紀になるとテンポが鈍り始め、プロイセン—フランス戦争の勃発を経て一八七〇年代以降の教育の普及の時代が訪れるまで、農民は総じてフランス社会の近代化の埒外に取り残されることとなったのである。一八〇〇年あたりから一九世紀の第4四半期にかけてなされた「農民からフレンチ・マンへ」の転換過程を論じるのは、ユージン・ウェーバーである(72)。ウェーバーが警察、知事舎、その他諸機関の保管史料を用いて示すのは、オブライエンとケイダーが描く楽観的な図とは対照的に、フランス革命のさなかにメートル法が採用され、一八〇四年にジェルミナル・フラン[フランスの基礎通貨]が導入されたにもかかわらず、それから四分の三世紀ほど経った一八七〇年になっても、あいかわらずピエ(フィート)とリーヴル[それぞれ重量と通貨の旧単位]で計算していた農民の姿なのである(73)。

一九世紀後半の農業経営は、カイコの病気である微粒子病(pébrine)、ブドウ園の害虫であるブドウノコブムシ、そしてフランス農民の主要作物であった小麦の世界的な価格低落に苦しめられた。しかし、たとえ農村から都市への大量の人口移動に対して[それが農村を荒廃させたという」不満の声が早くも一八八〇年代には広く聞かれるようになったとしても、農民の土地への愛着が強かったこと、また［均分相続制がとられていたので］家族制限を行ったうえで、次の世代に土地を残しておく必要があったことから、人口流出は抑止されたように思われる。都市が労働を需要しなかったので、農村からの移動が緩慢なものにとどまったと分析する者もいるが、他の国々の農村の民衆を見るならば、彼らは労働の需要が目に見えるかたちで都市にあるわけでもないのに、ビドンヴィルやファヴェーラといった都市近郊の貧民街〔訳注8〕に集まっていく。このことが明らかにするのは、労働の供給は需要を待たないということである。

心性

フランス革命を経験したにもかかわらず、フランス人の世間に対する態度はこれまでずっと、アンシャン・レジームの時代の貴族的な価値に支配されてきた。この貴族的な精神の特徴は、個々の人間が自分の優秀性を際立たせることに誇りを賭けることである――誰も真似することのできない所作、戦場やスポーツや芸術で発揮される腕前、サロンでの会話、衣装を身につけたり食べ物を口にしたりするときの優美さ、さらには閨房における優美さまでもそこに含まれる[74]。貴族が商いというものを貴族的ではないものと見なすと、田舎のジェントルマンもブルジョアもそのように見なす[75]。何かを製造するときでも、他のものとの区別それ自体が目的となる。このことをよく示すのが、たとえば磁器のセーヴルやタピストリーのゴブランといった王立マニュファクチュアである。貴族が世俗的な事で重要な役割を演じることはめったになかった。(76) ブルジョアジーはブルジョアジーで、城の所有者や貴族の身分に成り上がっていくためであればこそ、資産の形成をめざしたのである。高等専門学校《グラン・ゼコール》の卒業生が身に付けたのは知性と教育訓練のあとであったが、そこにはちょっとした優越感やさらには傲慢ささえ混じり合っていた。パリで教えた経験を持つ日本人のある精神医学者がかつてわたしに語ったところでは、フランスの知識人は会話のなかで、才気あふれる、そしてその会話に決着を付けるような意見を語るための訓練を受けるという。

第二次世界大戦以前のブルジョアジーの仲間内では、拡大家族［祖父—父—子など］がオーナー一族になりうるかどうかということに、ビジネスに対する関心が集中していたといわれる。多くの文献がこのテーマを取り上げているが、それらの間にかなりの食い違いと論争がないわけではない。そのなかでも、ブルジョアジーを非難する文献が、実業界の人間は総じて、成長や利潤よりも、企業に対する家族の所有権が一つの世代から次の世代へと継承されることに大きな関心をもっていたと論じているのである。そのために、銀行からの借入、株式の公募、合併、家族外からの最高級役員の招聘は回避され、流動性は企業の内部で維持され、破産したり、一族の名声に傷を付けたりすることは何としてでも避けなければならなかったという。わたしはかつてブルジョアジーを非難するこれらの文献を概略したうえで、このような非難は証拠不十分の評決、つまり証明することのできない非難にとどまるものであると論じたことがある。(77) しかし、フランスの経済界の活動において、積極的に協力し合うことがまれにしか見られなかったということについては、ほとんど疑いを容れない。

　イギリスやアメリカと比較して、フランスに「社会的な連帯の精神」が欠如していることについては、サン・シモンの教えとの関連で、先に触れておいた〔シュヴァリエの手紙を参照〕。シャルル・ブーデの主張するところによると、フランス人はおそらく世界のどの国民よりも発明の才に富んではいたが、いかんせんチーム・プレイに徹する精神に欠けていた(78)。ジェス・ピッツがフランス人には「学校精神《スクール・スピリット》」が欠けていたと言ったのも(79)、ローレンス・ワイリーがフランス〔南部の〕ヴォクリューズ地方の農民は協同することが苦手であったと言ったのも(80)、このブーデの評言を言い換えたものである。

　このようにフランス人が協同を不得手としていた、あるいはそもそも彼らには協同しようという意志が欠けていたということについては、一つの例外がある。ピッツがかつて唱えた「非行的な同輩集団」(delinquent peer group)あるいは非行的な同輩共同体という概念がそれである。これは仲間どうし(copains)で一致団結して、親、教師、顧客、競争相手、そしてとくに税の支払いが問題となっているようなときの政府といった権威に対して反抗することをいう(81)。スポーツやゲームはフランスの学校ではあまり力を入れて教えられないから、仲間同士の連帯がそこで涵養されるわけではない(82)。フランスには「イートン校〔イギリスのパブリック・スクール〕の運動場」はないし、これまでもなかったのである。ただし、高等専門学校の卒業生はおそらくこのことの例外をなしたのであり、彼らは「フランスの経済活動の大半を囲い込む」まで、一人の卒業生が別の幾人かの卒業生を仲間に引き込んでいくというネットワークを維持した。[83] 他の多くの国の資産保有者によっても共有される行動ではあるが、フランスの非行的な集団の行動を顕著に示す例となるのは、政府が危機に陥ったときに資産保有者が自分の流動資金を海外に移転することである。フランスでよく知られているのは、「政情不安と財政難を原因とする」一九二四年、(人民戦線内閣のときの)一九三六年、そして一九八一年のミッテランの社会主義的な計画に反応して一九八二年に起きた資金移転である。

戦間期の破綻

戦間期は、富の分配に関する同盟集団の間で争いが生じるというマンサー・オルソンのモデルに合致した時代であり、はっきりとしたかたちで反乱や革命が起きたわけではなかったが、ジャック・ゴールドストーンのモデルにおける政府の崩壊を招いた時代であった。製造業者、農民、労働者、中産階級、資本家は課税に抵抗し、フランスの再建と戦債の返済という負担を皆で分かち合うことを拒否した。損害の代償は戦争に負けたドイツによって支払われるであろうというほとんど空想ともいいうる考えも、フランスが陥った困難な状況の一部をなしていた。登場するどの政府も課税を企て、その失敗に打撃を受け、総辞職し、新しい政府に政権を明け渡したが、新政権もまた致命的な処方を繰り返すばかりであった。左派の社会主義政権は資本課税を押し通そうとした。労働者はデモを行い、座り込み、資本家は政府に対する短期債権が長期債権に切り換えられるのを拒み、しばしば資本を海外に運び出した。短期的に財政が好転することがあっても、それが政府の立場を強化する機会として活かされることはなかった。ある金融史家はそれを次のように描写する。

……それは三〇年代フランスの暗く、わびしい絵そのものであった。国の経済は「大いなる危機」から抜け出ることもままならず、社会の基本的な諸要素はその構造のなかで身動きが取れなくなったように見え、政治的な指導者は高まる波を鎮めるのではなく、その波間にただ流されているだけであった。革新の精神と迅速な適応力は麻痺したように見えた……。銀行家のなかの一流のサークルであっても、何かを考案する能力も、何かを提案する能力もまったく欠いているように思われた(84)。

かくして、一九四〇年五月にドイツが攻撃してきたとき、軍部も市民もそれを迎え撃つ用意を少しも整えてはいなかったのである。

一九四〇年から一九四四年あるいは一九四五年にかけての占領は、ライフ・スタイルに関するフランス人の考え方に抜きがたい変化をもたらした。また、それとともに、一九四五年、一九四六年に「新参者《ニュー・メン》」が登場することとなった(85)。ライフ・スタイルの変化をもっとも分かりやすく示すのは、人口統計における突然の断絶である。フランスの家族制限は世界の他のほとんどの地域に先んじたものであり、ナポレオン時代に「それまでの長子相続制が廃止され」均分相続諸法が制定されるよりもずいぶん前から見られるようになったのであるが、それは農民の鋭い感覚が生み出したものであった。その感覚がドイツ国防軍(Wehrmacht)の軍靴の

表 7-3　戦前，戦中，戦後のフランスにおける人口の純再生産率：1935-1959 年

年	率
1935-1939	89.7
1940-1941	79.5
1942-1945	90.5
1946-1950	131.0
1951-1955	124.8
1956-1959	126.25

出所）INSEE, *Annuaire Statistique Rétrospectif,* 1961, p. 51, table 8 の年間数値の平均値.

もとで突然弱まったのである。出産可能年齢にある女性一〇〇人あたりの出生女児の数によって計られる人口の純再生産率は、表7-3のように推移した。フランスの人口統計学の専門家であるアルフレッド・ソーヴィは、この変化を一九三九年に定められた家族法典によるものと見なす。これは子供の数が増えるのに応じてその家族手当を増やすことを定めた法律であった[86]。専門家の意見は他にもあって、それはこの変化を一九四〇年の敗北とその後のドイツ占領期のもっとも暗い日々の間に始まったフランス人の人生観の突然の変化にはっきりと結び付けようとするものである[87]。それによると、土地や財産を分割しすぎないためにも子供の数は少ない方がよく、そのためには家族を大きくすることにしばらくは制限を課しておこうとするそれまでの人生観ではなく、子供をもつことから得られる今このときの喜びを味わうために、それまでよりも多くの子供を求めたいという人生観に変化したというのである。この説明「農地や小資産にしがみつくことから人を解放する人生観の変化」は、戦後唐突に生じた農業から商工業への、そして職人の小作業場から大企業への大規模な労働力移動によって、支持される。フランスの農業人口は一九四九年の七五〇万人から一九五四年の五二〇万人に減少した。これは率にして、生産活動人口の三六・六パーセントから二七・四パーセントへの変化となる。一九五四年から一九六二年の間に、

さらに一三〇万人が農業を離れた。ただし、人口の算定基準がそれまでとは異なるものとなったので、この数値を一九五四年の農業人口から引き算することはできない(88)。さらに、人口統計上の変化を示すものとしては、中間管理職(幹部層《カードル》)の年齢の急激な低下がある。一九五一年の労働省の報告によると、この職階に就いた人の最高年齢は一八九八年の六〇歳から一九四五年の五〇歳、一九五〇年の四五歳、一九五一年の四〇歳へと落ちていった(89)。平均年齢を測定したほうがよりよかったのであろうが、政府の官僚は明らかに最高年限の低下に重要な意味を付したのである。

栄光の三〇年

フランス人の社会的価値観が変化したこと、そして戦争の間に自堕落になった連中あるいはペタン体制にしがみついたために斥けられた連中に代って、新参者が権限を有する立場に立つようになったこと、これらのことが戦後フランスの成長期を持続させた。初めのうちこそ、第一次世界大戦後と同じように、製造業者、農家、労働者がそれぞれ再建の負担を引き受けることに抵抗したので、インフレーションが高進した。すなわち、農民が食料品の価格を引き上げ、それが高賃金を求める労働者のストライキを誘発し、さらにそれが製造業者による価格の引き上げを誘発し、しまいに政府の経常赤字を誘発したのであった。しかも、それは政府が増税の困難に直面したまさにそのときであった(90)。このような馬跳びゲームのような連鎖を断ち切ったのは、一九五〇年の豊作であった。それが農民の独占力を破壊したのである。［第二次世界大戦後に本格化したフランス政府の経済政策の］計画化はおそらく役には立ったが、それは科学的に決定された資源配分に貢献を果たしたというよりも、むしろ政府の権限を拡大すべしという福音主義的な勧めに止まるものだったのであり、やがてそれは［不思議の国のアリスの］チェシア猫のように、計画化(planification)というにやにや笑いだけを残しながら、少しずつ少しずつ消えていった。国有化された産業に登場した新参者は、テクノクラシーすなわちサン・シモン主義の伝統に立ち返りながら、化学、航空機、鉄道、自動車、電導装置、工作機械の生産において技術革新を推し進めた。フランスは第二次世界大戦ではっきりと敗北を喫したわけではなかったが、さりとてこの国がそれに勝利を収めたともほとんど言いがたい。それにまた、戦争には、フランス人があまり真剣に振り返りたくはない側面もいくつかあった。いずれにせよ、第2章で取り上げた不死鳥モデルに沿って経済的な拡張が成し遂げられたこと、またマンサー・オルソンのモデルにも積極的な側面があったこと［訳注9］——これらのことに人々の関心の焦点が当てられたことによって、戦争中の思わしくない日々から彼らの注意は逸れていったのである。そして、（オブライエンとケイダーには失礼ながら）それまで二世紀あるいはそれ以上の長きにわたってイギリスに次ぐ第二ヴァイオリン奏者を演じてきたフランスは、戦後まもなく、旧い世代に率いられたままのイギリスを抜き去るところまでいったのである。

しかし、栄光の日々は一世代限りであった。世界的な経済の減速を招いた石油ショックが起きたこともあって、一九七〇年代のうちに、フランスの経済成長率は先細りしていった。

そして、過去の分裂がもう一度大きく口を開け、さらにはかつてなかった分裂までもが突然姿を現すようになったのである。一九六八年五月・六月事件で、学生と労働者は反乱を起こした。零細小売業者はスーパーマーケットに抵抗するため、プジャード運動［税制反対闘争などの生活防衛組織運動］を展開する戦略に出た。農民は安い食料品の輸入に反対し、労働者はアルジェリアやサハラ南部［赤道アフリカ諸国］の旧フランス植民地からやってくる移民との競争を嫌い、暴動を起こした。国際的には、何よりも栄光を第一とする考えに動かされて、ド・ゴールが（ジャック・リュエフ［金本位制的な指向をもつ経済学者］の手助けを受けながら）世界通貨としてのドルを非難した。また、フランスは世界言語としての英語（あるいはおそらくアメリカ英語）の蔓延に抵抗し、国連のような諸機関でフランス語を使用するメンバーの数を維持するために、旧植民地諸国にかなり金のかかる支援を注ぎ込んだ。

一九八一年、社会主義者たちが新しい政権を打ち立て、国有化計画の実行にただちに取りかかった。それは、かつて左派政党連合が［資本課税問題で］手間どったあげくに、金融上の問題［フランの下落］が原因で一九二六年に政権を失ったときに犯したと考えられた誤りを挽回することでもあった。[91] しかし、中産階級が資本逃避という形でストライキを起こすと、政策は方向転換された。やがて気付いてみると、フランスは国家のライフ・サイクルの（相対的な）衰退局面に入っていた。振り返ってみると、一七世紀からこのかたフランスは、長期の上昇が長期の衰退に続くという他の国々で起きたようなライフ・サイクルを描いたことは一度としてなかった。そこに見出されるのは、上昇と衰退の一連のつながりはあるものの、その間に革命と破綻が何度もちりばめられているようなライフ・サイクルなのである。

注・訳注

第1章

注

(1) Nye, 1990; Rosecrance, 1990; Nau, 1990.
(2) P. Kennedy, 1987.
(3) Olson, 1982.
(4) Abramovitz, 1990.
(5) Braudel, 1966(1972), vol. 2, p. 1240. 邦訳、第5巻、一八八頁。
(6) Schama, 1988, p. 568.
(7) Kindleberger, 1973(1986), chap. 14.
(8) Kindleberger, 1974.
(9) Kindleberger, 1978(1990).
(10) Servan-Schreiber, 1968.
(11) Rostow, 1960.
(12) Gerschenkron, 1962, 1968.
(13) E. L. Jones, 1981(1987), 1988.
(14) Berry, 1991, p. 47.

(15) Shell Briefing Service, 1991, p. 1.

(16) Kindleberger, 1958(1965), p. 56. 邦訳、(上)、六九頁。

(17) Braudel, 1977, p. 185.

(18) E. L. Jones, 1981(1987), p. 236. 邦訳、二三五頁。

(19) W. N. Parker, 1984, p. 226 note.

(20) Braudel, 1979(1984), p. 169. 邦訳1、二一三頁。

(21) レースの比喩は、一九五四年八月五日にピエール・マンデス・フランスが出した計画に対するアルフレッド・ソーヴィの解説のなかで、巧みに用いられたことがあった。その解説は小冊子として出されたが、のちに『研究と資料』のなかの一史料として再製された[フランスのピエール・マンデス・フランス政権は一九五四年八月五日に経済金融計画を議会に上程、同月一三日に承認された。同計画は経済に対する政府の指揮権の拡大を定め、翌年三月末まで特別の権限を政府に付与するというものであった。フランスの人口学者アルフレッド・ソーヴィ(Alfred Sauvy)は一連の一コマ漫画を随所に配しながら、同計画の背景や意義を分かりやすく、比較的好意的に解説する小冊子を一九五四年に出し、それは一九八九年の史料集にも載った(訳者)](Sauvy, 1954(1989))。レースの比喩はその小冊子に載った多くの漫画の一つ[図1-1]で使われており、そこにはフランスが過去のインフレーションによって、アメリカ、ドイツ、イギリスとのレースでハンディキャップを負っていることが描かれている(ibid., p. 505)。

(22) Bautier, 1971, p. 176.

(23) Braudel, 1966(1972).

(24) Braudel, 1979(1981, 1982, 1984).

(25) Braudel, 1986(1988, 1990).
(26) Braudel, 1986(1990), p. 165[164]. 邦訳、一四九頁。
(27) Braudel, ibid., p. 640. 邦訳、六〇七頁[この章句は部分訳となっている(訳者)]。
(28) C. S. Smith, 1975, p. 605.
(29) Pirenne, 1933(1936), p. 10. 邦訳、一三頁。
(30) Pirenne, ibid., p. 26. 邦訳、三三頁。
(31) Nef, 1950, p. 114.
(32) C. S. Smith, 1970.
(33) Pirenne, 1933(1936), p. 13. 邦訳、一六頁。
(34) A. Smith, 1759(1808), pp. 113, 270. 邦訳、九五、二三六頁。
(35) A. Smith, 1776(1937), p. 717. 邦訳、第4巻、一二四頁。
(36) Nef, 1950, p. 152.
(37) McNeill, 1992, p. 15.
(38) quoted in Dahrendorf, 1965(1969), p. 41.
(39) Braudel, 1966(1972), vol. 2, p. 764. 邦訳、第3巻、一八二頁。
(40) A. Smith, 1759(1808), p. 351. 邦訳、二六三頁。
(41) A. Smith, ibid., p. 347. 邦訳、二六二頁。
(42) Stendhal, 1835(1960), p. 612. 邦訳、第4巻、二四一頁。
(43) Kindleberger, 1978(2000).
(44) Salter, 1960.

(45) North and Thomas, 1973.
(46) Braun, 1960; 1965.
(47) Deane, 1965(1979), chap. 2.
(48) McNeill, 1976; 1983, pp. 33-38.
(49) McNeill, 1983, pp. 37-38.
(50) McNeill, 1982(1984), p. 186. 邦訳、上巻、三七六頁。
(51) Reddy, 1987, pp. 25, 53, 82.

訳注

〔1〕 コースの定理(the Coase theorem)。需要と供給には調整が必要であるが、制度が経済的必要性に見合ったものに即座に、かつ適切に整えられていくので、そこにタイム・ラグが生じることはないという説。著者は本書で同定理を何度か取り上げ、動態的な経路依存性の観点から批判している。

第2章

注

(1) Braudel, 1966(1972), vol. 2, p. 775. 邦訳、第3巻、二〇〇頁。
(2) Elliott, 1961(1970), p. 170.
(3) Wijnberg, 1992.
(4) Vernon, 1966.
(5) Vicens Vives, 1969(1970), p. 142.

(6) Doran, 1985.

(7) Bergesen, 1985.

(8) Frye, 1974, p. 2.

(9) Cipolla, ed., 1970, p. 12. チポラが編集した『帝国の経済的衰退』(Cipolla, ed., 1970)という本の才気あふれる一五ページの編者序文は、本書に多くの論点を与えてくれる。資料を集める段になって最近この序文を読み返してみたのだが、本書の企画をあきらめたほうがいいという気にさせられたほどだ。しかし、編者が同書に収めた諸論文の著者たちは、それぞれ対象とする帝国の勃興には軽く触れているだけであり、またわたしが本書で取り上げた国をすべてカバーしているわけではなく、ヨーロッパ、アメリカ、日本をほとんど素通りしている。その点、追求の余地がまだあるかもしれない[同書には、ローマ帝国、ビザンツ帝国、ムスリムの諸王朝、スペイン、イタリア、オスマン・トルコ、オランダ、中国(清)の経済的衰退を論じた一九五〇、六〇年代の諸論文が収められている(訳者)]。

(10) Marshall, 1920a, p. 139. 邦訳、第1分冊、一八三頁。

(11) Herr, 1958, p. 333. 現代の歴史家によって記録に残されたサラマンカ大学サラス教授のこの祈りのなかにあるとおり、このような諸段階をすべて一度に凝縮して体現した国家こそがスペインであった。そして、サラスは辛辣に次のように続けた。「スペインには他のどんな国家にもないものがあります。それが闘牛です。闘牛が社会の紐帯であり、政治的慣習を絶やさぬための炉なのです。スペインは闘牛から武勇の精神を引き出し、闘牛のうちに政治の知恵を学んでいくのです」(Herr, ibid., p. 334)。

(12) Sutch, 1991.

(13) Cameron, 1989, p. 16, fig. I-1.

（14） Berry, 1991, pp. 46-47, figs. 26, 27.

（15） Rostow, 1960.

（16） Gerschenkron, 1977.

（17） ロストウはその後の研究で、とりわけ経済成長についての学説史を取り扱うにあたって、成長のたるみや減速というものにそれまで以上に多くの関心を示すようになっている。すなわち、彼は、一九三九年にヨーゼフ・シュムペーターが、資本主義は投資機会の収縮によってではなく、資本主義に敵対的な政治的・社会的・知的な環境と、それに加えて自生的に出現する退行的な諸勢力によってこそ脅かされるとの考えを示したということ(Rostow, 1990, p. 242, quoting Schumpeter, vol. 2, 1939, p. 1050. 邦訳、第5巻、一五五六―一五五七頁)、他方、サイモン・クズネッツが経済成長のたるみや減速を、「技術的進歩が減退すること、革新的な部門が原材料を投入する供給部門の低成長に制約されること、革新的な部門の拡大に利用される資金が相対的に減少すること、自国より若い国の同一産業との競争が激化すること」(Rostow, ibid., pp. 243-244, with the quotation from p. 244)という論点から説明したことに、注目するのである。なお、ここに引用されたクズネッツの議論は、革新的な部門そのものはいつも手近に利用できると仮定しているように思われる。しかし、ロストウはこれよりさらに後の論文でクズネッツを再度引用しているのだが、そこにはわたしの見解に似通った内容の論述も見られる。「多様に異なる国々あるいは相互に独立した産業部門を抜き出してきて、それぞれの経済成長を描写すると、描写はそれほど一様ではなくなる。あるときにはいくつかの国が世界をリードしてきたかのように見えるし、またあるときには別のいくつかの国が世界をリードしてきたかのように見える」というのがそれである(Rostow, 1991, p. 409, quoting Kuznets, 1930, p. 1)。しかし、クズネッツは経済的な減速それ自体についてはそれ以上詳しくは説明せずに、それを「経済史家によって議論される諸要素」に委ねている。

(18) Central Planning Bureau of the Netherlands, 1992.
(19) Central Planning Bureau of the Netherlands, ibid., p. 47.
(20) Central Planning Bureau of the Netherlands, ibid., p. 51.
(21) Rappard, 1914, chap. 1.
(22) Kellenbenz, 1963, pp. xxi, xxii.
(23) Mollat du Jourdin, 1993, p. 31. 邦訳、六一頁。
(24) Mollat du Jourdin, ibid., pp. 62, 66, 68. 邦訳、一〇〇、一〇六、一一二頁。
(25) van Houtte, 1972, pp. 104–105.
(26) quoted in Mollat du Jourdin, 1993, p. 231. 邦訳、三五〇頁。
(27) Jackson, 1991, p. 152.
(28) Broeze, 1991, pp. 127–128.
(29) A. Smith, 1776(1937), p. 112. 邦訳、第1巻、三一七―三一八頁。
(30) Israel, 1989.
(31) Braudel, 1979(1982), p. 159. 邦訳1、一八八頁。
(32) Chevalier, 1836(1838), vol. 2, pp. 40–42.
(33) Isard, 1945.
(34) Girard, 1965.
(35) Braun, 1965.
(36) C. S. Smith, 1970.

(37) Marglin, 1974.
(38) Myllyntaus, 1990.
(39) Redlich, 1968, pp. 344-345.
(40) Barbour, 1930(1954), p. 234.
(41) Musson, 1972.
(42) Konvitz, 1978, p. 124.
(43) Scoville, 1960, p. 116.
(44) Braudel, 1966(1972), vol. 2, p. 825. 邦訳、第3巻、二七八頁。
(45) quoted by Boxer, 1969, p. 2.
(46) Brachtel, 1980.
(47) Gras, 1930.
(48) Mokyr, 1990, pp. 207, 241, n. 31, 261, 266, 268-269, 301, 304; Cardwell, 1972, p. 210.
(49) Mokyr, ibid., p. 304.
(50) Cardwell, 1972, p. 190.
(51) Cardwell, ibid., p. 210.
(52) Cardwell, ibid., p. 190.
(53) Mokyr, 1991a.
(54) Mokyr, 1992b, pp. 14, 19.
(55) David, 1985.
(56) Mokyr, 1992b, p. 19.

(57) Chatelain, 1958.
(58) Theodore Schultz, private communication of the 1960s.
(59) Grantham, 1993, p. 495.
(60) A. Smith, 1776(1937), p. 384. 邦訳、第2巻、四七五頁。
(61) Thompson, 1963.
(62) A. Smith, 1776(1937), p. 113. 邦訳、第1巻、三二〇頁。
(63) Boyer-Xambeu, Deleplace, and Gillard, 1986.
(64) W. N. Parker, 1991, p. 235.
(65) Dickson, 1967.
(66) A. Smith, 1776(1937), book 5, chap. 1. 邦訳、第4巻(第5編第1章)。
(67) A. Smith, ibid., p. 429. 邦訳、第3巻、六九頁。
(68) Konvitz, 1978.
(69) 少なくとも英語ではこのように訳し慣わされている。フランス語はそれほど警句的ではない。「皆の者、余の建造物に対する嗜好を手本にしてはならぬ。戦争に対する嗜好についてもだ」(Faure, 1977, p. 63)。
(70) Woodham-Smith, 1962.
(71) Wagner, 1879.
(72) C. Clark, 1945.
(73) Burke, 1974.
(74) Burke, ibid., p. 104.

(75) Riesman, Glazer, and Denney, 1950.
(76) Olson, 1982.
(77) Postan, 1967.
(78) Organski and Kugler, 1981.
(79) Pitts, 1964.
(80) A. Smith, 1776(1937), p. 578. 邦訳、第3巻、三六六頁。
(81) Vilar, 1969(1976), pp. 167–168.
(82) Schama, 1988.
(83) Krantz and Hohenberg, eds., 1975, pp. 34, 63, 87.
(84) David, 1994.
(85) Krasner, 1983, p. 1.
(86) A. Smith, 1776(1937), p. 717. 邦訳、第4巻、一二四頁。
(87) A. Smith, 1759(1808), p. 113. 邦訳、九五頁。
(88) Hirsch, 1976.
(89) McNeill, 1974a, p. 227. 邦訳、三四三頁。
(90) Brenan, 1950, p. xvii. 邦訳、一一頁。
(91) Rogers, 1989, p. 76.
(92) Herr and Polt, 1989, p. 210.
(93) Braudel, 1966(1972), vol. 2, p. 764. 邦訳、第3巻、一八二—一八三頁。
(94) Ortega, quoted by Ilie, 1989, p. 161.

(95) Iglesias, 1989, p. 145.
(96) Iglesias, ibid., pp. 147, 149.
(97) Brenan, 1950, p. 2. 邦訳、一頁。
(98) Wojnilower, 1992.
(99) Cipolla, reference misplaced.
(100) E. L. Jones, 1978.
(101) G. Parker, 1984, p. 214; Steinberg, 1966, p. 1060.
(102) quoted by Braudel, 1979 (1984), p. 86. 邦訳1、一〇〇頁。
(103) Veseth, 1990.
(104) Rosenberg and Birdzell, 1986; Mokyr, 1990.
(105) W. N. Parker, 1984, part iii.
(106) North and Thomas, 1973.
(107) Braudel, 1966 (1972), vol. 2, p. 1240. 邦訳、第5巻、一八七頁。
(108) Vicens Vives, 1969 (1970), pp. 143–145.
(109) Lane, 1973, p. 377.

訳注

〔1〕一九九三年は、ゼネラル・モーターズが前年の巨額の赤字を受けて大幅な人員削減に踏み切ったり、IBMがダウンサイジングの波に乗り遅れ、経営不振に陥り、大幅なリストラを余儀なくされたり、ゼネラル・エレクトリックが財務危機に直面し、J・P・モルガンに援助を求めたり、シアー

ズ・ローバックが赤字に転落、カタログ販売業務を廃止し、合理化を進めたりするなど、一連の大企業で大きな問題が発生した年であった。

〔2〕 原題は"Oracion Apologetica"であり、『護教の祈り』のほかにも『弁明の辞』と訳すこともできる。いずれにしろ、アンシャン・レジームの弁明論(護教論)のパロディを意味する。著者のラモン・ド・サラスはサラマンカ大学法学部の教授で、フランス革命の高揚が伝わってくるなか、スペイン改革を論じた急先鋒の論者の一人であった(Herr, 1958, pp. 329-335, 409)。

〔3〕 新大陸の発見以後、ヨーロッパ各国とスペイン領植民地との直接貿易は公式には認められず、新大陸への輸出商品はセヴィーリャ(もしくはカディス)でスペイン船に積み替えられなければならなかった。こうした公式の流通経路を踏まえて、新大陸への輸出をスペインが独占できなかったことを著者は強調する。しかも、一七世紀中頃にイギリス、フランス、オランダがカリブ海や北アメリカに植民地を領有するようになると、それらを経由するヨーロッパ各国とスペイン領植民地との直接貿易に対する取り締まりの効果はなおさら限定的にならざるを得なかった。なお、スペイン継承戦争の戦後処理を取り決めた一七一三年のユトレヒト条約の締結以後も、スペインの植民地貿易の独占は形式的には維持された(Israel, 1989, pp. 62, 65-66, 236-240, 376)。

〔4〕 ムーア人(Moors)とは歴史的にはスペイン人やポルトガル人の眼から見たイベリア半島に住むイスラム教徒のことをいうが、民族的にさらに分類すると、北アフリカ出身のイスラム教徒のことをいう。本書にはまたモリスコ(Moriscos)も何度か登場する。モリスコとはキリスト教君主のもとで強制的にキリスト教に改宗させられたイベリア半島のイスラム教徒とその子孫のことをいう。著者はムーア人とモリスコをほぼ同じ意味で使っている。一五〇二年、改宗を拒むムーア人の追放令が出された。また、その後もモリスコの多くは公然非公然にイスラム教を信奉し、旧来の慣習を維持したので、

一六〇九年にはモリスコも国外退去を強制された。

〔5〕政府金融業者(financiers)には直接税の総括徴税官のほかに、間接税の一般徴税請負業者、特別事業請負業者が含まれた。また、保有官僚(officiers)とは、フランス革命以前に売官制にもとづいて終身官職を獲得した官吏のことをいう。

〔6〕このような半民間団体、個人、市当局が保証人になってくれれば、債権者は、国王を相手にする場合とは違って、いざとなれば訴訟を起こすことができるし、その資産を差し押さえることもできた(Kindleberger, 1984(1993), p. 45)。

〔7〕ブンカー・ハント(Bunker Hunt)。ハーバート・ハントとともに大手石油会社ベンロド・ドリリングを経営したが、一九八〇年から銀の買い占めに乗り出し、失敗、八〇年代後半に経営危機に陥った。アイヴァン・ボウスキー(Ivan Boeskey)。M&A(合併・買収)のからんだインサイダー取引の容疑で、一九八六年に一億ドルの罰金を命じられ、翌年禁固刑。マイケル・ミルケン(Michael Milken)。ジャンク・ボンドの売り出しで、他社の買収資金を調達するなど、金融革新の寵児ともてはやされたが、インサイダー取引の容疑で、一九八九年に起訴、翌年に罰金と禁固刑を受けた。

第3章

注

(1) Elliott, 1961(1970), p. 172; E. L. Jones, 1981(1987), p. 236. 邦訳、二三五頁。

(2) Jan Romein, quoted in Swart, 1975, pp. 47–48.

(3) Braudel, 1979(1984), chaps. 2, 3; Braudel, 1977, pp. 81–82; Wallerstein, 1980, see index under "core", "periphery".

（4） Braudel, 1979(1984), p. 322. 邦訳1、四二三頁。
（5） Braudel, 1977, p. 85.
（6） Israel, 1989, pp. 1, 3.
（7） Israel, ibid., p. 95.
（8） Israel, ibid., p. 158.
（9） Emmott, 1989, p. 16. 邦訳、四〇頁。
（10） Abramovitz, 1986(1989).
（11） *The Ecomomist*, October 16, 1993, p. 84.
（12） Brezis, Krugman, and Tsiddon, 1993.
（13） McNeill, 1983, pp. 10–11.
（14） Kindleberger, 1974(1978).
（15） Israel, 1989, pp. 187–189.
（16） Boxer, 1965, p. xxiii; Schama, 1977(1992).
（17） Powelson, 1994.
（18） Marshall, 1920a, p. 692. 邦訳、第1分冊、二五六頁。
（19） Marshall, ibid., pp. 693-694. 邦訳、第1分冊、二五八頁。
（20） van der Kooy, 1931, quoted in Israel, 1989, p. 73.
（21） Strange, 1971.
（22） Braudel, 1979(1984), p. 159. 邦訳1、二〇〇頁。
（23） Lopez, 1951.

(24) Davis, 1973, p. 98.
(25) Coste, 1932; Kindleberger, 1984(1993), pp. 115-117, 260-263.
(26) Sideri, 1970.
(27) Quoted in Evans, 1859(1969), pp. 113-114.
(28) Churchill, 1925(1974), vol. 4, p. 3362.
(29) Churchill, ibid., p. 3599.
(30) Böhme, 1968b, pp. 106, 111. 邦訳、一二七、一三六頁。
(31) Böhme, 1966, p. 205, from Helfferich, 1921, vol. 1, p. 46.
(32) Heckscher, 1935(1983), vol. 1, p. 351, quoted in Israel, 1989, p. 13, note 1.
(33) Letwin, 1959; Mun, ca. 1622, (1664), pp. 182, 198-206. 邦訳、二一四、二二〇―二二五頁。Thirsk and Cooper, eds., 1972, pp. 21, 45, 56-57, 69, 71, 432, 506.
(34) Thirsk and Cooper, eds., ibid., p. 194ff.
(35) Boxer, 1965(1970), p. 245.
(36) Partridge, 1967, pp. 250-251. エリック・パートリッジによると、これらの表現の多くは一八、一九世紀には普通に使われるようになったが、イギリスでは一七世紀から一八世紀初めのうちに、貿易上の対抗関係と海軍の分野での嫉視の結果として、「オランダ」という言葉が侮蔑的な名詞や形容詞になった。
(37) E. N. Williams, 1970, p. 484.
(38) Child, 1668, quoted by Letwin, 1959, p. 41.
(39) Letwin, ibid., p. 28.

(40) Sella, 1970(1974), pp. 418–419.
(41) Braudel, 1979(1981, 1982, 1984).
(42) Braudel, 1977, chap. 3, esp. pp. 80–86.
(43) Tavlas, 1991; Tavlas and Ozeki, 1992.
(44) Helfferich, 1921–23(1956), pp. 51–52.
(45) Rostow, 1960, chap. 8.
(46) Rosecrance, 1986.
(47) Lane, 1973, p. 73.
(48) Kamen, 1969, p. 135.
(49) Kamen, ibid., p. 9.
(50) Lane, 1973, p. 293.
(51) Israel, 1989, p. 363.
(52) Israel, ibid., p. 375.
(53) Nef, 1950, p. 113.
(54) Nef, ibid., p. 114.
(55) Nef, ibid., p. 165.
(56) Nef, ibid., p. 113.
(57) McNeill, 1982(1984).
(58) Modelski, 1983.
(59) Goldstein, 1988, p. 152. 邦訳、二九八頁［ただし、被引用箇所にはこの章句は直接には見当たらない(訳者)]。

(60) Goldstein, ibid., pp. 214, 255.

(61) Goldstein, ibid., p. 21. 邦訳、五六頁。

(62) Goldstein, ibid., p. 164. 邦訳、三一五頁。

(63) Goodwin, 1991.

(64) Goodwin, ibid., p. 326.

(65) Berry, 1991, pp. 164-166.

(66) Goldstein, 1988, pp. 347, 365.

(67) Braudel, 1986(1988), p. 328. 邦訳、三二七―三二八頁。

(68) O'Brien and Keyder, 1978.

(69) Berry, 1991, p. 162.

(70) Deane and Cole, 1962.

(71) Olson, 1982.

(72) Kennedy, 1987.

(73) McNeill, 1974a, p. 139[138]. 邦訳、二二〇頁。

(74) Huntington, 1915.

訳注

〔1〕諸事実に対置される前提(counterfactual)。諸事実に反する仮定を立てることというのがもともとの意味であるが、著者はそのことも含めて、もっと広い意味でこの言葉を使っている。すなわち、

著者によると、比較経済史とはたんにある事実とある事実(仮定的あるいはそうでなくてもいい)を比較することではなくて、モデルを設定し、それを文脈の異なる諸事実にあてはめ、モデルの有効性を検証しつつ、それら事実を比較することであって、このときある事実に対置される別の事実やモデルをcounterfactualと呼んでいる(Kindleberger, C. P., *Economic Response: Comparative Studies in Trade, Finance, and Growth*, Harvard University Press, 1978, pp. 1-3)。

〔2〕 第二次世界大戦後、各国の占領当局はドイツ各州に中央銀行を設立していったが、それらを統括し、通貨発行権などの権限を有するレンダー・バンクを、州中央銀行の上部に二重構造的に設立した。著者はこれを「合併」(merger)と表現している。レンダー・バンクは一九四八年に設立された(本部はフランクフルト)。州中央銀行はドイツ連邦銀行が設立されたときに、その下部機関として再出発した。

〔3〕 ベザント(bezant)はビザンツ帝国が発行したソリドゥス金貨(ノミスマ)のヨーロッパにおける通称で、中世初期から盛期にかけて西ヨーロッパでも広く流通した。ドゥカート(ducato)、フィオリーノ(fiorino)、ジェノヴィーノ(genovino)は、それぞれヴェネツィア、フィレンツェ、ジェノヴァによって一三世紀中頃以降発行された金貨で、中世末期から近代初期にかけて広く流通した。メキシコやペルーで製造されたスペインの8レアル(8 real)は銀貨で、新大陸銀がヨーロッパに大量流入した時代の国際通貨として発展した。レイクスダールデル(rijksdaalder)は一六世紀末からオランダで発行されるようになった銀貨。ただし、レイクスダールデルはドイツ北部からスカンディナヴィア一帯で流通した銀貨の総称。それに対して、オランダは一七世紀からレヴァント貿易向けのレーウェンダールデル(leeuwendaalder)を発行したので、地中海で流通したオランダの国際通貨としてはこの通貨を挙げるほうが適切かもしれない。

〔4〕 ストレンジは国際通貨の型を経済的文脈とともに政治的文脈からも区分する。最高通貨(top currency)の主たる成立要因は経済的なものである、つまりそれは世界市場によって選択されたものである。しかし、それと同時に、最高通貨は国際経済を安定させる責任の自覚を発行国に促すという政治的効果ももっている(Strange, 1971, pp. 5-6, 33. 邦訳、九―一〇、四四頁)。

〔5〕 アルダーマン・コケイン(Alderman Cockayne)。ロンドン市参事会員。ロンドンの織物仕上職人の支持を受け、マーチャント・アドヴェンチャラーズに対立し、一六一五年に国王の特許状を得て新組合を作り、毛織物の輸出をすべて完成品で行おうとしたが、失敗に終わった。一六一七年に組合は解散。

〔6〕 貨幣鋳造税(特権)(seignorage)。本文一〇三頁にあるとおり、もともとは金属貨幣の発行主体が取得する貨幣の額面価値と内在価値の差額のこと。一時的な収入増をもくろむ当局はその差額を大きくしようとする誘惑にかられた。国民経済における政府紙幣の発行や国際経済における基軸通貨の発行においては、貨幣鋳造税は、通貨の発行主体(政府、基軸通貨国)が政府収支や国際収支を顧慮することなしに、発行量を増大させ、インフレーションや為替レートの変動リスクなどの負担を他の経済主体に負わせることを意味する。

〔7〕 本書では、ヴェネツィアとジェノヴァが四度の戦争を行ったことが何度も取り上げられるのだが、ここでは、ミラノの傭兵隊長フランチェスコ・スフォルツァが一四三一年五月にヴェネツィア軍を破ったのに続いて、ジェノヴァ軍がヴェネツィア船隊を撃破したことを数に入れて、五度の戦争としている。

〔8〕 セファルディム(Sephardhim)。スペイン、ポルトガル出身のユダヤ人。イベリア半島からの追放をきっかけとして、一六世紀中頃以降、大西洋貿易の担い手として活躍するようになり、その最重

要拠点がアムステルダムであった。

〔9〕イギリスは国内の事情もあり、早期の講和を望み、フランスとスペインに歩み寄った。そして、両国が統合されないように念を押した上で、ブルボン家のスペイン国王を認め、自らはスペイン領アメリカのアシエント(奴隷貿易の特許契約)を獲得した。イギリスのこうした態度はオランダを憤激させた。

第4章

注

(1) Heers, 1964, p. 101.

(2) Lane, 1973, pp. 163, 252.

(3) Lane, 1968, p. 28.

(4) Lane, 1973, p. 363; McNeill, 1974a, pp. 5-6. 邦訳、二九頁。

(5) McNeill, ibid., p. 244(note 9 to p.6). 邦訳、三六七頁。Romano, 1968, p. 62では「二、三時間のうちに」となっている。

(6) Lane, 1968, p. 36.

(7) Lane, 1973, chap. 10.

(8) Lane, 1968, p. 36.

(9) Jensen and Meckling, 1976.

(10) Greif, 1989.

(11) Lane, 1973, pp. 174-176.

(12) Lane, 1944, pp. 135-136.
(13) Lane, ibid.
(14) Lane, ibid., pp. 170, 179.
(15) Woolf, 1968; Berengo, 1963, pp. 15-18.
(16) Braudel, 1979(1982), p. 286. 邦訳1、三五八頁。
(17) Pullan, 1968, p. 19.
(18) Burke, 1974, pp. 107-111.
(19) Roberts, 1953, p. 65.
(20) Aymard, 1966, pp. 155-162.
(21) Braudel, 1966(1972), vol. 1, p. 316. 邦訳、第1巻、五二九頁。
(22) Lane, 1973, p. 174.
(23) Lane, ibid., pp. 84-85.
(24) Lane, ibid., p. 245.
(25) Lane, ibid., p. 241.
(26) Rapp, 1976, p. 164.
(27) Lane, 1968, p. 31.
(28) Sella, 1968a, p. 91; Lane, 1973, p. 389.
(29) Braudel, 1966(1972), vol. 1, pp. 389-391. 邦訳、第2巻、七〇―七三頁。
(30) Lane, 1973, p. 2.
(31) Lane, 1973, p. 196.

(32) Lane, ibid., p. 151.
(33) Prestwich, 1979, pp. 87–93.
(34) Braudel, 1986(1990), p. 148. 邦訳、一三四頁。
(35) de Roover, 1966, chaps. 12, 13.
(36) Brachtel, 1980; Origo, 1957, p. 124. 邦訳、一五七頁。
(37) Origo, ibid., p. 95. 邦訳、一一六―一一七頁。
(38) de Roover, 1957.
(39) Barlow, 1934, p. 163.
(40) Heers, 1964, p. 87.
(41) Berner, 1975, p. 20.
(42) Heers, 1964, pp. 95–96.
(43) Bergier, 1963, pp. 40–41.
(44) da Silva, 1969, vol. 1, chap. 1.
(45) Heers, 1964, pp. 99–100.
(46) Braudel, 1979(1984), p. 162. 邦訳1、二〇五頁。
(47) Vilar, 1969(1976), chaps. 12–15.
(48) Day, 1978(1987).
(49) Ehrenberg, 1896(1928), p. 334.
(50) Zamagni, 1980, p. 125.
(51) Zamagni, ibid.

(52) Bulferetti and Costantini, 1966, p. 15.
(53) Bulferetti and Costantini, ibid.
(54) Young, 1790(1969).
(55) Greenfield, 1965, p. 18.
(56) Roberts, 1953.
(57) Sella, 1975a, p. 11.
(58) Cipolla, 1975, p. 10.
(59) Sella, 1975a, p. 13.
(60) Sella, 1975b, p. 31.
(61) Romano, 1968.
(62) Starr, 1989, pp. 55, 80.
(63) McNeill, 1974a, p. 146. 邦訳、二三一頁[マクニールはこのときの木材不足をヴェネツィア周辺ではなく、低地諸国で起きたこととして紹介している(訳者)]。
(64) Lane, 1968, pp. 40–41.
(65) Romano, 1968, p. 63, text and note.
(66) Lane, 1968, p. 38.
(67) McNeill, 1974a, p. 128. 邦訳、二〇五—二〇六頁。
(68) Sella, 1968b, p. 97.
(69) Sella, ibid., pp. 117–118.
(70) Poni, 1970.

(71) Rapp, 1976, pp. 109, 155–156.
(72) Rapp, ibid., p. 1.
(73) *Fyndes Moryson's Itinerary*, quoted by Cipolla, 1968, p. 144.
(74) Lane, 1973, chap. 26.
(75) Lane, ibid., p. 426.
(76) Lane, ibid., p. 326.
(77) Lane, 1965, p. 60.
(78) Lane, ibid.
(79) Veseth, 1990.
(80) Braudel, 1966(1972), vol. 2, p. 1134. 邦訳、第4巻、四三〇頁。
(81) de Roover, 1966, chap. 14.
(82) Gras, 1930.
(83) Lane, 1973, chap. 18; Veseth, 1990, pp. 55–63, 65.
(84) de Roover, 1966, pp. 362–363.

訳注

〔1〕 小麦事務所(Grain Office)が一つの組織として明確に資料に登場するのは一三世紀中頃のことである。一六世紀のこととして、ブローデルが伝えるところによると、小麦事務所は小麦の輸入を管理するだけではなく、都市の市場での販売をも管理した。ヴェネツィアに一年ないし八か月分の小麦しかないときには、ただちに備蓄が行われた(Braudel, 1966(1972), p. 329. 邦訳、第1巻、五五一―五

五二頁)。

〔2〕 マラーノ(Marrano)。正確に言えば、「キリスト教への改宗の道を選ばなかったユダヤ人」というよりも、スペインやポルトガルでカトリックに強制的に改宗させられながらも、ユダヤ教の信仰をひそかに保ち続けたユダヤ人のことをいう。彼らはすでに改宗していたから、一四九二年のスペインからの追放と一四九六年のポルトガルからの追放の直接の対象とはならなかったが、彼らに対する不信感を増幅させ、「異端」扱いし、迫害しようとする当局と民衆への恐れから、ユダヤ人の追放令以後、出国するマラーノも多かった。

〔3〕 為替手形取引はしばしば為替差益を生んだ。また、あらかじめ為替差益が生まれるような相場を組んで、取り引きすることもあった。いずれの場合でも、とりわけ後者の意図的な操作が発覚した場合は、金銭貸借にともなう利子(高利)を禁止する教会法に抵触する恐れが多分にあった。こうした行為が教皇の怒りを買うと、市全体が聖務停止の懲罰を受けることもあり、ジェノヴァはこのことを恐れたのである。

〔4〕 信託遺贈(fideikommis)。家の財産の主要な部分が分割相続や売却によって細分化されるのを防ぐために、一括して一人に相続されるべきことを定めたもので、それによって相続人が不動産を売却したり、譲渡したり、分割することが禁じられた。相続人は遺言者が作った相続順位にしたがった。これは一六、一七世紀以降、スペインからイタリアに広がっていった制度である。信託遺贈は第9章にも出てくるが、ドイツの場合は、一八世紀後半にフリードリヒ二世が貴族領を保護することを目的として奨励し、一九世紀に一般化した。

〔5〕 嫁資基金(dowry loans; monte delle doti)。婚姻にあたって花嫁が嫁ぎ先へ持参するまとまった額の金のことを嫁資といい、市民が子女の将来の嫁資のために預金として金を積み立てることができ

るように政府が設定した口座勘定を嫁資基金という。預金には利子が付けられた。嫁資基金は政府の重要な資金源となったが、それと同時に、政府がこうした便宜を図ることは福祉政策として重要であった。

第5章

注

（1） Elliott, 1961(1970); Hamilton, 1938(1954); Vicens Vives, 1969(1970).
（2） Brenan, 1950, p. x. 邦訳、五—六頁。
（3） Herr, 1958, pp. 147–148.
（4） Miskimin, 1977, p. 34.
（5） Steensgaard, 1973, p. 55.
（6） Steensgaard, ibid., p. 171.
（7） Meilink-Roelofsz, 1962, p. 117.
（8） Steensgaard, 1973, p. 96.
（9） Landes, 1989, pp. 155–156.
（10） Boxer, 1969, pp. 211ff.
（11） Boxer, ibid.
（12） Mauro, 1990, p. 262.
（13） Mauro, ibid., p. 283.
（14） Vicens Vives, 1969(1970), p. 144.

(15) Shaw, 1989.

(16) Steensgaard, 1973, p. 117.

(17) Boxer, 1969, p. 120.

(18) Meilink-Roelofsz, 1962, p. 125.

(19) Meilink-Roelofsz, ibid., p. 178.

(20) Parry, 1966, p. 40.

(21) Miskimin, 1977, p. 127.

(22) Cervantes, 1606(1950), pp. 140ff. 邦訳、前篇(一)、三八六頁以降。

(23) Sideri, 1970.

(24) Shaw, 1989, pp. 426–428.

(25) Boxer, 1969, p. 140.

(26) Herr, 1958, chap. 12.

(27) Herr, ibid., p. 347, quoting an economist, Joaquin Maria Acevedo y Pola, writing in 1799.

(28) Braudel, 1979(1984), p. 86, quoting a conversation with Earl J. Hamilton. 邦訳1、一〇〇頁。

(29) Ortega, 1937, p. 34.

(30) Braudel, 1966(1972), vol. 2, p. 1240. 邦訳、第5巻、一八八―一八九頁［ブローデルは地中海の後退過程を論じており、この引用は不正確(訳者)］。

(31) C. R. Phillips, 1986, p. 18.

(32) Braudel, 1979(1984), p. 32. 邦訳1、二六頁。

(33) C. R. Phillips, 1990, p. 36.

(34) Elliott, 1968(1982), p. 165.

(35) Ortega, 1937, p. 161.

(36) Glick, 1970.

(37) J. Klein, 1920, p. 39.

(38) J. Klein, ibid., esp. chap. 3.

(39) Ringrose, 1983.

(40) Ringrose, ibid., p. 231.

(41) Ortega, 1937.

(42) Parry, 1966, p. 239.

(43) Da Silva, 1969, pp. 603-605.

(44) Da Silva, ibid., p. 620.

(45) Parry, 1966, p. 53.

(46) Vicens Vives, 1969(1970), p. 147.

(47) C. R. Phillips, 1986, p. 3. この見解は『貨幣論』のなかのケインズの見解とは合わない。ケインズの見解によると、サー・フランシス・ドレイクがそれぞれ一五七三年、一五八〇年、一五八六年に終わった三度の私掠船の遠征から持ち帰った略奪品は、おそらく二〇〇万ポンドか三〇〇万ポンドを超えるものではなかったと推定される［一六世紀最後の四半期の］イギリスの地金輸入のかなりの部分を構成するものであった。そして、その略奪品は「まさにイギリスの対外投資の源泉であり、起源であったと考えて差し支えないのである」(Keynes, 1930, pp. 156-157. 邦訳、一六三―一六五頁)。

(48) C. R. Phillips, 1986, p. 19.

(49) C. R. Phillips, ibid., pp. 21, 141.

(50) C. R. Phillips, ibid., pp. 91, 95.

(51) Parry, 1966, p. 121.

(52) McNeill, 1982, p. 103. 邦訳、上巻、二一〇頁。

(53) Kamen, 1969, p. 31; Vicens Vives, 1969(1970), pp. 144–145.

(54) Vilar, 1969(1976), p. 351.

(55) Elliott, 1968(1982), p. 165.

(56) G. Parker, 1972.

(57) Vilar, 1969(1976); Lapeyre, 1953, 1955.

(58) Lapeyre, 1953, chap. 4.

(59) Hamilton, 1934(1965).

(60) North, 1990, pp. 224–230; Outhwaite, 1969.

(61) Lynch, 1964, p. 123, note 43. また、病院の記録をもとにして[一八世紀初めの]フランスの家庭での食事の内容を再構成しようとすることに対する[ハミルトン自身の]同様の不満については、Kindleberger, 1992b, p. 45 commenting on Hamilton, 1969.

(62) Hamilton, 1934(1965), chap. 7.

(63) Starr, 1989, p. 40.

(64) Parry, 1966, p. 235.

(65) Elliott, 1961(1970), p. 177.

(66) Menéndez Pidal, 1941, map 22.

(67) Pike, 1972.
(68) Pike, ibid., pp. 114-118.
(69) Pike, ibid., pp. 132-147.
(70) Braudel, 1979(1981), p. 463. 邦訳2、一八六頁。
(71) Forsyth and Nicholas, 1983.
(72) Herr, 1958, p. 147.
(73) Vicens Vives, 1969(1970), pp. 146-147.
(74) Hamilton, 1934(1965), p. 166, text and footnote.
(75) Lynch, 1964, p. 77.
(76) Kamen, 1969, pp. 124, 134.
(77) Herr, 1958, p. 78.
(78) Haring, 1918, p. 113.
(79) Dornic, 1955, p. 85.
(80) Lynch, 1964, chap. 7.
(81) G. Parker, 1972, pp. 131-132.
(82) G. Parker, ibid., p. 268.
(83) Kamen, 1969, p. 135.
(84) Kamen, ibid., chap. 2, p. 74.
(85) Elliott, 1961(1970), p. 190.
(86) Vicens Vives, 1969(1970), p. 142.

(87) Elliott, 1961(1970), p. 179.
(88) Elliott, ibid., p. 170.
(89) Hamilton, 1938(1954), p. 226.
(90) Hamilton, ibid.
(91) Herr, 1958, chaps. 6-13.
(92) Braudel, 1966(1972), vol. 1, pp. 145, 147. 邦訳、第1巻、二四〇—二四一、二四三頁。
(93) Vicens Vives, 1962(1967), p. 95. 邦訳、一一九頁。
(94) Herr, 1958, chap. 5.
(95) Herr, ibid., p. 147.
(96) Krantz and Hohenberg, eds., 1975.

訳注

〔1〕 スペインから追放されたユダヤ人はポルトガルに相当数流入してきたが、そこでも一四九六年に追放令が出され、その後も国に残ろうとする者たちはキリスト教に改宗させられた。彼らのことを新キリスト教徒(New Christians)という。彼らのなかには、前章のマラーノと同様に、ひそかにユダヤ教を信仰し続けた者が多数いた。

〔2〕 オランダは一六二四年にブラジル北東部のサン・サルヴァドールを占拠し、一年半にわたってこれを保持したが、翌年スペインの艦隊が奪還した。一六三〇年にオランダは同じく北東部のレシフェを攻略したが、領地を広げることができず、戦線は膠着し、一六五四年にポルトガルに敗退した。

〔3〕 そもそもマドリードがトレドに代わってスペインの首都としての地位を占めるようになったのは

遅く一五六一年のことであった。フェリペ二世は一五八〇年にポルトガルを征服すると、それからほぼ三年間、リスボンに政府を設置した。

〔4〕スペイン政府が特定の個人や外国政府と交わした、黒人奴隷をスペイン領アメリカに独占的に供給する貿易の特許契約をアシェント(asiento)という。スペイン領アメリカの現地住民は、一六世紀以来ずっと労働に駆り立てられ、酷使されたが、労働不足は深刻化する一方であった。かといって、スペインは自ら奴隷貿易を展開する商業力をもたなかった。したがって、奴隷貿易は他国民にとって高い利潤を上げる事業となり、一八世紀初めにフランスとイギリスがアシェントを求めて争い合った。

第6章

注

(1) Marshall, 1920a, p. 692. 邦訳、第1分冊、二五六頁。
(2) Dollinger, 1964(1970).
(3) Heckscher, 1954, pp. 63–64.
(4) van Houtte, 1967, p. 67.
(5) Mollat du Jourdin, 1993, p. 78. 邦訳、一二八頁。
(6) van Houtte, 1967, p. 68.
(7) van Houtte, ibid., pp. 70–74.
(8) de Roover, 1966, chap. 13.
(9) Tracy, 1985, pp. 112, 129.
(10) van Houtte, 1967, p. 80.

(11) Subrahmanyam and Thomaz, 1991, p. 302, note 7.
(12) Bergier, 1979, p. 113.
(13) van der Wee, 1963.
(14) van Houtte, 1967, p. 90.
(15) van der Wee, 1963, vol. 2, p. 120.
(16) van Houtte, 1964, p. 304.
(17) Tracy, 1985, p. 118.
(18) van Houtte, 1964, p. 314.
(19) Ehrenberg, 1896 (1928), p. 223. 強調は引用者。
(20) van Houtte, 1964, p. 305.
(21) Braudel, 1979 (1984), p. 148. 邦訳1、一八五頁。
(22) Bergier, 1979, pp. 107–111. The quotation is from p. 111.
(23) Bergier, ibid., p. 111.
(24) Bergier, ibid., p. 115.
(25) Ehrenberg, 1896 (1928), pp. 242–243.
(26) Ehrenberg, ibid., p. 254.
(27) van der Wee, 1988, p. 348.
(28) Arruda, 1991, pp. 361–362.
(29) Slicher van Bath, 1982, p. 23.
(30) Marshall, 1920a, p. 39. 邦訳、第1分冊、四四頁。

(31) Kellenbenz, 1963, pp. xxii, xxiii.
(32) Slicher van Bath, 1982, p. 32.
(33) Silcher van Bath, ibid.
(34) Marshall, 1920a, p. 693. 邦訳、第1分冊、二五七頁。
(35) Mun, ca. 1622(1664), p. 190. 邦訳、二一七頁。
(36) Mun, ibid., p. 188. 邦訳、二一六頁。
(37) Marshall, 1920a, p. 692. 邦訳、第1分冊、二五七頁。
(38) de Vries, 1978.
(39) Marshall, 1920a, p. 692. 邦訳、第1分冊、二五七頁。
(40) Schama, 1988, p. 293.
(41) Wallerstein, 1982.
(42) P. W. Klein, 1982, p. 85.
(43) Froelich and Oppenheimer, 1970.
(44) Schama, 1977(1992).
(45) Israel, 1989.
(46) Barbour, 1930(1954), p. 231.
(47) P. W. Klein, 1970a, p. 14.
(48) Dufraise, 1992.
(49) Letwin, 1959, pp. 41–42.
(50) Israel, 1989.

(51) Israel, ibid., p. 125.
(52) Israel, ibid., p. 264.
(53) Letwin, 1959, p. 1.
(54) Letwin, ibid., p. 41.
(55) Letwin, ibid., p. 42.
(56) A. Smith, 1776(1937), p. 422. 邦訳、第3巻、五三—五四頁。
(57) Butter, 1969, p. 6.
(58) Charles Wilson, 1941, p. 17.
(59) Charles Wilson, ibid., pp. 38, 44, 51, 61ff.
(60) Crouzet, 1968, pp. 250–257.
(61) quoted by Charles Wilson, 1941, pp. 52–53.
(62) Barbour, 1930(1954), esp. pp. 232, 234.
(63) Charles Wilson, 1941, p. 6.
(64) Barbour, 1930(1954), p. 234.
(65) E. N. Williams, 1970, p. 31.
(66) Barbour, 1930(1954), pp. 235, 239.
(67) Barbour, ibid.
(68) Boxer, 1965(1970), p. 257.
(69) de Zeeuw, 1978.
(70) de Zeeuw, ibid., pp. 14–15.

(71) de Zeeuw, ibid., pp. 22–23.
(72) P. W. Klein, 1970a, p. 11.
(73) C. H. Wilson, 1939(1954), pp. 254–255; Charles Wilson, 1941, p. 17.
(74) C. H. Wilson, ibid., p. 254.
(75) Israel, 1989, pp. 340ff., chaps. 8, 9.
(76) Israel, ibid., p. 379.
(77) Tracy, 1980.
(78) Dickson, 1967.
(79) Kindleberger, 1990(1990), pp. 78–79.
(80) Lambert, 1971, p. 186.
(81) P. W. Klein, 1970b, p. 33.
(82) Schama, 1988, pp. 347–350; van der Wee, 1963, p. 202; van Houtte, 1964, p. 311.
(83) Schama, ibid., pp. 503, 505.
(84) Schama, ibid., pp. 350–366; Posthumus, 1928(1969). 最近はいささか奇妙なことであるが、それは「経済の基礎的諸条件《ファンダメンタルズ》」に反応した合理的な投資であったという説もある(Garber, 1990)。
(85) Harris, 1979, pp. 125–133.
(86) Barbour, 1950(1963), chap. 4, esp. p. 74.
(87) Barbour, ibid., pp. 74, 76.
(88) Charles Wilson, 1941, pp. 72, 103, 124.
(89) Spooner, 1983.

(90) Thirsk and Cooper, eds., 1972, p. 63.
(91) Attman, 1983, p. 28.
(92) de Vries, 1976, p. 239.
(93) Charles Wilson, 1941, chap. 4, quotation from p. 88.
(94) Slicher van Bath, 1982, p. 32.
(95) Lambert, 1971, p. 188.
(96) Lambert, ibid.
(97) R. G. Wilson, 1971, pp. 44, 45, 209.
(98) Butter, 1969, p. 37.
(99) Schama, 1977(1992), pp. 530–541.
(100) Schama, ibid., p. 536.
(101) Butter, 1969, pp. 36–37.
(102) Butter, ibid., p. 117.
(103) Boonstra, 1993, p. 449.
(104) Lucassen, 1984(1987), chap. 8.
(105) Boxer, 1965(1970), p. 246.
(106) Brepohl, 1948, p. 91.
(107) Ehrenberg, 1896(1928), p. 351.
(108) P. W. Klein, 1970a, p. 16.
(109) A. Smith, 1776(1937).

(110) Charles Wilson, 1941.
(111) Mokyr, 1977.
(112) Wright, 1955.
(113) Mokyr, 1991b.
(114) Habakkuk, 1962.
(115) Braudel, 1977, p. 91.
(116) Israel, 1989, chap. 4, esp. pp. 214–215.
(117) Schama, 1988, p. 283.
(118) de Vries, 1984b, p. 149.
(119) de Vries, ibid., p. 167.
(120) Burke, 1974, p. 104.
(121) Schramm, 1969.
(122) Davis, 1973, p. 189.
(123) Geyl, 1961, p. 164.
(124) Buist, 1974, p. 18.
(125) Boxer, 1965, p. 38.
(126) Carter, 1975, p. 40n.
(127) Boxer, 1965, p. 273.
(128) Boxer, 1965 (1970), pp. 244–245.
(129) Schama, 1977 (1992).

(130) de Vries, 1974.
(131) Boxer, 1965, p. 281.
(132) Schama, 1977(1992), pp. 21, 68, 431.
(133) Schama, ibid., p. 499.
(134) Schama, ibid., p. 216.
(135) Schama, ibid., p. 214.
(136) Kossmann, 1975, p. 49.
(137) Kossmann, ibid., pp. 51, 54.
(138) Boxer, 1965(1970), p. 245.
(139) Ormrod, 1975.
(140) Swart, 1975, p. 44.

訳注

〔1〕指定市場(staple)。イギリス国王が関税を確実に徴収し、外国商人の権益を掘り崩すために設けられた市場。そこでは国王によって認可された特権的な商人団(マーチャント・ステイプラーズ)が羊毛の輸出取引を行った。

〔2〕メディチ銀行ロンドン支店は正確には一四四六年に発足した。一四五一年はロンドン支店とブリュージュ支店との上下関係が解消された年である。

〔3〕国内での信用の授受にともなう利子は高利とみなされた。そのため、為替手形を利用する信用取引が利用された。なぜなら、それによって、利子を為替差益に組み入れることが可能となり、高利を

隠蔽することができたからである。グレシャムはその仕組みを理解していたとエーレンベルクは解説する。アントウェルペンの貨幣市場が危機に陥り、イギリス政府が国内で借入を行わなければならなくなったとき、グレシャムはイギリスにおける高利禁止を解除する政策を推進する側についた(Ehrenberg, 1896(1928), p. 254)。

〔4〕 レトウィンがこの戯れ歌を持ち出すのは一七世紀後半のイギリス―オランダの競合関係と両国の戦争の文脈においてである(Letwin, 1959, p. 1)。

〔5〕 イギリスの借地農と地主のために、一七世紀末にアイルランドからイギリスへのバターと牛肉の輸出が禁止された。しかし、他国への食料品輸出は認められたので、それらの商品は多くの国の商船の貯蔵庫に積まれ、輸出された。

〔6〕 一七二〇年、フランスのジョン・ローが設立したミシシッピ会社(フランスの植民地であるミシシッピ川流域の対本国貿易を独占する特権的貿易会社)が株式投機によって株価の急騰と崩壊に見舞われ、イギリスでは、アシェント貿易にたずさわった南海会社をはじめとして、多数の株式会社に対する投機ブームが起き、その株価が大暴落し、多くの資産が失われるという南海泡沫事件が起きた。

〔7〕 ホーヘル(Isaac Jan Alexander Gogue1)。フランス革命勢力を背景にして一七九五年に成立したバタヴィア共和国で、スヒンメルペンニンクらとともに活躍した改革派の政治家。一八〇六年にはナポレオンがバタヴィア共和国を廃止して樹立したオランダ王国の初代財務長官となり、改革を続行した。

〔8〕 スヒンメルペンニンク(Rutger Jan Schimmelpenninck)。オランダ愛国党の指導者で、一八世紀末、ホーヘルらとともに、バタヴィア共和国の財政・教育改革等に力を尽くした。一八〇四年、国家主席となり、オランダ王国成立時に辞任した。

注

第7章

(1) Braudel, 1986(1990), p. 148. 邦訳、一三三―一三四頁。
(2) Braudel, ibid., pp. 163[5]-164[6]. 邦訳、一五一頁。
(3) Braudel, 1986(1988), p. 328. 邦訳、三二七―三二八頁。
(4) Schuker, 1976.
(5) Goldstone, 1991.
(6) Olson, 1982.
(7) Lodge, 1931(1970), pp. 151-153.
(8) Konvitz, 1978, part 2.
(9) Braudel, 1986(1988), p. 327. 邦訳、三二七頁。
(10) Braudel, ibid., p. 326. 邦訳、三二六頁。
(11) Ministère du Commerce, 1919, vol. 1, p. xvii.
(12) Scoville, 1960, chap. 2.
(13) Scoville, ibid., pp. 5, 7.
(14) Scoville, ibid., p. 155.
(15) Scoville, ibid., p. 446.
(16) Kindleberger, 1978(2000), pp. 93, 134-135. 邦訳、一一七、一八二―一八四頁。
(17) Carswell, 1960, p. 272.

(18) Cole and Deane, 1965, pp. 3, 4.
(19) O'Brien and Keyder, 1978.
(20) O'Brien and Keyder, ibid., p. 197.
(21) O'Brien and Keyder, ibid., p. 186.
(22) Cole and Deane, 1965, p. 6.
(23) Flinn, 1953(1965), p. 244.
(24) Henderson, 1954, chap. 2.
(25) Blanchard, 1974.
(26) Ballot, 1923, pp. 99–103; Dhondt, 1955(1969).
(27) Crouzet, 1968, p. 250.
(28) Forster, 1975.
(29) Kindleberger, 1984(1993), p. 116.
(30) Ministère de Finances et al., 1867.
(31) François Crouzet, personal communication.
(32) Cole and Deane, 1965, p. 43.
(33) INSEE, *Annuaire Statistique*, 1957, p. 3.
(34) Rudé, 1972, pp. 246, 248.
(35) Lüthy, 1961, vol. 2, pp. 471–518.
(36) Goldstone, 1991, p. 479.
(37) Chaptal, 1819, pp. 32–33, 76–77, 90, 99, etc.

(38) Chaptal, ibid., p. xlv.
(39) Chaptal, ibid., p. 37.
(40) Hohenberg, 1967, p. 68.
(41) Beer, 1959, p. 56.
(42) Chaptal, 1819, p. 31.
(43) Chaptal, ibid., p. 92.
(44) Chaptal, ibid., p. 106.
(45) Kindleberger, 1976a.
(46) Kindleberger, ibid., p. 5.
(47) Vial, 1967, p. 129.
(48) Rosecrance, 1986.
(49) Ethel Jones, 1930.
(50) Vial, 1967, p. 134, n. 4.
(51) Locke, 1978, p. 50.
(52) Thuillier, 1959, pp. 224–225.
(53) Chevalier, 1836(1838), 3rd ed., letter 1.
(54) Chevalier, ibid., p. 1.
(55) Chevalier, ibid., p. 4.
(56) Chevalier, ibid., p. 5.
(57) Chevalier, ibid., pp. 6–7.

(58) Chevalier, ibid., pp. 8-9.
(59) École polytechnique, 1895, vol. 1, p. 578.
(60) Dunham, 1955, p. 253.
(61) Boudet, 1952, p. 558.
(62) Dunham, 1955, pp. 248-249.
(63) Vergeot, 1918.
(64) Cameron, 1961.
(65) Plessis, 1985, pp. 89-108, 287.
(66) Plessis, ibid., pp. 105-106.
(67) Plessis, ibid., pp. 176-178.
(68) Kindleberger, 1964, pp. 328-329.
(69) Kindleberger, 1963(1990).
(70) O'Brien and Keyder, 1978.
(71) see Kindleberger, 1964, chap. 10, esp. pp. 225ff.
(72) Weber, 1976.
(73) Weber, ibid., esp. chap. 4, entitled "The King's Foot".
(74) Pitts, 1957.
(75) Mathorez, 1919, pp. 95-96.
(76) Boudet, 1952, pp. 554-557.
(77) Kindleberger, 1964, pp. 115-123.

(78)　Boudet, 1952, p. 558.
(79)　Pitts, 1957, p. 322.
(80)　Wylie, 1957, chap. 14.
(81)　Pitts, 1964, pp. 254-262.
(82)　Pitts, ibid., p. 255.
(83)　Bouch, 1952, p. 567.
(84)　Bouvier, 1984, p. 60.
(85)　Postan, 1967, chap. 12.
(86)　Sauvy, 1960.
(87)　Centre de Diffusion Française, 1959, p. 3; Henry, 1955, p. 67.
(88)　Kindleberger, 1967, p. 58, note 1.
(89)　Jacquin, 1955, p. 19.
(90)　Aujac, 1950(1954).
(91)　Jeanneney, 1977.

訳注

〔1〕　リシュリュー後半期以降は、政府金融業者のなかでも有力者が財政官職を掌握するようになった。さらに、マザランのもとで財政官職による直接税の徴収にも請負制が導入された。なお、官職の世襲的な保有を追認するようになったのは一六〇四年のポーレット法以降のことである。

〔2〕　高等法院(parlements)とはパリと一三の地方にある中世以来のフランスの最高の司法機関のこ

とをいい、売官職によって構成される法服貴族(保有官僚上層部)の牙城であった。著者によると、保有官僚の富と地位が脅かされるようになったのは、マザランが有力な徴税請負人を好き放題にさせる一方で、保有官僚に対しては高圧的な態度をとったためであった(Kindlebergr, 1984(1993), p. 167)。また、国王が親任官僚を登用し、重んじるようになったこともフロンドの乱の大きな理由となった。

〔3〕不正摘発特別法廷(Lit de Justice)。不正な利得者を裁くとともに、国家債務の残高を強制的に削減するなどの政府の破産政策を法的に裏づけるために設置された聴聞裁判所。コルベールのときに裁かれた者のなかに前財務長官のフーケがいた。

〔4〕イザク・パンショー(Isaac Panchaud)。スイス人の銀行家。一七七六年にイングランド銀行をモデルにして、フランスに為替手形を割り引き、銀行券を発行することを業務とし、公的信用も行う割引銀行(Caisse d'Escompte)を設立した。しかし、この銀行は一七八七年に国王への強制貸付に応じて、信用を失墜し、その翌年に準備金が減少すると、兌換制を中断した。

〔5〕サン・シモンは新社会の共通の道徳としてキリスト教に代わる新しい宗教の必要性を説いた。そうしたこともあって、彼の死後、最高指導者となったプロスペル・アンファンタン(Prosper Enfantin)をはじめとして、サン・シモン派の多くは宗教セクトの色合いを強めていった。

〔6〕フレシネー計画(Freycinet Plan)。フランス東部のロレーヌ地方と同北部を東部運河や鉄道でつなぎ、石炭を低コストで運搬することを目的とした一八七九年の運河・鉄道建設計画。銀行や北部鉄鋼業の反対で計画は縮小された。

〔7〕フランス工業の中心地の一つであったアルザス・ロレーヌの喪失(一八七一年)が「経済成長を促進した力」として挙げられているのは、一般的には、敗戦がむしろ経済の諸単位を団結させ、その愛国心を駆り立てながら、成長に刺激を与えるからであり、個別具体的には、この時期にフランスの鉄

鋼業がかつてないスピートで成長したことを指す。これは著者が随所で強調する戦争のもたらす効果の一例である(Kindleberger, 1964, p. 319 参照)。

〔8〕ビドンヴィル(bidonvilles)。もともと北アフリカのバラック建てのスラム街を指す言葉であったが、転じて大都会周辺のスラム街を指す。ファヴェーラ(favellas)。ブラジル南東部の大都市の市内や近郊に見られる不良住宅で、しばしば数百から数千個の集落を形成する。

〔9〕マンサー・オルソンのモデルでは、既得権益をもつ強力な集団が富の分配関係にゆがみを生じさせることが重視されるが、そこに積極的な側面があるというのは、既得権益が強い分だけ、それが敗戦によって打破されると、新参者が現れるなどの活性化作用を引き起こすことを意味すると考えられる(Kindleberger, C. P., *The World Economy and National Finance in Historical Perspective*, The University of Michigan Press, 1995, p. 51 参照)。

本書は二〇〇二年八月、岩波書店から刊行された。岩波現代文庫への収録に当たり、訳文を一部見直した。

経済大国興亡史　1500-1990（上）
チャールズ・P. キンドルバーガー

2024年9月13日　第1刷発行

訳　者　中島健二《なかしまけんじ》

発行者　坂本政謙

発行所　株式会社　岩波書店
〒101-8002 東京都千代田区一ツ橋2-5-5

案内 03-5210-4000　営業部 03-5210-4111
https://www.iwanami.co.jp/

印刷・精興社　製本・中永製本

ISBN 978-4-00-600480-4　　Printed in Japan

岩波現代文庫創刊二〇年に際して

二一世紀が始まってからすでに二〇年が経とうとしています。この間のグローバル化の急激な進行は世界のあり方を大きく変えました。世界規模で経済や情報の結びつきが強まるとともに、国境を越えた人の移動は日常の光景となり、今やどこに住んでいても、私たちの暮らしは世界中の様々な出来事と無関係ではいられません。しかし、グローバル化の中で否応なくもたらされる「他者」との出会いや交流は、新たな文化や価値観だけではなく、摩擦や衝突、そしてしばしば憎悪までをも生み出しています。グローバル化にともなう副作用は、その恩恵を遥かにこえていると言わざるを得ません。

今私たちに求められているのは、国内、国外にかかわらず、異なる歴史や経験、文化を持つ「他者」と向き合い、よりよい関係を結び直してゆくための想像力、構想力ではないでしょうか。

新世紀の到来を目前にした二〇〇〇年一月に創刊された岩波現代文庫は、この二〇年を通して、哲学や歴史、経済、自然科学から、小説やエッセイ、ルポルタージュにいたるまで幅広いジャンルの書目を刊行してきました。一〇〇〇点を超える書目には、人類が直面してきた様々な課題と、試行錯誤の営みが刻まれています。読書を通した過去の「他者」との出会いから得られる知識や経験は、私たちがよりよい社会を作り上げてゆくために大きな示唆を与えてくれるはずです。

一冊の本が世界を変える大きな力を持つことを信じ、岩波現代文庫はこれからもさらなるラインナップの充実をめざしてゆきます。

（二〇二〇年一月）

G430
被差別部落認識の歴史
―異化と同化の間―
黒川みどり

差別する側、差別を受ける側の双方は部落差別をどのように認識してきたのか――明治から現代に至る軌跡をたどった初めての通史。

G431
文化としての科学／技術
村上陽一郎

近現代に大きく変貌した科学／技術。その質的な変遷を科学史の泰斗がわかりやすく解説、望ましい科学研究や教育のあり方を提言する。

G432
方法としての史学史
―歴史論集1―
成田龍一

歴史学は「なにを」「いかに」論じてきたのか。史学史的な視点から、歴史学のアイデンティティを確認し、可能性を問い直す。現代文庫オリジナル版。〈解説〉戸邉秀明

G433
〈戦後知〉を歴史化する
―歴史論集2―
成田龍一

〈戦後知〉を体現する文学・思想の読解を通じて、歴史学を専門知の閉域から解き放つ試み。現代文庫オリジナル版。〈解説〉戸邉秀明

G434
危機の時代の歴史学のために
―歴史論集3―
成田龍一

時代の危機に立ち向かいながら、自己変革を続ける歴史学。その社会との関係を改めて問い直す「歴史批評」を集成する。〈解説〉戸邉秀明

2024.9

G435
宗教と科学の接点
河合隼雄

「たましい」「死」「意識」など、近代科学から取り残されてきた、人間が生きていくために大切な問題を心理療法の視点から考察する。〈解説〉河合俊雄

G436
増補 軍隊と地域
―郷土部隊と民衆意識のゆくえ―
荒川章二

一八八〇年代から敗戦までの静岡を舞台に、矛盾を孕みつつ地域に根づいていった軍が、民衆生活を破壊するに至る過程を描き出す。

G437
歴史が後ずさりするとき
―熱い戦争とメディア―
ウンベルト・エーコ
リッカルド・アマデイ訳

歴史があたかも進歩をやめて後ずさりしはじめたかに見える二十一世紀初めの政治・社会の現実を鋭く批判した稀代の知識人の発言集。

G438
増補 女が学者になるとき
―インドネシア研究奮闘記―
倉沢愛子

インドネシア研究の第一人者として知られる著者の原点とも言える日々を綴った半生記。「補章　女は学者をやめられない」を収録。

G439
完本 中国再考
―領域・民族・文化―
葛兆光
辻康吾監訳
永田小絵訳

「中国」とは一体何か？　複雑な歴史がもたらした国家アイデンティティの特殊性と基本構造を考察し、現代の国際問題を考えるための視座を提供する。

岩波現代文庫[学術]

G440
私が進化生物学者になった理由
長谷川眞理子

ドリトル先生の大好きな少女がいかにして進化生物学者になったのか。通説の誤りに気づき、独自の道を切り拓いた人生の歩みを語る。巻末に参考文献一覧付き。

G441
愛について
—アイデンティティと欲望の政治学—
竹村和子

物語を攪乱し、語りえぬものに声を与える。精緻な理論でフェミニズム批評をリードしつづけた著者の代表作、待望の文庫化。〈解説〉新田啓子

G442
宝塚
—変容を続ける「日本モダニズム」—
川崎賢子

百年の歴史を誇る宝塚歌劇団。その魅力を掘り下げ、宝塚の新世紀を展望する。底本を大幅に増補・改訂した宝塚論の決定版。

G443
新版 ナショナリズムの狭間から
—「慰安婦」問題とフェミニズムの課題—
山下英愛

性差別的な社会構造における女性人権問題として、現代の性暴力被害につづく側面を持つ「慰安婦」問題理解の手がかりとなる一冊。

G444
夢・神話・物語と日本人
—エラノス会議講演録—
河合隼雄
河合俊雄訳

河合隼雄が、日本の夢・神話・物語などをもとに日本人の心性を解き明かした講演の記録。著者の代表作に結実する思想のエッセンスが凝縮した一冊。〈解説〉河合俊雄

2024. 9

G445-446
ねじ曲げられた桜(上・下)
―美意識と軍国主義―
大貫恵美子

桜の意味の変遷と学徒特攻隊員の日記分析を通して、日本国家と国民の間に起きた「相互誤認」を証明する。〈解説〉佐藤卓己

G447
正義への責任
アイリス・マリオン・ヤング
岡野八代
池田直子 訳

自助努力が強要される政治の下で、人びとが正義を求めてつながり合う可能性を問う。ヌスバウムによる序文も収録。〈解説〉土屋和代

G448-449
ヨーロッパ覇権以前(上・下)
―もうひとつの世界システム―
J.L.アブー=ルゴド
佐藤次高ほか訳

近代成立のはるか前、ユーラシア世界は既に一つのシステムをつくりあげていた。豊かな筆致で描き出されるグローバル・ヒストリー。

G450
政治思想史と理論のあいだ
―「他者」をめぐる対話―
小野紀明

政治思想史と政治的規範理論、融合し相克する二者を「他者」を軸に架橋させ、理論の全体像に迫る、政治哲学の画期的な解説書。

G451
平等と効率の福祉革命
―新しい女性の役割―
G・エスピン=アンデルセン
大沢真理監訳

キャリアを追求する女性と、性別分業に留まる女性との間で広がる格差。福祉国家論の第一人者による、二極化の転換に向けた提言。

G457
現代《いま》を生きる日本史
須田努
清水克行

縄文時代から現代までを、ユニークな題材と最新研究を踏まえた平明な叙述で鮮やかに描く。大学の教養科目の講義から生まれた斬新な日本通史。

G458
小国
―歴史にみる理念と現実―
百瀬宏

大国中心の権力政治を、小国はどのように生き抜いてきたのか。近代以降の小国の実態と変容を辿った出色の国際関係史。

G459
〈共生〉から考える
―倫理学集中講義―
川本隆史

「共生」という言葉に込められたモチーフを現代社会の様々な問題群から考える。やわらかな語り口の講義形式で、倫理学の教科書としても最適。「精選ブックガイド」を付す。

G460
〈個〉の誕生
―キリスト教教理をつくった人びと―
坂口ふみ

「かけがえのなさ」を指し示す新たな存在論が古代末から中世初期の東地中海世界の激動のうちで形成された次第を、哲学・宗教・歴史を横断して描き出す。〈解説〉山本芳久

G461
満蒙開拓団
―国策の虜囚―
加藤聖文

満洲事変を契機とする農業移民は、陸軍主導の強力な国策となり、今なお続く悲劇をもたらした。計画から終局までを辿る初の通史。

2024.9

G462
排除の現象学
赤坂憲雄

いじめ、ホームレス殺害、宗教集団への批判――八十年代の事件の数々から、異人が見出され生贄とされる、共同体の暴力を読み解く。時を超えて現代社会に切実に響く、傑作評論。

G463
越境する民
近代大阪の朝鮮人史
杉原達

暮しの中で朝鮮人と出会った日本人の外国人認識はどのように形成されたのか。その後の研究に大きな影響を与えた「地域からの世界史」。

G464
越境を生きる
ベネディクト・アンダーソン回想録
ベネディクト・アンダーソン
加藤剛訳

『想像の共同体』の著者が、自身の研究と人生を振り返り、学問的・文化的枠組にとらわれず自由に生き、学ぶことの大切さを説く。

G465
我々はどのような生き物なのか
―言語と政治をめぐる二講演―
ノーム・チョムスキー
福井直樹
辻子美保子編訳

政治活動家チョムスキーの土台に科学者としての人間観があることを初めて明確に示した二〇一四年来日時の講演とインタビュー。

G466
ヴァーチャル日本語 役割語の謎
金水敏

現実には存在しなくても、いかにもそれらしく感じる言葉づかい「役割語」。誰がいつ作ったのか。なぜみんなが知っているのか。何のためにあるのか。〈解説〉田中ゆかり

2024. 9

G467
コレモ日本語アルカ？
―異人のことばが生まれるとき―
金水　敏

ピジンとして生まれた〈アルヨことば〉は役割語となり、それがまとう中国人イメージを変容させつつ生き延びてきた。〈解説〉内田慶市

G468
東北学／忘れられた東北
赤坂憲雄

驚きと喜びに満ちた野辺歩きから、「いくつもの東北」が姿を現し、日本文化像の転換を迫る。「東北学」という方法のマニフェストともなった著作の、増補決定版。

G469
増補 昭和天皇の戦争
―「昭和天皇実録」に残されたこと・消されたこと―
山田　朗

平和主義者とされる昭和天皇が全軍を統帥する大元帥であったことを「実録」を読み解きながら明らかにする。〈解説〉古川隆久

G470
帝国の構造
―中心・周辺・亜周辺―
柄谷行人

『世界史の構造』では十分に展開できなかった「帝国」の問題を、独自の「交換様式」の観点から解き明かす、柄谷国家論の集大成。佐藤優氏との対談を併載。

G471
日本軍の治安戦
―日中戦争の実相―
笠原十九司

治安戦(三光作戦)の発端・展開・変容の過程を丹念に辿り、加害の論理と被害の記憶からその実相を浮彫りにする。〈解説〉齋藤一晴

岩波現代文庫[学術]

G477
シモーヌ・ヴェイユ
冨原眞弓

その三四年の生涯は「地表に蔓延する不幸」との闘いであった。比類なき誠実さと清冽な思索の全貌を描く、ヴェイユ研究の決定版。

G478
フェミニズム
竹村和子

最良のフェミニズム入門であり、男／女のカテゴリーを徹底的に問う名著を文庫化。性差の虚構性を暴き、身体から未来を展望する。〈解説〉岡野八代

G479
増補 総力戦体制と「福祉国家」
―戦時期日本の「社会改革」構想―
高岡裕之

戦後「福祉国家」とは全く異なる総力戦体制＝「福祉国家」の姿を、厚生省設立等の「戦時社会政策」の検証を通して浮び上らせる。

G480-481
経済大国興亡史 1500－1990(上・下)
チャールズ・P・キンドルバーガー
中島健二訳

繁栄を極めた大国がなぜ衰退するのか――国際経済学・比較経済史の碩学が、五〇〇年にわたる世界経済を描いた。〈解説〉岩本武和

2024. 9